DCG

ÉPREUVE

9

Introduction à la comptabilité

Corrigés des applications

Jean-Luc Siegwart
Laurence Cassio

L'ouvrage a été dirigé et coordonné par Jean-Luc Siegwart

Groupe Revue Fiduciaire
Nathan

Édition : Céline Robinot-Martin– Sylvie Ogée

Coordination artistique : Evelyn Audureau

Conception intérieure : Anne-Danielle Naname

Conception couverture : Killiwatch

Mise en pages : Alpha-Edit

ISBN 978-2-09-179924-7

TABLE DES MATIÈRES

Méthodologie

I Les contraintes de l'examen

L'article 7 de l'arrêté du 22 décembre 2006 (*JO* du 29 décembre 2006), qui organise les examens, dispose :

« La nature, la durée et le coefficient de chacune des épreuves du diplôme de comptabilité et de gestion, ainsi que le nombre de crédits européens sont fixés comme suit [...] :

Épreuve n° 9 : introduction à la comptabilité

Nature : épreuve écrite portant sur l'étude d'une ou de plusieurs situations pratiques et/ou un ou plusieurs exercices et/ou une ou plusieurs questions.

Durée : 3 heures.

Coefficient : 1. »

Les sujets d'examen tentent en général de couvrir plusieurs aspects du programme d'introduction à la comptabilité sous la forme de cas dont la résolution n'exige pas forcément une linéarité dans le traitement : les dossiers proposés peuvent être traités de manière indépendante.

Ils peuvent consister en :

- des exercices qui ne nécessitent que de faire appel aux connaissances acquises pour les appliquer et qui portent sur les thèmes les plus classiques (enregistrement de factures, présentation d'un tableau d'amortissement, écritures d'inventaire...) ;
- des cas pratiques, plus complexes, nécessitant parfois la lecture et la compréhension d'informations données en annexe ;
- des questions qui permettent de tester les connaissances du candidat sans faire appel à la résolution d'un problème.

II Conseils méthodologiques pour l'examen

A. Gestion du temps et de la rédaction

Même si le sujet comporte plusieurs dossiers indépendants, il est important de bien prendre connaissance de la trame générale du sujet et des informations d'ordre général (type d'entreprise, activité de l'entreprise, date de clôture de l'exercice...). L'ensemble du sujet et des questions doit être parcouru avant de commencer la rédaction relative à un dossier.

L'idéal du « bon candidat » est alors de traiter les dossiers dans l'ordre proposé ; si tel n'était pas le cas, il est préférable de débuter chaque dossier sur une nouvelle feuille d'examen et de reclasser l'ensemble du travail (en numérotant les pages) dans les dernières minutes de l'examen afin de fournir aux correcteurs un ensemble cohérent.

La durée relativement courte de l'épreuve (3 heures) ne permet pas de perdre du temps à rédiger sur les feuilles de brouillons. Il est indispensable de s'entraîner à produire immédiatement un travail sur la feuille d'examen, les brouillons étant réservés à la résolution des cas complexes.

B. La liste des comptes et la calculatrice

La liste des comptes du plan comptable général est autorisée aux examens. Emportez la vôtre (elles ne sont pas forcément fournies) et veillez à ce qu'elle ne comporte aucune annotation au crayon, stylo ou surligneur, ce qui pourrait être considéré comme une fraude.

Il est totalement inutile d'apprendre les numéros de comptes « par cœur » mais, à force de faire des exercices, les numéros des comptes le plus souvent utilisés sont automatiquement mémorisés, ce qui permet un important gain de temps.

Selon les sessions d'examens, les calculatrices sont autorisées ou non. Nous ne saurions que trop vous conseiller de vous entraîner à faire des exercices de calcul mental le plus fréquemment possible et surtout à repérer les moyens de réaliser les calculs rapidement et sans se tromper. Prenez le temps de faire des additions horizontales sans avoir à recopier à chaque fois les nombres sur une feuille de brouillons. Tentez de repérer toujours les possibilités de simplification des calculs, elles existent fréquemment dans les sujets.

Et, le jour de l'examen, effectuez tous les calculs. Un calcul faux sera toujours moins sanctionné qu'une écriture comptable ne comportant pas les montants...

C. Présentation des copies d'examen

Il n'est jamais inutile d'insister sur l'importance d'une présentation claire, aérée et propre d'une copie. Les dossiers doivent être numérotés et, dans chaque dossier, les numéros des questions doivent être indiqués ; il est inutile de recopier les questions, mais un titre bref, souligné, augmente la clarté de vos propos.

Privilégiez toujours la présentation de vos résultats sous forme de tableaux ; mentionnez toujours à quoi correspondent les nombres indiqués : une suite de nombres sans indication de ce à quoi ils correspondent n'est pas acceptable.

Une écriture comptable doit toujours comporter la date, les numéros et noms des comptes, sans abréviations intempestives, les colonnes de montants et un libellé explicatif. Les traits doivent impérativement être tracés à la règle. Placez le plus souvent possible vos commentaires et explications entre les écritures.

III L'utilisation du manuel et des applications

Le découpage du manuel respecte scrupuleusement le programme. Les applications proposées à la fin de chaque chapitre ont été conçues de manière à ce que le lecteur de l'ouvrage ne soit pas obligé de terminer l'étude de tout le chapitre avant d'en tester la compréhension par les applications.

Les titres de chaque application vous permettent de les traiter dès que vous avez étudié les éléments correspondants du cours.

À compter du chapitre 5, une ou plusieurs applications de synthèse plus longues et complexes sont proposées. Elles permettent de tester la compréhension d'ensemble du chapitre ainsi que d'effectuer des retours sur les parties précédentes afin de tester leur bonne assimilation. Il est possible de les traiter à la fin du chapitre concerné et elles servent également à être refaites dans le cadre des révisions avant les examens.

Les auteurs souhaitent que cet ouvrage contribue fortement à votre réussite aux examens préparés et vous souhaitent bon courage dans votre apprentissage d'une matière nouvelle, parfois complexe, mais qui devient de plus en plus passionnante au fur et à mesure des progrès accomplis.

CHAPITRE

1

Histoire, définition et rôle de la comptabilité

APPLICATION 1 p. 25 Commentaire de texte

1. Repérez dans le texte les raisons de la naissance de l'écriture.

L'écriture naît dans les régions du monde qui ont le développement économique le plus important et qui ont mis en place des relations commerciales. La sédentarisation des populations induit la naissance de la propriété et donc du patrimoine. Il devient alors indispensable de définir des marques de propriété, de mentionner les transactions et d'en garder une trace. L'abstraction de l'écriture remplace de ce fait peu à peu les méthodes anciennes de représentation de la propriété.

2. Comment, d'après le texte, la comptabilité contribue-t-elle à garantir l'ordre social ?

La comptabilité permet de garantir l'ordre social du fait que les traces des transactions, et donc celles de la constitution du patrimoine, peuvent être prouvées, évitant par là les conflits de revendication de la propriété des biens et en particulier de la terre.

3. Expliquez pourquoi les fonctions anecdotique et sacrée de l'écriture ne sont pas opposées.

Dans les civilisations mésopotamienne ou égyptienne, les dieux interviennent directement dans la société civile. Leurs décisions ont des effets directs sur les humains. Le sacré et l'éphémère ne sont donc ni dissociés ni opposés. L'ordre social, garanti par la comptabilité, fait partie intégrante de l'ordre du monde initié par les dieux.

CHAPITRE 1

APPLICATION 2 p. 25 Commentaire de texte

1. Quelles sont les diversités de l'environnement d'une organisation qui expliquent l'existence de modèles comptables différents ?

Sources de diversité	Applications
Nature de l'organisation	– Organisations à but lucratif (entreprises...) ou non (administrations, collectivités territoriales, associations...). – Domaine d'activité : production de biens manufacturés, entreprise de services, exploitations agricoles, établissements financiers... – Taille : très petites entreprises, sociétés, firmes multinationales...
Type juridique de l'organisation	– Entités relevant du droit commercial : sociétés, entreprises individuelles... – Entités relevant du droit civil : exploitations agricoles, associations... – Entités relevant du droit administratif : collectivités territoriales, administrations...
Nationalité de l'organisation	– Entités exerçant leur influence sur un territoire restreint ou au contraire sur tout l'environnement international. – Conceptions différentes du rôle de la comptabilité en fonction des cultures nationales et du système économique en vigueur.

2. Donnez des exemples d'organisations à but lucratif ou non et indiquez les produits ou services qu'elles peuvent fournir.

Organisations à but lucratif	Organisations à but non lucratif
Entreprises : fournissent des biens ou des services commerciaux.	Associations : fournissent des services à leurs membres.
Établissements financiers : fournissent des services financiers.	Collectivités territoriales : fournissent des services à la communauté (routes...).
Entreprises publiques : fournissent des services (transport, énergie...).	Administrations : fournissent des services à la collectivité (éducation, police...).

3. Recensez les utilisateurs de la comptabilité indiqués par l'auteur et leurs besoins en informations.

Utilisateurs de la comptabilité	Besoins en informations
Utilisateurs internes : ce sont principalement les dirigeants.	Outils permettant d'assurer le pilotage de l'entité. La comptabilité est alors d'abord un outil de prise de décision.
Utilisateurs externes : il s'agit des tiers en relation avec l'entité.	Besoin de s'assurer de l'intérêt des relations avec l'entité et des risques encourus en raison des transactions réalisées.

4. Expliquez la relation mise en évidence par l'auteur entre le coût et l'utilité de l'information.

Une information n'est créatrice de valeur que si les avantages qu'on en retire sont supérieurs aux coûts qu'elle a engendrés. Cette notion est à rapprocher de la pertinence des informations. En effet, toute information complémentaire engendre un coût supplémentaire qui est à comparer à son utilité pour le bénéficiaire de l'information. Par exemple, dans une entreprise, la connaissance du coût d'un bien précis produit alors que l'on dispose déjà du coût de produits de même catégorie peut s'avérer inutile si elle implique la mise en place d'un processus lourd et coûteux de recherche d'informations.

Au niveau de l'administration fiscale, certains impôts ont un rendement faible par rapport à d'autres qui sont plus faciles à établir et à contrôler.

APPLICATION 3 p. 26 QCM

Répondez par « oui » ou « non » aux affirmations ci-dessous en donnant les explications nécessaires.

1. La comptabilité a provoqué le besoin de développer l'écriture.

Oui. Le développement de l'écriture résulte en partie des besoins de pratiquer des comptages.

2. Luca Pacioli est l'auteur du premier ouvrage de doctrine comptable connu.

Oui. Il existe des ouvrages de comptabilité plus anciens, mais l'auteur n'est pas identifié avec certitude, ou bien l'ouvrage n'est pas à proprement parler un ouvrage de doctrine comptable.

3. Le code de commerce a été créé en 1867.

Non. Il a été créé en 1807 (Code Napoléon).

4. La comptabilité générale est obligatoire, à l'opposé de la comptabilité financière.

Non. Comptabilité générale et comptabilité financière sont deux termes synonymes. Quel que soit le terme, elle est obligatoire.

5. La comptabilité financière permet de calculer les coûts de l'entreprise.

Non. La comptabilité financière a pour objectif d'enregistrer les mouvements affectant le patrimoine de l'entreprise et de donner une image fidèle du patrimoine, du résultat et de la situation financière. Le calcul et l'analyse des coûts relèvent de la comptabilité analytique.

6. La comptabilité financière permet d'obtenir une vision exacte du patrimoine de l'entreprise.

Oui. Le code de commerce utilise l'expression « image fidèle ». Cela sous-entend qu'il existe plusieurs images fidèles possibles.

7. Une connaissance exhaustive des informations signifie que celles-ci doivent être sélectionnées en fonction de leur importance.

Non. L'exhaustivité, c'est-à-dire l'information complète, totale, risque de nuire à la compréhension des comptes. On préfère donc sélectionner l'information selon son importance relative.

8. Le système d'information comptable est une composante du système d'information global d'une organisation.

Oui. Le rôle du système d'information comptable est de fournir en sortie des informations nécessaires au bon fonctionnement du système d'information global de l'entité.

9. La comptabilité ne peut pas être considérée comme un moyen de preuve en droit commercial.

Non. La comptabilité est bien un moyen de preuve, en matière de droit commercial uniquement.

10. Avec le développement de l'informatique, il n'est plus nécessaire de conserver les documents commerciaux.

Non. L'obligation de conserver les pièces justificatives ne dépend pas de la technologie employée pour traiter les informations comptables.

CHAPITRE

2

La normalisation et la réglementation comptable

APPLICATION 1 p. 43] Sources du droit comptable

Présentez sous forme de schéma les différents organismes participant à l'élaboration du droit comptable.

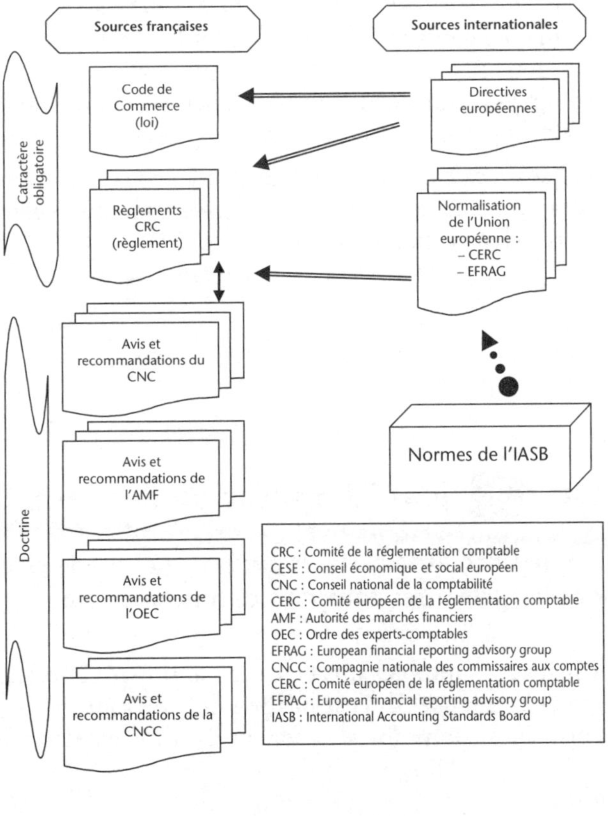

APPLICATION 2 p. 43] Normalisation et principes comptables

1. Expliquez la différence entre « la nature juridique » et « la substance économique » des opérations.

La comptabilité française repose principalement sur la nature juridique des opérations réalisées par l'entreprise. Ainsi, lorsqu'une entreprise utilise un bien grâce à un contrat de crédit-bail, celui-ci ne peut pas être considéré comme étant un élément figurant dans le patrimoine de l'entreprise et ne sera donc pas inscrit dans les documents financiers qu'elle présente.

Privilégier la substance économique conduit à ne pas s'attacher à la propriété juridique du bien mais à examiner le caractère économique de l'opération réalisée. Ainsi, le choix d'un mode de financement par crédit-bail plutôt que par emprunt ne doit pas, dans ce cas, aboutir à deux situations différentes dans les documents financiers. Le fait d'avoir la possibilité d'utiliser le bien pendant la durée du contrat suffit pour qu'il soit inscrit dans les documents financiers.

2. Donnez des exemples de la remise en cause possible des trois principes comptables évoqués par le CNC.

a) La juste valeur pourrait être définie comme la valeur économique d'un bien ; les normes de l'IASB prévoient que, dans certains cas, cette valeur puisse remplacer le coût historique retenu par les principes comptables existant en droit comptable français. Ainsi, l'évaluation des titres détenus par une entreprise à leur valeur probable de négociation serait une remise en cause du principe des coûts historiques.

b) Lorsqu'un changement de méthode doit être effectué, afin d'assurer la comparabilité des données, son effet doit être pris en compte au début d'une nouvelle période comptable, donc en début d'exercice. Le bilan d'ouverture sera donc différent de celui présenté à la fin de l'exercice précédent.

c) Une remise en cause du principe de prudence pourrait être, par exemple, le fait de constater un bénéfice réalisé sur une opération qui n'est pas encore achevée ou la prise en compte de gains (plus-values) qui ne sont que potentiels sur des biens détenus par l'entreprise, comme l'évaluation d'un immeuble à son prix de revente possible.

APPLICATION 3 p. 43] Application des principes comptables

Pour chaque problème posé, indiquez quel est le principe comptable ou quels sont les principes comptables mis en cause et précisez la solution à retenir.

1. Les principes comptables mis en cause sont le principe des coûts historiques et le principe de prudence. Il n'est pas possible de modifier cette valeur en application des principes comptables. La valeur d'entrée est définitive.

2. Le principe comptable mis en cause est le principe de non-compensation. Il n'est pas possible de compenser un coût d'acquisition avec un prix de cession. Le véhicule devra donc apparaître dans les documents financiers pour 20 000 €.

3. En application du principe de séparation des exercices, il est nécessaire de tenir compte des six mois d'intérêts déjà dus à la fin de l'année, même s'ils ne seront payés que six mois après.

4. Le principe de permanence des méthodes ne permet pas de modifier le mode d'évaluation des stocks. De plus, en application du principe des coûts historiques, les stocks comme les autres éléments doivent être évalués au prix auquel ils ont été acquis.

APPLICATION 4 p. 44] QCM

Répondez par « oui » ou « non » aux affirmations ci-dessous en donnant les explications nécessaires.

1. Le droit comptable est la branche du droit privé qui régit les professionnels comptables et la comptabilité.

Oui. Le droit comptable est le droit des comptes et le droit des comptables.

2. Le PCG est un texte d'origine réglementaire.

Oui. Le PCG est un règlement du CRC publié par le ministère de l'Économie et des Finances.

3. Le PCG doit respecter les principes énoncés dans le code de commerce.

Oui. La loi est hiérarchiquement supérieure aux textes d'origine réglementaire.

4. Le principe de prudence autorise à comptabiliser de manière courante les plus-values latentes.

Non. Seules les plus-values définitives doivent être comptabilisées.

5. L'image fidèle implique le respect des principes comptables.

Oui. L'obtention de l'image fidèle implique en principe le respect sincère des règles comptables.

6. La norme comptable est soit une convention, soit un principe théorique.

Oui. Il s'agit soit d'un usage ou d'une pratique, soit d'un cadre conceptuel fixé *a priori*.

7. Les normes IAS/IFRS sont obligatoires en France.

Non. Elles ne sont obligatoires que pour les comptes de groupe des sociétés cotées en Bourse.

8. Les derniers règlements du CRC ont rapproché le PCG des normes comptables internationales.

Oui. On parle de convergence du PCG vers les normes internationales.

9. La comptabilité créative peut être définie comme l'utilisation de nombreuses options comptables qui donne une représentation du bilan et des résultats la plus favorable possible.

Oui. C'est une des définitions possibles de la comptabilité créative, mais il n'y a pas unanimité sur cette définition.

10. La sincérité peut se définir comme l'application de bonne foi des règles comptables.

Oui. La sincérité peut se définir comme l'application de bonne foi des règles comptables ; c'est l'absence de volonté de tromper le lecteur des comptes.

11. Le principe d'intangibilité du bilan d'ouverture signifie qu'on ne peut pas le modifier à l'ouverture des comptes.

Non. Le principe d'intangibilité du bilan d'ouverture signifie que le bilan d'ouverture d'un exercice correspond au bilan de clôture de l'exercice précédent.

12. Les normes IAS/IFRS sont élaborées par l'Union européenne.

Non. L'élaboration des normes IAS/IFRS est réalisée par un « sous-traitant » de l'Union européenne : l'IASB.

13. Une méthode préférentielle est un traitement comptable de référence par opposition aux autres traitements comptables autorisés.

Oui.

14. Le manque d'exhaustivité peut être considéré comme une limite de la normalisation comptable.

Oui. En ce sens qu'il s'agit d'élaborer une image fidèle (parmi plusieurs possibles) forcément simplifiée de la réalité de la vie de l'entreprise.

15. Les normes IAS/IFRS font explicitement référence à une approche juridique des traitements comptables.

Non. Au contraire, les normes IAS/IFRS préconisent de privilégier la substance économique des opérations à enregistrer.

16. Le plan de comptes proposé par le PCG a retenu le principe de la codification décimale.

Oui.

17. Les textes approuvés par le CRC ont automatiquement la force juridique d'un règlement.

Non. Pour obtenir la force juridique d'un règlement, les textes approuvés par le CRC doivent être homologués par un arrêté ministériel.

18. La partie double constitue une norme comptable.

Non. Il s'agit d'une convention très largement reconnue par la pratique, mais d'autres techniques existent.

19. Le compte à terminaison 9 est souvent représentatif d'un compte fonctionnant dans le sens contraire à la normale.

Oui. Le compte à terminaison 9 a été choisi pour représenter généralement un compte qui fonctionne en sens inverse du compte principal. Exemple :

40. Clients et comptes rattachés ⟶ 419. Clients créditeurs

20. Les comptes à deux chiffres sont des comptes divisionnaires.

Non. Les comptes à deux chiffres indiquent qu'il s'agit d'un compte principal.

CHAPITRE

3

La méthode comptable

APPLICATION 1 p. 57 Le bilan

1. Déterminez la valeur des biens apportés et du passif exigible. Quel est le montant du capital ?

Fonds commercial 225 000

Agencements du magasin 110 000

Stock de marchandises 64 000

Dépôts sur un compte à la Banque Populaire 2 000

Total des biens 401 000

Emprunt auprès d'un établissement de crédit : 90 000

Dettes envers les fournisseurs : 26 000

Total des dettes 116 000

Capital (ou situation nette) : 401 000 – 116 000 = 285 000 €.

2. Présentez le bilan au 23/04/N.

Postes d'actif	Montants
Actif immobilisé	
Fonds commercial	225 000
Agencements	110 000
Actif circulant	
Stock de marchandises	64 000
Banque	2 000
	401 000

Postes de passif	Montants
Capitaux propres	
Capital	285 000
Situation nette	285 000
Dettes	
Emprunt	90 000
Fournisseurs	26 000
	401 000

APPLICATION 2 p. 57 Définition des flux

Indiquez, dans chaque cas, s'il s'agit de flux réels de biens ou de services ou de flux financiers.

Opérations	Flux réels		Flux financiers
	Biens	Services	
1. Achats de matières premières	X		
2. Loyer du magasin		X	
3. Règlement de la facture d'un transporteur			X
4. Ventes de produits finis à crédit	X		
5. Honoraires de l'expert-comptable		X	
6. Achat d'un matériel industriel	X		
7. Frais postaux		X	
8. Règlement de la facture France Telecom			X

APPLICATION 3 p. 57 Analyse de flux

1. Indiquez, pour chaque opération, s'il s'agit d'un flux réel ou d'un flux financier.

1. Achat à crédit de marchandises au fournisseur Adèle : flux réel.
2. Règlement par chèque de la facture du fournisseur Adèle : flux financier.
3. Dépôt d'espèces à la banque : flux financier.
4. Encaissement du chèque remis par le client Zita : flux financier.

2. Analysez chaque opération par un schéma des flux.

1.

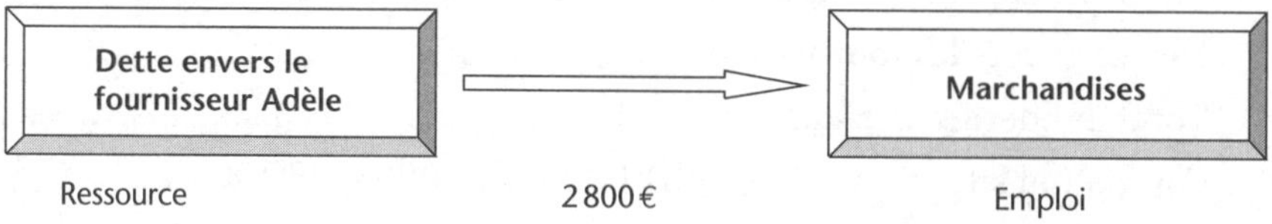

2.

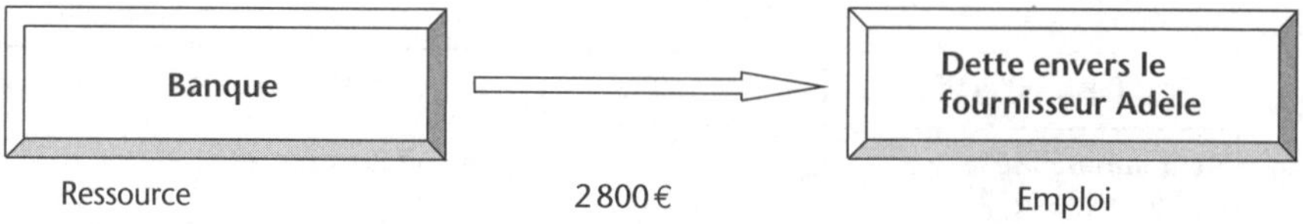

3.

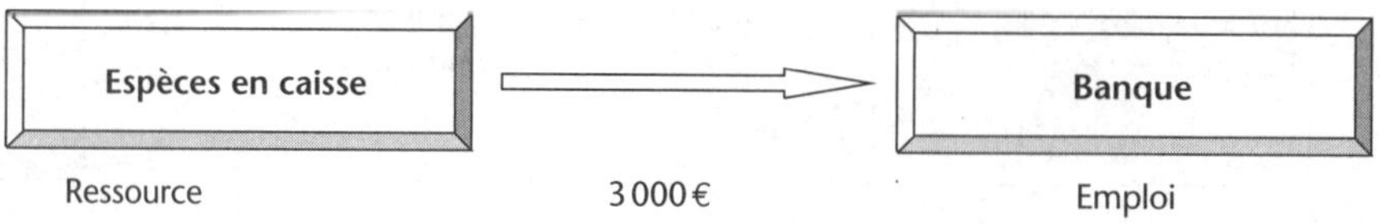

4.

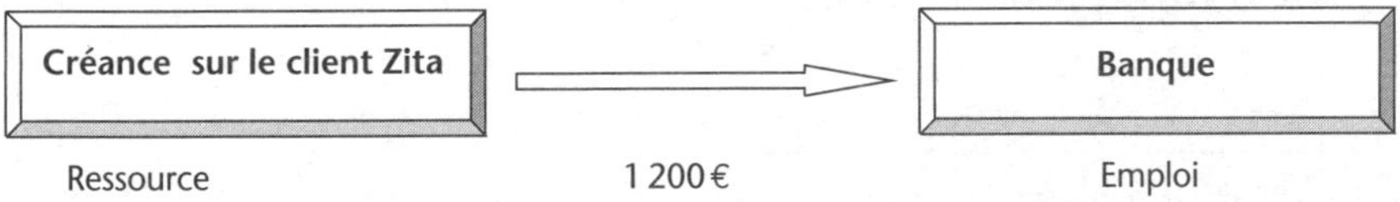

3. Présentez le tableau des flux correspondant aux différentes opérations.

N°	OPÉRATIONS	EMPLOIS			RESSOURCES		
		Élément	Signe	Montant	Élément	Signe	Montant
1	Achat à crédit de marchandises au fournisseur Adèle	Marchandises	+	2 800	Fournisseur	+	2 800
2	Règlement par chèque de la facture du fournisseur Adèle	Fournisseur	–	2 800	Banque	–	2 800
3	Dépôt d'espèces à la banque	Banque	+	3 000	Caisse	–	3 000
4	Encaissement du chèque remis par le client Zita	Banque	+	1 200	Créance Client	–	1 200

APPLICATION 4 p. 58 Tableau d'analyse des flux et compte schématique

1. Présentez le tableau d'analyse des flux.

Dates	OPÉRATIONS	EMPLOIS			RESSOURCES		
		Élément	Signe	Montant	Élément	Signe	Montant
4/10	Facture de réparation encaissée au comptant par chèque bancaire	Banque	+	4 000	Prestation de service (ressource définitive)	+	4 000
9/10	Paiement d'un pourboire à un livreur	Pourboire (emploi définitif)	+	10	Caisse	–	10
15/10	Facture de location d'un véhicule payable le 30/10	Location (emploi définitif)	+	2 000	Fournisseur	+	2 000
21/10	Facture de réparation à crédit adressée au client Robert	Créance client	+	2 450	Prestation de service (ressource définitive)	+	2 450
28/10	Règlement adressé au fournisseur Zoé	Fournisseur	–	2 100	Banque	–	2 100

2. Présentez le compte schématique « Banque » sachant que le solde débiteur au 1/10/N est de 4 226 €.

D +	512. Banque	C –
A nouveau :	4 226 4 000	2 100
	8 226	2 100

Solde débiteur = 6 126

APPLICATION 5 p. 58 Présentation détaillée d'un compte Caisse

Présentez le compte Caisse détaillé à colonnes jumelées avec une seule colonne de solde. Justifiez l'inutilité de la deuxième colonne de solde.

Caisse

Dates	Libellés	Sommes		Soldes débiteurs
		Débit	Crédit	
1/09	Solde à nouveau	826,00		826,00
2/09	Achats de timbres postaux (pièce de caisse n° 6)		65,00	761,00
8/09	Achat de fleurs (pièce de caisse n° 12)		94,00	667,00
16/09	Retrait du compte bancaire (pièce de caisse n° 21)	1 000,00		1 667,00
25/09	Achats de fournitures de bureau (pièce de caisse n° 24)		124,00	1 543,00
30/09	Encaissements du mois (pièces de caisse n° x)	1 829,00		3 372,00
30/09	Versement sur compte bancaire (pièce de caisse n° 28)		1 500,00	1 872,00

Le solde du compte caisse ne peut être que débiteur ou nul. La colonne « Solde créditeur » n'est donc pas nécessaire.

APPLICATION 6 p. 58 Présentation détaillée d'un compte Banque

Présentez le compte Banque détaillé à colonnes jumelées.

Banque

Dates	Libellés	Sommes		Soldes	
		Débit	Crédit	Débiteurs	Créditeurs
1/10	Solde à nouveau	2 827,36		2 827,36	
2/10	Chèque 325 : achat ordinateur		1 623,00	1 204,36	
4/10	Avis de prélèvement pour frais d'assurance		126,00	1 078,36	
5/10	Remise de chèques	2 624,59		3 702,95	
6/10	Chèque 326 : règlement du fournisseur Sylvain		4 365,35		662,40
7/10	Chèque 327 : entretien d'un véhicule		146,25		808,65

APPLICATION 7 p. 59 Présentation détaillée d'un compte Client

Présentez le compte Client détaillé à colonnes séparées.

Débit **Client Xavier** **Crédit**

Dates	Libellés	Sommes	Dates	Libellés	Sommes
1/10	Solde à nouveau	2 650,00	16/10	Règlement (c)	68 525,00
5/10	Vente (a)	84 000,00	18/10	Retour de pièces (d)	14 000,00
9/10	Vente (b)	50 400,00	31/10	Règlement (f)	60 862,50
26/10	Vente (e)	67 200,00			
				Solde	60 862,50
		204 250,00			204 250,00

(a) 1 500 × 56 €. (b) 900 × 56 €. (c) $(2\,650 + 84\,000 + 50\,400) \times \frac{1}{2}$. (d) 250 × 56 €. (e) 1 200 × 56 €.

(f) $(204\,250 - 68\,525 - 14\,000) \times \frac{1}{2}$.

APPLICATION 8 p. 59] Construction d'un bilan

1. Déterminez la situation nette et le résultat de l'entreprise Gisèle.

Constructions	320 000
Créances clients	53 000
Créances diverses	38 000
Matériel industriel	87 500
Stock de matières premières	11 000
Stock de produits finis	9 800
Terrains	82 000
Titres immobilisés	6 400
Trésorerie	1 800
Total de l'actif	609 500
Dettes fiscales et sociales	153 000
Dettes fournisseurs	109 400
Emprunt	80 000
Total du passif	342 400

Situation nette : 609 500 – 342 400 = 267 100 €.

Résultat de l'exercice : 267 100 – 250 000 = 17 100 €.

2. Présentez le bilan de l'entreprise au 31/12/N.

Bilan au 31/12/N

Postes d'actif	Montants
ACTIF IMMOBILISÉ	
Terrains	82 000
Constructions	320 000
Matériel industriel	87 500
Titres immobilisés	6 400
ACTIF CIRCULANT	
Stock de matières 1res	11 000
Stock de produits finis	9 800
Créances clients	53 000
Créances diverses	38 000
Trésorerie	1 800
	609 500

Postes de passif	Montants
CAPITAUX PROPRES	
Capital	250 000
Résultat (bénéfice)	17 100
Situation nette	267 100
DETTES	
Emprunts	80 000
Dettes fournisseurs	109 400
Dettes fiscales et sociales	153 000
	609 500

APPLICATION 9 p. 59 Cas de synthèse

1. Présentez le bilan au 3/10, à la création de l'entreprise.

Bilan au 03/10/N

Postes d'actif	Montants
ACTIF IMMOBILISÉ	
Fonds commercial	135 000
Aménagements	90 000
Mobilier	14 000
ACTIF CIRCULANT	
Créances clients	180 000
Banque	2 500
Caisse	1 500
	423 000

Postes de passif	Montants
CAPITAUX PROPRES	
Capital	273 000
DETTES	
Emprunt	150 000
	423 000

2. Présentez l'analyse des opérations dans un tableau des flux.

Dates	OPÉRATIONS	EMPLOIS			RESSOURCES		
		Élément	Signe	Montant	Élément	Signe	Montant
4/10	Achat à crédit d'aménagements intérieurs	Aménagements	+	8 000	Fournisseurs	+	8 000
9/10	Paiement de frais postaux en espèces	Frais postaux (emploi définitif)	+	54	Caisse	–	54
11/10	Prestations de services à crédit	Clients	+	2 800	Prestations de services (ressource définitive)	+	2 800
15/10	Règlement par chèque pour l'insertion d'annonces publicitaires	Publicité (emploi définitif)	+	420	Banque	–	420
21/10	Encaissement une créance	Banque	+	3 000	Clients	–	3 000
25/10	Paiement d'un mois de loyer	Locations (emploi définitif)	+	2 600	Banque	–	2 600
29/10	Achat de fournitures de bureau	Achats de fournitures (emploi définitif)	+	1 800	Fournisseurs	+	1 800
31/10	Prestations au comptant du mois	Banque Caisse	+ +	2 300 280	Prestations de services (ressource définitive)	+	2 580

3. Enregistrez les opérations dans les comptes schématiques (à l'exception des ressources et emplois définitifs) et déterminez les soldes.

Fonds commercial

Débit	Crédit
135 000	

Aménagements

Débit	Crédit
90 000	
8 000	
98 000	

solde débiteur : 98 000

Mobilier

Débit	Crédit
14 000	

Clients

Débit	Crédit
180 000	3 000
2 800	
182 800	3 000

solde débiteur : 179 800

Banque

Débit	Crédit
2 500	420
3 000	2 600
2 300	
7 800	3 020

solde débiteur : 4 780

Caisse

Débit	Crédit
1 500	54
280	
1 780	54

solde débiteur : 1 726

Fournisseurs

Débit	Crédit
	8 000
	1 800
	9 800

solde créditeur : 9 800

Capital

Débit	Crédit
	273 000

Emprunt

Débit	Crédit
	150 000

4. Déterminez le résultat par différence entre les ressources définitives et les emplois définitifs.

Ressources définitives : 2 800 + 2 580 = 5 380 €.

Emplois définitifs : 54 + 420 + 2 600 + 1 800 = – 4 874 €.

Résultat : 506 €.

5. Présentez le bilan au 31/10. Vérifiez la détermination du résultat en calculant la variation de la situation nette entre le 3/10 et le 31/10.

Bilan au 31 octobre

Postes d'actif	Montants	Postes de passif	Montants
ACTIF IMMOBILISÉ		**CAPITAUX PROPRES**	
Fonds commercial	135 000	Capital	273 000
Aménagements	98 000	Résultat	506
Mobilier	14 000	**DETTES**	
ACTIF CIRCULANT		Emprunt	150 000
Créances clients	179 800	Fournisseurs	9 800
Banque	4 780		
Caisse	1 726		
	433 306		433 306

Situation nette au 31/10 = biens – dettes

= 433 306 – (150 000 + 9 800) = 273 506 €.

Variations de la situation nette = 273 506 – 273 000 = 506 €.

La variation de la situation nette entre le 3/10 et le 31/10 est bien égale au résultat.

APPLICATION 10 p. 60] QCM

Répondez par « oui » ou « non » aux affirmations ci-dessous en donnant les explications nécessaires.

1. Le flux réel désigne un mouvement de biens ou de services.

Oui. Un flux réel désigne une chose. Par extension, les flux de services constituent aussi des flux réels par opposition aux flux monétaires ou financiers.

2. Le règlement d'une créance par un client constitue un emploi.

Non. Lorsqu'un client règle sa dette à l'entreprise, il s'agit d'une ressource. Ce sont les créances nouvelles qui constituent des emplois pour l'entreprise.

3. Le passif du bilan est composé des dettes de l'entreprise vis-à-vis des tiers.

Non. Les dettes ne sont qu'une partie du passif du bilan. Celui-ci est composé des dettes et de la situation nette qui représente la valeur de l'entreprise.

4. Chaque opération comptable compte une ou plusieurs ressources et un ou plusieurs emplois.

Oui. Chaque opération est analysée en emplois et ressources. Cette double analyse est à l'origine de la tenue de la comptabilité en partie double.

5. Les apports de l'entrepreneur individuel constituent une ressource.

Oui. Ce financement constitué par un prélèvement dans le patrimoine du propriétaire pour l'apporter à l'entreprise en création (nouvelle entité comptable) constitue la ressource initiale.

6. Les totaux d'emplois et de ressources d'un tableau d'analyse des flux doivent être égaux.

Oui. Sinon, la partie double ne serait pas respectée. Chaque opération doit se solder par une égalité entre ressources et emplois.

7. L'achat d'un équipement industriel constitue un emploi définitif.

Non. L'acquisition d'un équipement ne diminue pas le patrimoine de l'entreprise ; l'équipement est, de ce fait, inscrit à l'actif du bilan.

8. Le paiement d'un loyer constitue un emploi définitif.

Oui. Le paiement d'un loyer diminue le patrimoine de l'entreprise. Il s'agit donc d'un emploi définitif.

9. Un compte à solde débiteur figure à l'actif du bilan dès lors qu'il ne s'agit pas d'un emploi définitif.

Oui. Les soldes débiteurs des comptes de bilan figurent à l'actif de celui-ci.

10. Le retrait d'un compte Banque pour alimenter la caisse représente un emploi.

Non. Le retrait du compte Banque permet de dégager une ressource.

CHAPITRE

4

Les contrôles comptables

APPLICATION 1 p. 71 Classification comptable

Indiquez, dans chaque cas, s'il s'agit d'un actif, d'un passif, d'une charge ou d'un produit.

Comptes	Actif	Passif	Charge	Produit
1. Prêts	×			
2. Ventes de marchandises				×
3. Sous-traitance générale			×	
4. Mobilier de bureau	×			
5. Banque	×	× (1)		
6. Acomptes reçus de clients		×		
7. Produits nets sur cessions de valeurs mobilières de placement				×
8. Titres de participation	×			
9. Fournisseurs d'immobilisations		×		
10. Emprunts obligataires		×		
11. Pénalités fiscales et sociales			×	
12. Ventes d'emballages				×
13. Résultat de l'exercice		× (2)		
14. Maintenance			×	
15. Locations			×	

(1) Dans le cas d'un découvert bancaire.
(2) Le compte figure au passif du bilan, en négatif s'il s'agit d'une perte, et en positif en cas de bénéfice.

APPLICATION 2 p. 71 Du journal à la balance

1. Enregistrez ces opérations au journal de l'entreprise.

	1.		
531	Caisse	1 500,00	
512	Banque		1 500,00
	Retrait pour alimenter la caisse		
	2.		
40101	Fournisseur Bruegel	32 000,00	
512	Banque		32 000,00
	Chèque n°...		
	3.		
215	Matériel industriel	5 800,00	
512	Banque		5 800,00
	Chèque n°...		
	4.		
53	Caisse	2 000,00	
41101			2000,00
	Pièce de caisse n°		
	5.		
607	Achats de marchandises	5 700,00	
40102	Fournisseur Seurat		5 700,00
	Facture N°...		
	6.		
512	Banque	7 300,00	
41102	Client Dubois	4 750,00	
707	Ventes de marchandises		12 050,00
	Factures N°...		

2. Présentez schématiquement les comptes du grand-livre après avoir repris les soldes au 1/01.

COMPTES DE BILAN

COMPTES D'ACTIF — COMPTES DE PASSIF

2154. Matériel industriel

Débit	Crédit
120 000	
5 800	
125 800	
SD :	125 800

101. Capital

Débit	Crédit
	230 000
SC :	230 000

37. Stock de marchandises

Débit	Crédit
55 000	
SD :	55 000

40101. Fournisseur Bruegel

Débit	Crédit
32 000	32 000

compte soldé

COMPTES D'ACTIF

41101. Client Haring

Débit	Crédit
14 000	2 000
SD :	12 000

41102. Client Dubois

Débit	Crédit
4 750	
SD :	4 750

512. Banque

Débit	Crédit
72 000	1 500
7 300	32 000
	5 800
79 300	39 300
SD :	12 000

COMPTES DE PASSIF

40102. Fournisseur Seurat

Débit	Crédit
	5 700
SC :	5 700

COMPTES DE GESTION

COMPTES DE CHARGES

607. Achats de marchandises

Débit	Crédit
5 700	
5 700	
SD :	5 700

COMPTES DE PRODUITS

707. Ventes de marchandises

Débit	Crédit
	12 050
SC :	12 050

3. Établissez la balance au 31/01.

N°	Comptes	Sommes		Solde	
		Débit	Crédit	Débiteur	Créditeur
101	Capital		230 000		230 000
2154	Matériel industriel	125 800		125 800	
37	Stock de marchandises	55 000		55 000	
40101	Fournisseur Bruegel	32 000	32 000		
40102	Fournisseur Seurat		5 700		5 700
41101	Client Haring	14 000	2 000	12 000	
41102	Client Dubois	4 750		4 750	
512	Banque	79 300	39 300	40 000	
53	Caisse	4 500		4 500	
607	Achats de marchandises	5 700		5 700	
707	Ventes de marchandises		12 050		12 050
	Totaux	321 050	321 050	247 750	247 750

APPLICATION 3 p. 72 Subdivision des comptes

Enregistrez ces opérations au journal de l'entreprise.

531	Caisse	2 700,00	
512	Banque	76 900,00	
70611	Prestations hôtel clients de passage		32 200,00
70621	Prestations restau. clients de passage		47 400,00
	Encaissement recettes clients de passage		
512	Banque	14 680,00	
411	Clients	31 810,00	
70612	Prestations hôtel réservations		27 080,00
70622	Prestations restau. réservations		19 410,00
	Encaissement recettes sur réservation		

APPLICATION 4 p. 72 Balance, livre-journal et grand-livre

1. a. Retrouvez le montant du capital de l'entreprise, sachant que le total des mouvements débités doit être égal au total des mouvements crédités.

Total des débits : 711 000
– total des crédits : – 698 600
12 400

b. Présentez la balance complétée.

Intitulés des comptes	Total débits	Total crédits	Soldes débiteurs	Soldes créditeurs
Capital		12 400		12 400
Emprunt CPME	20 000	100 000		80 000
Matériel de transport	28 000		28 000	
Aménagements	35 000		35 000	
Matériel de bureau	42 000		42 000	
Clients	154 000	82 000	72 000	
Banque	102 500	21 000	81 500	
Caisse	2 000	1 080	920	
Achats de marchandises	325 000	3 000	322 000	
Fournitures d'entretien	1 000		1 000	
Charges financières	1 500		1 500	
Ventes de marchandises		487 900		487 900
Produits financiers		3 620		3 620
Totaux	711 000	711 000	583 920	583 920

c. À quelle opération correspondent le compte Emprunt CPME et les montants du total débit et du total crédit correspondant dans la balance au 30/04 ?

Ce compte indique que montant de l'emprunt auprès du CPME est de 100 000 € et que l'entreprise Achille a remboursé 20 000 € au 30 avril. Le capital restant dû sur cet emprunt est donc de 80 000 €, montant du solde créditeur.

d. À quel type d'opération peut correspondre le crédit du compte Achats de marchandises figurant dans la balance au 30/04 ?

Il s'agit des marchandises retournées aux fournisseurs, par exemple en cas de non-conformité avec la commande.

2. Enregistrez les écritures du mois de mai au livre-journal.

	a — Reports	711 000,00	711 000,00
512	Banque	225 000,00	
707	Ventes de marchandises		225 000,00
	Remise de chèques sur ventes		
	b		
531	Caisse	89 600,00	
707	Ventes de marchandises		89 600,00
	Pièce de caisse n°…		
613	Locations -c-	4 000,00	
623	Publicité, publications,…-d-	3 600,00	
607	Achats de marchandises -e-	210 000,00	
635	Autres impôts, taxes et versements assimilés	1 700,00	
512	Banque		219 300,00
	Chèques n°…		
	g		
607	Achats de marchandises	30 000,00	
531	Caisse		30 000,00
	Pièce de caisse n°…		
	h		
512	Banque	21 000,00	
411	Clients		21 000,00
	Remise de chèque		
	i		
512	Banque	37 000,00	
531	Caisse		37 000,00
	Pièce de caisse n°…		
	j		
164	Emprunt	8 500,00	
661	Charges financières	1 500,00	
512	Banque		10 000,00
	Remboursement partiel de l'emprunt		
	et paiement des intérêts		
	k		
64	Charges de personnel	1 200,00	
512	Banque		1 200,00
	Règlement salaire du vendeur		
	Totaux	1 344 100,00	1 344 100,00

3. Présentez le grand-livre au 31/05/N.

COMPTES DE BILAN

512 D + Banque C -

AN :	102 500	AN :	21 000
	225 000		219 300
	21 000		10 000
	37 000		1 200
	385 500		251 500

Solde créditeur = 134 000

101 D - Capital C +

		AN :	12 400
	0		12 400

Solde créditeur = 12 400

2 182 D + Matériel de transport C -

AN :	28 000		
	28 000		0

Solde débiteur = 28 000

2 181 D + Aménagements C -

AN :	35 000		
	35 000	0	

Solde débiteur = 35 000

531 D + Caisse C -

AN :	2 000	AN :	1 080
	89 600		30 000
			37 000
	91 600		68 080

Solde débiteur = 23 520

2 184 D + Matériel de bureau C -

AN :	42 000		
	42 000		0

Solde débiteur = 42 000

411 D + Clients C -

AN :	154 000	AN :	82 000
			21 000
	154 000		103 000

Solde débiteur = 51 000

164. D + Emprunt CPME C -

AN :	20 000	AN :	100 000
	8 500		
	28 500		100 000

Solde créditeur = 71 500

COMPTES DE GESTION

607. D+ Achats de marchandises C -

AN :	325 000	AN :	3 000
	210 000		
	30 000		
	565 000		3 000

Solde débiteur = 562 000

606 D + Fournitures d'entretien C -

AN :	1 000	0
	1 000	0

Solde débiteur = 1 000

613 D+ Locations C -

4 000	
4 000	

Solde débiteur = 4 000

623. D+ Publicité, publications... C -

3 600	
3 600	

Solde débiteur = 3 600

661 D + Charges financières C -

AN :	1 500	0
	1 500	
	3 000	0

Solde débiteur = 3 000

635 D + Taxe professionnelle C -

1 700	0
1 700	0

Solde débiteur = 1 700

64 D - Charges de personnel C +

1 200	
1 200	0

Solde débiteur = 1 200

707. D - Ventes de marchandises C +

	AN :	487 900
		225 000
		89 600
0		802 500

Solde créditeur = 802 500

76 D - Produits financiers C +

	AN :	3 620
0		3 620

Solde créditeur = 3 620

4. Présentez la balance au 31/05/N.

Intitulés des comptes	Total débits	Total crédits	Soldes débiteurs	Soldes créditeurs
Capital		12 400		12 400
Emprunt CPME	28 500	100 000		71 500
Matériel de transport	28 000		28 000	
Aménagements	35 000		35 000	
Matériel de bureau	42 000		42 000	
Clients	154 000	103 000	51 000	
Banque	385 500	251 500	134 000	
Caisse	91 600	68 080	23 520	
Achats de marchandises	565 000	3 000	562 000	
Fournitures d'entretien	1 000		1 000	
Locations	4 000		4 000	
Publicité	3 600		3 600	
Taxe professionnelle	1 700		1 700	
Charges de personnel	1 200		1 200	
Charges financières	3 000		3 000	
Ventes de marchandises		802 500		802 500
Produits financiers		3 620		3 620
Totaux	1 344 100	1 344 100	890 020	890 020

APPLICATION 5 p. 73 Corrections d'erreurs

1. Enregistrez ces opérations au journal de l'entreprise sans tenir compte des écritures de l'énoncé.

	1.		
512	BNP - Paribas	100 000,00	
164	Emprunt		100 000,00
	Emprunt auprès de Cetirem		
	2.		
607	Achats de marchandises	5 500,00	
401	Fournisseurs Leloup		5 500,00
	Facture n°		
	3.		
2184	Mobilier	12 000,00	
404	Fournisseurs d'immobilisations		12 000,00
	Facture n°...		
	4.		
626	Frais postaux	54,00	
53	Caisse		54,00
	Pièce de caisse n°		

2. Comparez vos écritures à celle du comptable et corrigez ses éventuelles erreurs.

	1.			
512	BNP - Paribas		200 000,00	
164		Emprunt		200 000,00
	Correction			
	2.			
411	Client Leloup		5 500,00	
401		Fournisseur Leloup		5 500,00
	Correction			
	3.			
512	Banque		12 000,00	
404		Fournisseurs d'immobilisations		12 000,00
	Correction			
	4.			
626	Frais postaux		9,00	
53		Caisse		9,00
	Correction			

Pour parvenir à un emprunt en dettes de 100 000 €, le compte Emprunt ayant été débité à tort de 100 000 €, il faut le créditer une première fois de 100 000 € pour annuler l'erreur, et une deuxième fois de 100 000 € pour que l'emprunt figure au passif du bilan pour 100 000 €. L'analyse est la même pour le compte Banque.

Dans le deuxième enregistrement, le compte Client a été crédité au lieu du compte Fournisseur. Il faut donc faire un virement de compte à compte. Ainsi, le compte Client est soldé et le compte Fournisseur est crédité de 5 500 €.

Pour la troisième écriture, le mobilier n'a pas fait l'objet d'un règlement immédiat, contrairement à ce qui apparaît dans l'écriture du comptable. Il n'y a eu aucune sortie d'argent, mais l'entreprise a une dette à l'égard de son fournisseur d'immobilisation. Il faut donc débiter la banque par le compte Fournisseur. Ce virement de compte à compte permet de rétablir la banque dans son état réel et de faire figurer la dette à l'égard du fournisseur dans les comptes de l'entreprise.

Le montant des frais postaux est de 54 € et non de 45 €. Afin de rétablir ce montant, il faut augmenter les frais postaux et le crédit de la caisse de 54 – 45 = 9 €.

APPLICATION 6 p. 74 Balance, compte de résultat et bilan

1. Établissez la balance par soldes au 30/09/N et déterminez le solde du compte Capital.

Intitulés des comptes	Soldes débiteurs	Soldes créditeurs
Achats de marchandises	1 248 000	
Capital		245 945
Terrains	150 000	
Caisse	2 600	
Produits exceptionnels		1 700
Impôts et taxes	8 750	
Titres immobilisés	25 000	
Charges financières	3 645	
Fournisseurs		89 000
Constructions	236 000	
Charges de personnel	99 000	
Banque (découvert bancaire)		63 000
Produits financiers		1 850
Agencements, aménagements	44 700	
Services extérieurs	38 700	
Clients	165 000	
Charges exceptionnelles	100	
Ventes de marchandises		2 320 000
	2 021 495	2 021 495

Solde du compte Capital : par différence, 2 021 495 – 1 775 550 (total des soldes créditeurs hors capital) = 245 945.

2. Présentez le compte de résultat.

Charges	Montants
Achats de marchandises	1 248 000
Services extérieurs	38 700
Impôts et taxes	8 750
Charges de personnel	99 000
Charges financières	3 645
Charges exceptionnelles	100
Solde créditeur :	225 355
	1 623 550

Produits	Montants
Ventes de marchandises	1 620 000
Produits financiers	1 850
Produits exceptionnels	1 700
	1 623 550

3. Présentez le bilan au 30/09/N.

Postes d'actif	Montants
Immobilisations :	
Terrains	150 000
Constructions	236 000
Agencements, aménagements	44 700
Titres immobilisés	25 000
	455 700
Actif circulant :	
Clients	165 000
Caisse	2 600
	167 600
	623 300

Postes de passif	Montants
Capitaux propres :	
Capital	245 945
Résultat de l'exercice	225 355
	471 300
Dettes :	
Fournisseurs	89 000
Banque (découvert)	63 000
	152 000
	623 300

APPLICATION 7 p. 75 Problème d'ensemble, journal, grand-livre, balance

1. Enregistrez ces opérations au journal de l'entreprise.

		Débit	Crédit
	Reports	1 280 000,00	1 280 000,00
Banque HSBC		339 000,00	
	Ventes de marchandises		339 000,00
Remise de chèques sur ventes			
Caisse		173 600,00	
	Ventes de marchandises		173 600,00
Pièce de caisse n°…			
Matériel de transport		9 000,00	
Aménagements		48 000,00	
Achats de marchandises		210 000,00	
Achats de fournitures d'entretien		1 880,00	
	Banque HSBC		268 880,00
Chèques n°…			
Achats de marchandises		19 000,00	
	Caisse		19 000,00
Pièce de caisse n°…			
Banque HSBC		202 000,00	
	Caisse		202 000,00
Pièce de caisse n°…			
Emprunt HSBC		50 000,00	
	Banque HSBC		50 000,00
remboursement de l'emprunt			
	Totaux	2 332 480,00	2 332 480,00

2. Présentez le grand-livre au 30/06/N.

GRAND-LIVRE

COMPTES DE BILAN

Comptes d'actif

D + Banque C -

AN :	1 230 000	268 880
	339 000	50 000
	202 000	
	1 771 000	318 880

Solde débiteur = 1 452 120

D + Caisse C -

AN :	50 000	19 000
	173 600	202 000
	223 600	221 000

Solde débiteur = 2 600

D + Aménagements C -

48 000	
48 000	0

Solde débiteur = 48 000

Comptes de passif

D - Capital C +

	AN :	880 000
0,00		880 000

Solde créditeur = 880 000

D + Matériel de transport C -

9 000	
	0

Solde débiteur = 9000

D + Emprunt HSBC C -

50 000	AN :	400 000
50 000		400 000

Solde créditeur = 350 000

COMPTES DE GESTION

Comptes de charge

D+ Achats de marchandises C -

210 000	
19 000	
229 000	0

Solde débiteur = 229 000

D + Fournitures d'entretien C -

1 880	
1 880	

Solde débiteur = 1 880

Compte de produit

D - Ventes de marchandises C +

	339 000
	173 600
0	512 600

Solde créditeur = 512 600

3. Présentez la balance au 30/06/N.

Intitulé des comptes	Total débits	Total crédits	Soldes débiteurs	Soldes créditeurs
Capital		880 000		880 000
Emprunt HSBC	50 000	400 000		350 000
Matériel de transport	9 000		9 000	
Aménagements	48 000		48 000	
Banque HSBC	1 771 000	318 880	1 452 120	
Caisse	223 600	221 000	2 600	
Achats de marchandises	229 000		229 000	
Fournitures d'entretien	1 880		1 880	
Ventes de marchandises		512 600		512 600
Totaux	2 332 480	2 332 480	1 742 600	1 742 600

APPLICATION 8 p. 75] QCM

Répondez par « oui » ou « non » aux affirmations ci-dessous en donnant les explications nécessaires.

1. Les comptes de gestion regroupent les comptes de charges et de produits.

Oui. Les comptes de gestion permettent de déterminer le résultat. Ils regroupent donc les charges et les produits.

2. Les emplois de biens durables et de services constituent des consommations définitives à enregistrer en charges.

Oui. Une charge constitue un emploi définitif ou la consommation d'un bien non durable ou d'un service.

3. Les comptes de charges fonctionnent comme les comptes de passif, et les comptes de produits comme les comptes d'actif.

Non. Les comptes de charges augmentent au débit et diminuent au crédit comme les comptes d'actif. Les comptes de produits augmentent au crédit et diminuent au débit comme les comptes de passif.

4. En cas de diminution de charges, le compte intéressé doit être crédité, et en cas de diminution de produits, le compte intéressé doit être débité.

Oui. Conformément au fonctionnement des comptes rappelé à la réponse 3.

5. La balance n'est qu'un instrument de contrôle des enregistrements.

Non. La balance n'est pas qu'un instrument de contrôle ; c'est aussi un moyen de gestion. Elle permet de synthétiser l'ensemble des comptes du grand-livre et éventuellement de déterminer arithmétiquement le résultat de l'entreprise à partir des soldes.

6. Le virement comptable est le transfert d'une somme du débit d'un compte au crédit d'un autre compte.

Non. Le virement comptable permet de déplacer une somme d'un débit à un autre débit ou d'un crédit à un autre crédit.

7. Le virement comptable permet de corriger des erreurs d'imputation.

Oui. Mais pas uniquement : le virement comptable permet aussi de regrouper plusieurs comptes en un seul (travaux de synthèse) ou l'éclatement d'un compte en plusieurs (travaux d'analyse).

8. Dans la balance, le total des débits est égal au total des soldes débiteurs.

Non. Le total des débits est égal au total des crédits et le total des soldes débiteurs est égal au total des soldes créditeurs. Il ne faut pas confondre le flux (mouvement de valeur) avec la situation du compte indiqué par le solde.

9. Le grand-livre regroupe l'ensemble des comptes de l'entreprise.

Oui. Le grand-livre est constitué de l'ensemble des comptes de l'entreprise.

10. Le livre-journal enregistre opération par opération et jour par jour l'ensemble des opérations affectant le patrimoine de l'entreprise.

Oui. Le livre-journal enregistre chronologiquement l'ensemble des opérations affectant le patrimoine de l'entreprise en présentant leur analyse en emplois et ressources.

11. Lorsque le compte de résultat présente un solde débiteur, il s'agit d'un bénéfice.

Non. Le solde débiteur du compte de résultat indique que les charges sont supérieures aux produits et donc qu'il s'agit d'une perte.

12. Les totaux « débit » et « crédit » du journal sont égaux à ceux de la balance.

Oui. Cette égalité permet de vérifier que toutes les opérations sont bien reportées dans les comptes.

CHAPITRE

5

Les opérations d'achat et de vente de biens et services

APPLICATION 1 p. 96 Achats de marchandises et ventes de produits finis avec remise

1. Comptabilisez la facture dans le journal de la société anonyme Mobil.

La société Mobil étant fabricant de mobilier, il s'agit pour elle d'une vente de produits finis. Cette vente est comptabilisée en compte de produits pour son montant net commercial.

	22-mai		
4110396	Client Claire Home	761,25	
701	Ventes de produits finis		636,50
44571	TVA collectée		124,75
	Facture 05-128		

2. Comptabilisez la facture dans le journal de l'entreprise Claire Home.

L'entreprise est un distributeur ; son achat est donc à constater dans le compte d'achats de marchandises ; il est enregistré pour le net commercial.

	22-mai		
607	Achats de marchandises	636,50	
44566	TVA sur autres biens et services	124,75	
40174	Fournisseur Mobil		761,25
	Facture 05-128		

APPLICATION 2 p. 96 Achats stockés et non stockés de biens et services

Présentez, au journal de la PME Cenraule, les écritures d'achats de début octobre N (vous utiliserez un compte général Fournisseurs).

– 2 octobre : il s'agit de marchandises puisque les produits sont destinés à la revente en l'état. Net commercial : 1 460 – (1 460 × 4 %) = 1 401,60 €.

	02-oct		
607	Achats de marchandises	1 401,60	
44566	TVA sur autres biens et services	274,71	
401	Fournisseurs		1 676,31
	Articles de robinetterie		

– 5 octobre : les verres plats entrent dans la composition des produits finis fabriqués par l'entreprise, ce sont donc des matières premières. Comme il s'agit d'éléments stockés, l'enregistrement s'effectue au net financier :

860 – (860 × 3 %) = 834,20 €.

	05-oct		
601	Achats de matières premières	834,20	
44566	TVA sur autres biens et services	163,50	
401	Fournisseurs		997,70
	Achat de verres plats		

– 6 octobre : la consommation et l'abonnement d'électricité sont des achats non stockés. Montant hors taxes : 322,92 / 1,196 = 270 €.

	06-oct		
606	Achats non stockés de matières et fournitures	270,00	
44566	TVA sur autres biens et services	52,92	
401	Fournisseurs		322,92
	Facture EDF		

– 9 octobre : les robinets destinés à être intégrés dans un produit fini répondent à la définition d'achats de matériels, équipements et travaux.
Net commercial : 480 – (480 × 5 %) = 456 €

	09-oct		
605	Achats de matériels, équipements et travaux	456,00	
44566	TVA sur autres biens et services	89,38	
401	Fournisseurs		545,38
	Achat de robinets pour douche multi-jets		

– 11 octobre : les fournitures de bureau sont des achats non stockés.
Net commercial : 90 – (90 × 10 %) = 81 €.

	11-oct		
606	Achats non stockés de matières et fournitures	81,00	
44566	TVA sur autres biens et services	15,88	
401	Fournisseurs		96,88
	Achat de fournitures de bureau		

– 12 octobre : il s'agit également de fournitures non stockées.

	12-oct		
606	Achats non stockés de matières et fournitures	65,00	
44566	TVA sur autres biens et services	12,74	
401	Fournisseurs		77,74
	Achat de forets à béton		

– 13 octobre : ces matériaux divers sont des fournitures stockées.

Les réductions se calculent toujours « en cascade » :

Montant brut..1 140,00 €

Rabais : 1 140 × 5 % .... – 57,00 €

Sous-total...1 083,00 €

Remise : 1 083 × 5 %............................ – 54,15 €

Net commercial.....................................1 028,85 €

	13-oct		
602	Achats stockés - Autres approvisionnements	1 028,85	
44566	TVA sur autres biens et services	201,65	
401	Fournisseurs		1 230,50
	Achat de matériaux divers		

APPLICATION 3 p. 97 Achats non stockés et ventes de marchandises avec escompte et frais

1. Comptabilisez la facture dans le journal de l'entreprise JLS.

	27-juin		
606	Achats non stockés de matières et fournitures	224,65	
624	Transports de biens	8,90	
44566	TVA sur autres biens et services	44,90	
765	Escomptes accordés		4,49
401523	Fournisseur FBMI		273,96
	Facture 56982 de FBMI		

2. Comptabilisez la facture dans le journal de la SAS FBMI.

	25-juin		
4118953	Client JLS	273,96	
665	Escomptes accordés	4,49	
707	Ventes de marchandises		224,65
708	Produits des activités annexes		8,90
44571	TVA collectée		44,90
	Facture 56982 à JLS		

APPLICATION 4 p. 97 Achats et ventes avec réductions et frais

1. Enregistrez au journal de l'entreprise les opérations décrites en supposant qu'elle tient sa comptabilité en système de base. Justifiez le traitement comptable des frais facturés et des escomptes obtenus.

– Achat de 20 maquettes : il s'agit d'un achat de marchandises (achat stocké) ; les frais accessoires sont rattachables de manière certaine à l'achat principal. Ils sont donc comptabilisés au compte d'achat concerné.

Montant brut	150,00 €
Remise 4 %	– 6,00 €
Sous-total	144,00 €
Frais de transport 150 x 5 %	+ 7,50 €
Total compte d'achat	151,50 €

	03-déc		
607	Achats de marchandises	151,50	
44566	TVA sur autres biens et services	29,69	
401	Fournisseurs		181,19
	Facture d'achat de marchandises		

– Vente de marchandises :

Compte 707 :

Montant brut	480,00 €
Remise 10 %	– 48,00 €
Total	432,00 €
Compte 7085	30,00 €

Compte 665 : (432 + 30) × 3 %13,86 €

	03-déc		
411	Clients	535,98	
665	Escomptes accordés	13,86	
707	Ventes de marchandises		432,00
708	Produits des activités annexes		30,00
44571	TVA collectée		87,84
	Facture de ventes de marchandises		

– Réception de la facture France Telecom

	03-déc		
626	Frais postaux et frais de télécommunications	123,00	
44566	TVA sur autres biens et services	24,11	
401	Fournisseurs		147,11
	Facture France Telecom		

– L'achat de produits non stockés s'enregistre au net commercial, soit 23,90 € HT.

	03-déc		
606	Achats non stockés de matières et fournitures	23,90	
44566	TVA sur autres biens et services	4,64	
765	Escomptes obtenus		0,24
401	Fournisseurs		28,30
	Facture d'achat de produits d'entretien		

– L'achat de fournitures de bureau stockées se comptabilise dans le compte 602.

Montant brut .... 246,00 €
Remise 6 % .... – 14,76 €
Net commercial .... 231,24 €
Escompte 2 % .... – 4,62 €
Frais de transport .... + 14,00 €
Total compte d'achat .... 240,62 €

	03-déc		
602	Achats stockés - Autres approvisionnements	240,62	
44566	TVA sur autres biens et services	47,16	
401	Fournisseurs		287,78
	Facture de fournitures de bureau		

2. Recommencez le même travail en supposant que l'entreprise utilise le système développé pour sa tenue de comptabilité.

Seuls les enregistrements concernant les achats stockés se trouvent modifiés dans le système développé. Nous ne reprendrons donc que ces deux enregistrements.

Il faut affecter les frais accessoires sur achats dans des subdivisons du compte 608.

– Achat de 20 maquettes :

Compte 607

Montant brut .... 150,00 €
Remise 4 % .... – 6,00 €
Total compte d'achat .... 144,00 €

Compte 6087 : 150 × 5 % = 7,50 €

	03-déc		
607	Achats de marchandises	144,00	
6087	Frais accessoires sur achat de marchandises	7,50	
44566	TVA sur autres biens et services	29,69	
401	Fournisseurs		181,19
	Facture d'achat de marchandises		

– Achat de fournitures de bureau stockées :
Compte 602
Montant brut.. 246,00 €
Remise 6 % .... – 14,76 €
Net commercial .... 231,24 €
Escompte 2 % .... – 4,62 €
Net financier.. 226,62 €
Compte 6082
Frais de transport... 14,00 €

	03-déc		
602	Achats stockés - Autres approvisionnements	226,62	
6082	Frais accessoires sur achats stockés	14,00	
44566	TVA sur autres biens et services	47,16	
401	Fournisseurs		287,78
	Facture de fournitures de bureau		

APPLICATION 5 p. 98] Prestations de services

Présentez les écritures relatives à ces différentes opérations dans les deux hypothèses suivantes :

1. TVA sur les encaissements

– 3 mai : facturation au client René : la TVA n'est pas exigible

	03-mai		
411	Clients	1 028,56	
706	Prestations de services		860,00
44574	TVA collectée sur les encaissements		168,56
	Facture au client René		

– 5 mai : s'agissant d'un achat de biens, la TVA est déductible immédiatement.

	05-mai		
606	Achats non stockés de matières et fournitures	83,42	
44566	TVA sur autres biens et services	16,35	
401	Fournisseurs		99,77
	Achat de fournitures de bureau		

– 6 mai : réception d'une facture d'avocat. S'agissant d'un prestataire de services, la TVA n'est pas déductible à la facturation :

	06-mai		
622	Rémunérations d'intermédiaires et honoraires	1 500,00	
44564	TVA déductible sur les décaissements	294,00	
401	Fournisseurs		1 794,00
	Facture avocat		

– 7 mai : facturation d'une prestation de services : TVA non exigible

07-mai

411	Clients	2 583,36	
706	Prestations de services		2 160,00
44574	TVA collectée sur les encaissements		423,36
	Facturation d'honoraires		

– 17 mai : réception du règlement du client René : montant total dû : 1 028,56 €. La TVA devient exigible. Il convient donc de solder le compte d'attente de TVA 44574 enregistré lors de la facturation pour inscrire son montant en TVA collectée.

17-mai

512	Banque	1 028,56	
44574	TVA collectée sur les encaissements	168,56	
411	Clients		1 028,56
44571	TVA collectée		168,56
	Règlement du client René		

– 19 mai : règlement de la moitié des honoraires à Me Aplede. Seule la TVA correspondant au règlement est déductible :

Total règlement (1 500 × 1,196) / 2 = 897,00 €

TVA déductible (897,00 / 1,196) × 19,60 % = 147,00 €.

Le compte 44564 sera partiellement soldé par le débit du compte 44566, le règlement n'étant pas intégral.

19-mai

401	Fournisseur	897,00	
44566	TVA sur autres et biens et services	147,00	
512	Banque		897,00
44564	TVA déductible sur les encaissements		147,00
	Règlement partiel à avocat		

2. Option pour la TVA sur les débits

Seuls les enregistrements concernant la facturation et la réception du règlement du cabinet Ricamer varient. Nous ne reprendrons donc pas les autres écritures.

L'option sur les débits rend la TVA exigible lors de la facturation.

– 3 mai : facturation au client René : la TVA est exigible

– 7 mai : facturation d'une prestation de services : TVA exigible

07-mai

411	Clients	2 583,36	
706	Prestations de services		2 160,00
44571	TVA collectée		423,36
	Facturation d'honoraires		

– 17 mai : réception du règlement du client René : montant total dû : 1 028,56 €

17-mai

512	Banque	1 028,56	
411	Clients		1 028,56
	Règlement du client René		

APPLICATION 6 p. 98 Acomptes sur achats et ventes de biens

Présentez les écritures relatives à ces différentes opérations :

1. dans le journal de l'entreprise Lola

– 1er avril : l'acompte n'est pas soumis à TVA, celle-ci étant exigible à la facturation en matière de biens.

	01-avr		
4091	Fournisseurs - Avances acomptes versés sur commandes	750,00	
512	Banque		750,00
	Règlement d'un acompte à France Textiles		

– 15 avril : la facture concerne de la marchandise (achat stocké). Lors de la facturation, il convient de solder l'acompte versé :

Compte 607
Montant brut .... 2 630,00 €
Remise 5 % .... – 131,50 €
Net commercial .... 2 498,50 €
Frais de transport .... + 103,00 €
Total du compte 607 .... 2 601,50 €
Compte 44566 (2 601,50 × 19,60 %) .... + 509,89 €
Solde de l'acompte .... – 750,00 €
Compte fournisseur (net à payer) .... 2 361,39 €

	15-avr		
607	Achats de marchandises	2 601,50	
44566	TVA sur autres et biens et services	509,89	
4091	Fournisseurs - Avances acomptes versés sur commandes		750,00
401	Fournisseurs		2 361,39
	Facture de France TEXTILES		

– 30 avril : règlement du solde au fournisseur

	30-avr		
401	Fournisseur	2 361,39	
512	Banque		2 361,39
	Règlement à France Textiles		

2. Dans celui de son fournisseur France Textiles

– 1er avril : l'acompte n'est pas soumis à TVA, la TVA en matière de biens étant exigible à la facturation.

	01-avr		
512	Banque	750,00	
4191	Clients - Avances acomptes reçus sur commandes		750,00
	Réception d'un acompte de Lola		

– 15 avril : la facture concerne une vente de marchandises. Lors de la facturation, il convient de solder l'acompte versé.

Compte 707	
Montant brut	2 630,00 €
Remise 5 %	– 131,50 €
Net commercial	2 498,50 €
Compte 708	+ 103,00 €
Compte 44571 (2601,50 x 19,60 %)	509,89 €
Solde de l'acompte	– 750,00 €
Compte client (net à payer)	2 361,39 €

	15-avr		
411	Clients	2 361,39	
4191	Clients - Avances et acomptes reçus sur commandes	750,00	
707	Ventes de marchandises		2 498,50
7085	Ports et frais accessoires facturés		103,00
44571	TVA collectée		509,89
	Facture au client Lola		

– 30 avril : règlement pour solde reçu du client.

	30-avr		
512	Banque	2 361,39	
411	Clients		2 361,39
	Règlement du client Lola		

APPLICATION 7 p. 99 Acomptes sur achats et ventes de prestations de services

1. Enregistrez les opérations décrites au journal de l'entreprise JLS, en supposant qu'elle n'a pas opté pour les débits.

Seuls les encaissements rendent la TVA exigible. La TVA ne sera collectée qu'à l'encaissement de l'acompte et à l'encaissement de la facture.

– 10 mai : l'acompte est soumis à TVA.

	10-mai		
512	Banque	956,80	
44584	TVA récupérée d'avance	156,80	
4191	Clients-Avances et acomptes reçus sur commandes		956,80
44571	TVA collectée		156,80
	Règlement du client Alpes Ménager		

– 3 juillet : la facturation ne rend pas la TVA exigible. Il faut cependant solder et l'acompte reçu et la TVA récupérée d'avance. Le montant du compte d'attente de TVA « 44574. TVA collectée sur les encaissements » sera égal au montant de TVA restant à recevoir du client.

Compte 706	2 530,00 €		
Compte 7085	230,00 €		
Compte 44584 pour solde	156,80 €	156,80	Soit le montant
Compte 44574		+ 384,16	total de la TVA
(2 344,16 / 1,196) × 19,60 %)	384,16 €	540,96	
Compte 4191 pour solde de l'acompte	– 956,80 €		
Compte client (net à payer)	2 344,16 €		

03-juil

411	Clients	2 344,16	
4191	Clients - Avances et acomptes reçus sur commandes	956,80	
706	Prestations de services		2 530,00
7085	Ports et frais accessoires facturés		230,00
44584	TVA récupérée d'avance		156,80
44574	TVA collectée sur les encaissements		384,16
	Facture au client Alpes Ménager		

– 25 juillet : règlement de la facture par le client Alpes Ménager.

La TVA est exigible sur l'encaissement.

Montant du règlement : 2 344,16 €

TVA collectée : (2 344,16 / 1,196) × 19,60 % = 384,16.

Le compte TVA collectée sur les encaissements est donc soldé par le crédit du compte 44571. TVA collectée. Le compte client est soldé.

25-juil

512	Banque	2 344,16	
44574	TVA collectée sur les encaissements	384,16	
411	Clients		2 344,16
44571	TVA Collectée		384,16
	Règlement pour solde Alpes Ménager		

2. Recommencez le même travail en supposant que l'entreprise a opté pour les débits.

– 10 mai : l'acompte est soumis à TVA. Rien ne change quant à l'enregistrement.

– 3 juillet : lors de la facturation, la TVA est exigible. Le compte à utiliser sera donc le compte 44571. TVA collectée au lieu du compte 44574. TVA collectée sur les encaissements.

03-juil

411	Clients	2 344,16	
4191	Clients - Avances et acomptes reçus sur commandes	956,80	
706	Prestations de services		2 760,00
44584	TVA récupérée d'avance		156,80
44571	TVA collectée		384,16
	Facture au client Alpes Ménager		

– 25 juillet : règlement de la facture par le client Alpes Ménager. Le règlement s'enregistre comme pour une vente de biens.

	25-juil		
512	Banque	2 344,16	
411	Clients		2 344,16
	Règlement pour solde Alpes Ménager		

3. Enregistrez les opérations dans le journal de l'entreprise Alpes Ménager dans les deux hypothèses précédentes.

CAS 1 : JLS n'a pas opté pour les débits

Seuls les règlements rendent la TVA déductible. La TVA ne sera déductible qu'au règlement de l'acompte et lors du règlement de la facture.

– 10 mai : l'acompte est soumis à TVA.

	10-mai		
4091	Fournisseurs - Avances et acomptes versés sur commandes	956,80	
44566	TVA déductible	156,80	
512	Banque		956,80
44585	TVA déductible lors du paiement		156,80
	Règlement au fournisseur JLS		

– 3 juillet : la facturation ne rend pas la TVA déductible. Il faut cependant solder et l'acompte versé et la TVA déductible lors du paiement. Le montant du compte d'attente de TVA 44564 « TVA déductible sur les décaissements » sera égal au montant de TVA restant à devoir au fournisseur.

Compte 622	2 530,00 €		
Compte 624	230,00 €		
Compte 44585 pour solde	156,80 €	156,80	Soit le montant total de la TVA
Compte 44564 (2 344,16 / 1,196) × 19,60 %)	384,16 €	+ 384,16	
Compte 4091 pour solde de l'acompte	– 956,80 €	540,96	
Compte fournisseur (net à payer)	2 344,16 €		

	03-juil		
622	Rémunérations d'intermédiaires et honoraires	2 530,00	
6241	Transports sur achats	230,00	
44564	TVA déductible sur les décaissements	384,16	
44585	TVA déductible lors du paiement	156,80	
4091	Fournisseurs - Avances et acomptes versés sur commandes		956,80
401	Fournisseurs		2 344,16
	Facture fournisseur JLS		

– 25 juillet : règlement de la facture au fournisseur JLS.

La TVA est exigible du décaissement.

Montant du règlement : 2 344,16 €

TVA déductible : (2 344,16 / 1,196) × 19,60 % = 384,16.

Le compte TVA déductible lors du paiement est soldé par le débit du compte 44566. TVA sur autres biens et services. Le compte fournisseur est soldé.

	25-juil		
401	Fournisseurs	2 344,16	
44566	TVA sur autres biens et services	384,16	
512	Banque		2 344,16
44564	Tva déductible sur les décaissements		384,16
	Règlement pour solde de JLS		

CAS 2 : JLS a opté pour les débits

– 10 mai : l'acompte est soumis à TVA. Rien ne change quant à l'enregistrement.

– 3 juillet : lors de la facturation, la TVA est déductible. Le compte à utiliser sera donc le compte 44566. TVA sur autres biens et services au lieu du compte 44564. TVA déductible sur les décaissements.

	03-juil		
622	Rémunérations d'intermédiaires et honoraires	2 530,00	
6241	Transports sur achats	230,00	
44566	TVA sur autres biens et services	384,16	
44585	TVA déductible lors du paiement	156,80	
4091	Fournisseurs - Avances et acomptes versés sur commandes		956,80
401	Fournisseurs		2 344,16
	Facture fournisseur JLS		

– 25 juillet : règlement de la facture par Alpes Ménager. Le règlement s'enregistre comme pour un achat de biens.

	25-juil		
401	Fournisseurs	2 344,16	
512	Banque		2 344,16
	Règlement pour solde de JLS		

APPLICATION 8 p. 99 Facturation d'achats et ventes dans l'Union européenne

1. Enregistrez, au journal de l'entreprise Mobil, l'acompte versé à son fournisseur belge le 1/06, ainsi que la facture reçue le 30/06.

L'entreprise Mobil a acheté des marchandises à son fournisseur belge Lamahieut.

– 1er juin : le versement d'un acompte, s'agissant d'un achat de biens, n'est pas soumis à TVA, y compris en matière de TVA intracommunautaire.

	01-juin		
4091	Fournisseurs - Avances et acomptes versés sur commandes	2 600,00	
512	Banque		2 600,00
	Acompte à Lamahieut		

– 25 juin : réception de la facture fournisseur.

S'agissant d'achats stockés, il faut incorporer les frais accessoires dans le compte d'achats concerné. Il convient en outre de solder l'acompte.

Cette acquisition intracommunautaire est soumise à TVA au taux français de 5,5 %.

TVA à calculer par Mobil : 7 079,40 × 5,5 % = 389,37 €.

	25-juin		
60121	Achats bois Union européenne	7 079,40	
44566	TVA sur autres biens et services	389,37	
4091	Fournisseurs - Avances et acomptes versés		2 600,00
4452	TVA due intracommunautaire		389,37
40123	Fournisseur Lamahieut		4 479,40
	Facture 05/0996 Lamahieut		

2. Enregistrez la facture émise le 26/06 par l'entreprise Mobil à son client italien.

Il s'agit d'une livraison intracommunautaire.

	26-juin		
411256	Client I MOB	1 163,75	
701	Ventes de produits finis		1 163,75
	Facture 06-128 I MOB		

3. Expliquez pourquoi la facture émise le 26/06 ne mentionne pas la TVA.

La facture ne mentionne pas la TVA car l'entreprise dispose du numéro intracommunautaire de son client. L'opération est donc exonérée de TVA pour le vendeur.

APPLICATION 9 p. 100 Facturation d'achats et ventes dans le reste du monde

Présentez les écritures relatives à ces documents au journal de l'entreprise Mobil, sachant que l'entreprise n'a pas choisi d'incorporer les frais du transitaire au coût d'acquisition.

– La facture Briton Woods concerne une importation. Les biens achetés font l'objet d'un transit en douane et l'entreprise Mobil fait appel à un transitaire. Elle n'incorpore pas les commissions du transitaire au coût d'acquisition des matières premières. La facture est libellée en dollars. Il faut donc faire la conversion : s'agissant de biens stockés, les frais de transport sont intégrés au compte d'achats : 5 502/1,21 = 4 547,10 €.

	02-juin		
601	Achats stockés - Matières premières	4 547,11	
401	Fournisseur		4 547,11
	Facture 369 Briton Woods		

– Facture du transitaire

Les frais de transport doivent être intégrés au compte d'achat, puisqu'il s'agit d'un achat stocké. Les droits de douane doivent être portés au compte d'achat par nature, quel que soit le type d'achat concerné. Le fournisseur de services Ater n'a pas opté pour les débits, la TVA sur sa commission n'est donc pas déductible lors de la facturation.

	10-juin		
601	Achats stockés - Matières premières	421,00	
622	Rémunérations d'intermédiaires et honoraires	101,00	
44566	TVA sur autres biens et services	250,09	
44564	TVA déductible sur les décaissements	28,38	
401	Fournisseur		800,47
	Facture 06/562 Ater		

– Facture au client Suisse

Il s'agit d'une exportation, opération exonérée de TVA.

	30-juin		
411	Clients	2 139,00	
4191	Clients - Avances et acomptes reçus sur commandes	1 000,00	
701	Ventes de produits finis		2 874,00
7085	Ports et frais accessoires facturés		265,00
	Facture client Billard		

APPLICATION 10 p. 102 QCM

Répondez par « oui » ou « non » aux affirmations ci-dessous en donnant les explications nécessaires.

1. Pour un même prix de vente, plus il y a d'intermédiaires dans le circuit de distribution, plus la TVA à payer par le consommateur final sera élevée.

Non. La TVA est supportée par le consommateur final. Son calcul est fonction du prix de vente final et ne varie donc pas en fonction des différentes marges antérieures.

2. À réception d'une facture de services, le client peut choisir d'opter pour la TVA sur les débits.

Non. L'option pour la TVA sur les débits est toujours formulée par le collecteur de la TVA (en l'occurrence, le fournisseur) et pour l'ensemble des opérations qu'il effectue.

3. Une « personne bénéficiant d'un régime dérogatoire » est une entreprise qui ne peut pas déduire la TVA sur ses acquisitions intracommunautaires.

Oui. Une personne bénéficiant d'un régime dérogatoire paye la TVA au fournisseur étranger (et au taux du pays où réside celui-ci) et ne peut pas la déduire. La TVA non déductible fait partie du coût d'acquisition.

4. Une entreprise reçoit une facture concernant un achat de marchandises (TVA à 19,60 %) qui mentionne les éléments suivants : montant brut HT : 1 000 € ; remises de 5 % et 3 % ; frais de livraison : 28 € HT ; acompte versé : 200 €.

Le net à payer est égal à :

☐ 943,27 €.

☐ 933,81 €.

☑ 935,60 €.

Montant brut	1 000,00
Remise : 1 000 × 5 %	50,00
Reste	950,00
Remise : 950 × 3 %	28,50
Net commercial	921,50
Frais de livraison	+ 28,00
Total hors taxes	949,50
TVA : 949,50 × 19,6 %	+ 186,10
Total TTC	1 135,60
– Acompte	– 200,00
Net à payer	935,60

5. Une entreprise reçoit la facture suivante pour un achat de fournitures non stockées (TVA à 19,60 %) comportant les éléments suivants : montant brut HT : 1 000 € ; remise : 5 % ; escompte de règlement : 2 %. Le montant à inscrire au compte 606. Achats non stockés est égal à :

☑ 950,00 €.

☐ 1 136,20 €.

☐ 931,00 €.

Comme il s'agit de fournitures non stockées, le montant enregistré en compte d'achat est le net commercial, soit 1 000 × 95 % = 950 €.

6. Les commissions versées à un transitaire qui s'occupe du dédouanement de biens importés sont :

☐ incorporées dans le coût d'acquisition du bien que celui-ci soit stocké ou non.

☐ systématiquement inscrites au compte 622. Rémunérations d'intermédiaires et honoraires.

☑ incorporées dans le coût d'acquisition des biens stockés si l'entreprise opte pour cette solution.

7. Le compte 608 récapitulant les frais sur achats ne peut être utilisé que par les entreprises dépassant certains seuils.

Non. Toute entreprise peut utiliser le système développé si elle en ressent le besoin pour l'analyse de ses comptes.

CHAPITRE

6

Les avoirs sur achats et ventes et les emballages commerciaux

APPLICATION 1 p. 120 Enregistrement de factures d'avoir

1. Enregistrez les factures d'avoir dans les livres de l'entreprise Albertini.

– Avoir pour retour de 20 pinceaux : il s'agit d'une annulation partielle de la vente de marchandises pour le fournisseur. La facture initiale comportait un escompte de règlement.

– Une remise omise s'enregistre dans un compte de ventes soustractif.

– L'erreur de facturation s'analyse comme une annulation partielle de la vente. La facturation erronée porte sur 46,80 € HT, soit 3 pots de peinture au prix unitaire de 15,60 € HT (15,60 × 3 = 46,80).

	18-juin		
707	Ventes de marchandises	112,00	
44571	TVA collectée	21,29	
665	Escomptes accordés		3,36
411	Clients		129,93
	Avoir Dubois retour de marchandises		
7097	RRR accordés sur ventes de marchandises	10,42	
44571	TVA collectée	2,04	
411	Clients		12,46
	Avoir Abi remise omise		
707	Ventes de marchandises	46,80	
44571	TVA collectée	9,17	
411	Clients		55,97
	Avoir Malevoy erreur de facturation		

2. Procédez aux mêmes enregistrements chez les entreprises clientes.

– Chez Dubois, il s'agit d'une annulation partielle de l'achat. Le compte concerné est le compte 606, cet achat n'étant pas stocké. L'escompte fait donc l'objet d'un enregistrement.

	18-juin		
401	Fournisseurs	129,93	
765	Escomptes obtenus	3,36	
606	Achats non stockés de matières et fournitures		112,00
44566	TVA sur autres biens et services		21,29
	Avoir du fournisseur Albertini		

– Chez Abi, la remise omise nécessite l'utilisation d'un compte d'achat soustractif. Cette entreprise est un détaillant, le compte soustractif concerné est relatif à l'achat de marchandises.

	18-juin		
401	Fournisseurs	12,46	
6097	RRRO sur achats de marchandises		10,42
44566	TVA sur autres biens et services		2,04
	Avoir du fournisseur Albertini		

– Chez Malevoy, il s'agit d'enregistrer une annulation partielle. Il n'est pas mentionné que ce type d'achat fasse l'objet d'un suivi de stock. Il est plus vraisemblable que ce prestataire achète au fur à mesure selon les besoins du chantier. On utilisera donc un compte 606.

	18-juin		
401	Fournisseurs	55,97	
606	Achats non stockés de matières et fournitures		46,80
44566	TVA sur autres biens et services		9,17
	Avoir du fournisseur Albertini		

APPLICATION 2 p. 120 Retours et remise supplémentaire

1. Enregistrez la facture et l'avoir dans les livres de l'entreprise Claire Home.

La facture concerne un achat de marchandises. Les remises sur facture ne s'enregistrent pas.

	22-mai		
607	Achats de marchandises	636,50	
44566	TVA sur autres biens et services	124,75	
401	Fournisseurs		761,25
	Facture 05-128 Mobil		

L'avoir concerne l'achat précédent, la remise initiale mentionnée sur l'avoir suit l'enregistrement de la facture, c'est-à-dire qu'il ne s'enregistre pas. En revanche, la remise supplémentaire doit faire l'objet d'un enregistrement.

26-mai

401	Fournisseurs	115,44	
607	Achats de marchandises		85,50
6097	RRR obtenues sur achats de marchandises		11,02
44566	TVA sur autres biens et services		18,92
	Avoir Mobil 05-012		

2. Procédez aux mêmes enregistrements dans l'entreprise Mobil.

Pour l'entreprise Mobil, il s'agit d'une vente et d'un retour de produits finis.

22-mai

411	Clients	761,25	
701	Ventes de produits finis		636,50
44571	TVA collectée		124,75
	Facture Claire Home 05-128		

26-mai

701	Ventes de produits finis	85,50	
7091	RRR accordés sur ventes de produits finis	11,02	
44571	TVA collectée	18,92	
411	Clients		115,44
	Avoir 05-12 Claire Home		

APPLICATION 3 p. 121 Rectification d'erreur

1. Calculez le solde dû par Mobil au 30/06/N, sachant qu'un acompte sur facture de 2 600 € avait été versé.

Total facturé : .... 7 079,40 €
Acompte : .... – 2 600,00 €
Solde du compte fournisseur : .... 4 479,40 €
Facture d'avoir .... – 308,75 €
Solde dû .... 4 170,65 €

2. Présentez l'écriture d'enregistrement de l'acompte dans les livres de l'entreprise Mobil.

Il s'agit d'une erreur de facturation. L'achat était une acquisition intracommunautaire soumise à TVA française au taux de 5,5 %. La remise figurant sur la facture initiale ne s'enregistre pas lors de la réception de l'avoir.

29-juin

40123	Fournisseur Lamahieut	308,75	
4452	TVA due intracommunautaire	16,98	
60121	Achats bois UE		308,75
44566	TVA sur autres biens et services		16,98
	Avoir Lamahieut 05-0996		

3. Présentez le compte Fournisseurs au 29/06.

	40123	
• Facture nette d'acompte	....	4 479,40
• Avoir	308,75	
Solde au 29/06		4 170,65

APPLICATION 4 p. 122 Ristourne périodique

1. Calculez les montants des avoirs à établir.

– Albert

Montant HT du chiffre d'affaires (4 747,50 / 1,055) : .... 4 500,00 €
Tranche 1 : .... 0,00 €
Tranche 2 (3 000 – 1 500) × 2 % : .... 30,00 €
Tranche 3 (4 500 – 3 000) × 3 % : .... 45,00 €
Tranche 4 (pas de CA dans cette tranche) : .... 0,00 €
Total avoir HT : .... 75,00 €
TVA (75,00 × 5,5 %) : .... 4,13 €
Total TTC : .... 79,13 €

– Bertrand

Montant HT du chiffre d'affaires (5 802,50/1,055) : ....5 500,00 €
Tranche 1 : .... 0,00 €
Tranche 2 (3 000 – 1 500) × 2 % : .... 30,00 €
Tranche 2 (5 000 – 3 000) × 3 % : .... 60,00 €
Tranche 3 (5 500 – 5 000) × 5 % : .... 25,00 €
Total HT : .... 115,00 €
TVA (114,90 × 5,5 %) : .... 6,33 €
Total TTC : .... 121,33 €

2. Présentez les enregistrements des avoirs accordés dans l'entreprise Laurentides.

Il s'agit d'avoirs pour ristourne sur ventes de produits finis. Ils s'enregistrent par le débit du compte soustractif de ventes.

	31-mars		
7091	RRR accordés sur ventes de produits finis	75,00	
44571	TVA collectée	4,13	
411	Clients		79,13
	Avoir client Albert		
	d°		
7091	RRR accordés sur ventes de produits finis	115,00	
44571	TVA collectée	6,33	
411	Clients		121,33
	Avoir client Bertrand		

3. Comptabilisez la ristourne chez Albert (il s'agit d'un achat de marchandises).

La ristourne s'enregistre dans le compte soustractif d'achats.

	31-mars		
401	Fournisseurs	79,13	
6097	RRR obtenus sur achats de marchandises		75,00
44566	TVA sur autres biens et services		4,13
	Avoir fournisseur Laurentides		

APPLICATION 5 p. 122 Escompte de règlement

Enregistrez au journal de l'entreprise les opérations décrites. Justifiez le traitement comptable des avoirs reçus.

– 5 décembre : établissement d'un avoir pour escompte net de taxes.

	05-déc		
665	Escomptes accordés	5,56	
411	Clients		5,56
	avoir à SAM		

– 8 décembre : établissement d'un avoir pour escompte.

	08-déc		
665	Escomptes accordés	15,00	
44571	TVA collectée	2,94	
411	Clients		17,94
	Avoir CE		

– 10 décembre : réception d'un avoir pour escompte sur un achat non stocké.

Pour un achat non stocké, l'escompte est enregistré au crédit du compte 765. Escomptes obtenus.

	10-déc		
401	Fournisseur	29,37	
765	Escomptes obtenus		24,56
401	Fournisseurs		4,81
	Avoir fournisseur		

– 11 décembre : avoir pour retour de marchandises.

L'escompte figurait sur la facture initiale et concerne un achat stocké ; l'enregistrement de la facture initiale s'est fait au net financier. L'enregistrement de l'avoir suit cette règle.

	11-déc		
401	Fournisseurs	72,37	
607	Achat de marchandises		60,51
44566	TVA sur autres biens et services		11,86
	Avoir fournisseur		

– 15 décembre : l'avoir concerne un achat stocké. L'escompte se comptabilise en créditant le compte d'achat concerné. Il est stipulé net de taxes : la TVA déductible n'a donc pas à être diminuée par rapport à la facture initiale.

	15-déc		
401	Fournisseur	23,50	
607	Achat de marchandises		23,50
	Avoir fournisseur		

APPLICATION 6 p. 123] Achats d'emballages

1. Citez le compte à utiliser lors de la réception de la facture relative à la livraison du 3/01. Justifiez votre réponse.

Il s'agit d'un achat de matériel destiné à un stockage interne, il faudra donc utiliser un sous-compte du compte 215. Installations techniques, matériels et outillages industriels. Cet achat est un achat d'immobilisation. Cependant, ce n'est pas un emballage identifiable destiné à être consigné. Si tel avait été le cas, il aurait fallu utiliser le compte 2186. Emballages récupérables.

2. Procédez aux enregistrements comptables des factures reçues.

– 5 janvier : la facture concerne un achat d'emballages non récupérables (non consignés) ; les cartons étant stockés, on utilisera le compte 60261. Emballages perdus. Les films n'étant pas stockés, on utilisera le compte 606. Achats non stockés de matières et fournitures. Pour suivre les règles de l'art, les emballages stockés doivent s'enregistrer au net financier, tandis que les emballages non stockés s'enregistrent au net commercial.

Calculs nécessaires :
Films plastiques : .... 210,20 €
Cartons (626,00 – 62,60) × 0,98 : .... 552,13 €
Escomptes sur films (210,20 × 2 %) : .... 4,20 €

	05-janv		
60261	Emballages perdus	552,13	
606	Achats non stockés de matières et fournitures : Emballages perdus	210,20	
44566	TVA sur autres biens et services	148,59	
765	Escomptes obtenus		4,20
401	Fournisseurs		906,72
	Facture Allo cartons		

– 7 janvier : avoir pour retour de cartons.

L'avoir concerne un achat stocké, il doit s'enregistrer au net financier.

	07-janv		
401	Fournisseur	59,07	
60261	Emballages perdus		49,39
44566	TVA sur autres biens et services		9,68
	Avoir fournisseur Allo cartons		

– 10 janvier : achat d'emballages qui seront consignés aux clients. Il s'agit d'emballages non identifiables ; on utilisera donc le compte 60265. Emballages récupérables non identifiables.

	10-janv		
60265	Emballages récupérables non identifiables	163,00	
44566	TVA sur autres biens et services	31,95	
401	Fournisseurs		194,95
	Facture fournisseur		

APPLICATION 7 p. 123 Consignations d'emballages

Procédez aux calculs nécessaires à l'établissement des documents commerciaux, sachant que le taux de TVA est de 5,50 % pour les produits laitiers et de 19,60 % pour les emballages. Enregistrez ces opérations au journal de l'entreprise La Laitière et dans ceux des entreprises clientes.

– 2 mai : vente à la coopérative.

Lait (9 000 × 0,32 €) : .... 2 880,00 €
Consignation (3 × 150,00) : .... 450,00 €
TVA (2 880 × 5,5 %) : .... 158,40 €
Net à payer : .... 3 488,40 €

	02-mai		
411	Clients	3 488,40	
701	Ventes de produits finis		2 880,00
4196	Clients – Dettes pour emballages et matériels consignés		450,00
44571	TVA collectée		158,40
	Facture client		

– 3 mai : vente au supermarché.

25 packs (25 × 4,50 €) : .... 112,50 €
Consignation (5 × 3,50 €) : .... 17,50 €
TVA (112,50 × 5,5 %) : .... 6,19 €
Net à payer : .... 136,19 €

	03-mai		
411	Clients	136,19	
701	Ventes de produits finis		112,50
4196	Clients – Dettes pour emballages et matériels consignés		17,50
44571	TVA collectée		6,19
	Facture supermarché		

– 5 mai : avoir pour retour des trois cuves.

Boni HT : [(150 – 145)/1,196] × 3 .... 12,54 €
TVA sur boni : 12,54 × 19,6 % .... 2,46 €
Boni TTC : .... 15,00 €

Dû au client (total consigné) .... 450,00 €
Dû par client (boni TTC) .... 15,00 €
Solde au crédit du compte client .... 435,00 €

05-mai

4196	Clients – Dettes pour emballages et matériels consignés	450,00	
7086	Bonis sur reprises d'emballages consignés		12,54
44571	TVA collectée		2,46
411	Clients		435,00
	Avoir coopérative retour d'emballages		

– 6 mai : avoir pour retour d'emballages
Emballage vendu HT (4,50 / 1,196) : .... 3,76 €
TVA sur vente (3,76 × 19,6 %) : .... 0,74 €
Total TTC : .... 4,50 €
Facturé au client (total consignation) : .... 17,50 €
Dû par client (vente emballage) : .... 4,50 €
Solde au crédit du compte client : .... 13,00 €

05-mai

4196	Clients – Dettes pour emballages et matériels consignés	17,50	
7088	Autres produits des activités annexes		3,76
44571	TVA collectée		0,74
411	Clients		13,00
	Avoir Supermarché retour d'emballages		

APPLICATION 8 p. 124 Consignations d'emballages

Enregistrez les opérations décrites.

– Enregistrement de la facture de vente : la SARL est une entreprise commerciale, elle utilise donc le compte de vente 707. Ventes de marchandises.

03-déc

411	Clients	1 196,02	
707	Ventes de marchandises		1 019,92
44571	TVA collectée		56,10
4196	Clients – Dettes pour emballages et matériels consignés		120,00
	Facture 2348 Martini		

– Enregistrement de l'avoir :

Retour de marchandises :
Marchandises : 179,00 × 0,88 .... 157,52 €
TVA (157,52 × 5,5 %) : .... 8,66 €
Total dû au client : .... 166,18 €

Retour d'emballages :

L'emballage est repris 25 €, il a été consigné 30 €, soit 5,00 € TTC de boni :

Boni HT (3 × 5,00 / 1,19 €)	12,54 €
TVA sur boni :	2,46 €
Total TTC :	15,00 €

Le prix de vente TTC correspond au prix de consignation, soit 30,00 €.

Vente d'emballages HT (30,00 / 1,196) :	25,08 €
TVA sur vente (25,08 × 19,6 %) :	4,92 €
Total :	30,00 €

Total TVA : 2,46 + 4,92 = 7,38

En compte.

Total consigné (4 casiers) :	120,00 €
Dû par le client	– 45,00 €
Net au crédit du compte client :	75,00 €

	10-déc		
707	Ventes de marchandises	157,52	
44571	TVA collectée	8,66	
411	Clients		166,18
	Avoir A424 retour de marchandises		
	d°		
4196	Clients – Dettes pour emballages et matériels consignés	120,00	
7086	Bonis sur reprises d'emballages consignés		12,54
7088	Autres produits des activités annexes		25,08
44571	TVA collectée		7,38
411	Clients		75,00
	Avoir A424 Déconsignation		

APPLICATION 9 p. 124 Consignations d'emballages

1. Déterminez le prix de consignation, le nombre total d'emballages consignés et le nombre d'emballages ayant fait l'objet d'une déconsignation (pour retour ou vente).

Prix de consignation : 125 000 / 1 250 × 1,35 = 135 €.

Nombre d'emballages consignés : 243 000 / 135 = 1 800 emballages.

Nombre d'emballages déconsignés : 175 500 / 135 = 1 300 emballages (la déconsignation se fait forcément au prix de consignation).

2. Calculez le nombre d'emballages vendus au cours de l'exercice.

Les emballages sont facturés (hors taxes) au prix de consignation. Le solde du compte 7088. Cessions d'approvisionnements correspond donc au nombre d'emballages vendus multiplié par le prix de consignation.

Nombre d'emballages vendus : 22 950 / 135 = 170 emballages.

3. Déterminez le prix de reprise des emballages retournés.

Nombre d'emballages retournés : 1 300 – 170 = 1 130.

Boni par emballage retourné : 45 200 / 1 130 = 40 €.

Prix de reprise : 135 – 40 = 95 €.

4. Retrouvez le nombre d'emballages en dépôt chez les clients à la fin de l'exercice et le nombre total d'emballages possédés par l'entreprise.

Nombre d'emballages en dépôt chez les clients : 1 800 – 1 300 = 500 emballages ; ce nombre correspond bien au solde du compte d'emballages consignés :

(243 000 – 175 500) / 135 = 500 emballages.

Le nombre total d'emballages possédés comprend ceux qui sont réellement en magasin et ceux qui sont en dépôt chez les clients. En supposant qu'il n'y a aucune perte d'emballage durant l'exercice, l'entreprise en possède en fin d'exercice :

1 250 + 600 – 170 = 1 680 (dont 1 180 en magasin).

5. Reconstituez globalement les écritures relatives aux emballages enregistrées durant l'exercice (une écriture par type d'opération).

– Consignations d'emballages

		N		
411		Clients	243 000,00	
	4196	Clients – Dettes pour emballages et matériels consignés		243 000,00

– Reprise des emballages consignés

		N		
4196		Clients – Dettes pour emballages consignés (1 130 × 135)	152 550,00	
	7086	Bonis sur reprises d'emballages consignés		45 200,00
	44571	TVA collectée		8 859,20
	411	Clients		98 490,80

– Vente d'emballages consignés

		N		
4196		Clients – Dettes pour emballages consignés (170 × 135)	22 950,00	
411		Clients	4 498,20	
	7088	Cessions d'approvisionnements – Emballages		22 950,00
	44571	TVA collectée		4 498,20

– Achats d'emballages consignés

		02-mai		
6026		Achats d'emballages récupérables	66 105,00	
44566		TVA sur autres biens et services	12 956,58	
	401	Fournisseurs		79 061,58

APPLICATION 10 p. 125] Synthèse

Établissez l'avoir du 5/11 et enregistrez, au journal de l'entreprise Diane, les opérations de novembre N.

– 5 novembre

Retour de marchandises net de réduction : 1 200 – (1 200 × 2 %) = 1 176 €.
Remise supplémentaire : (55 000 × 0,98) × 3 % = 1 617 €.
TVA collectée en moins : (1 176 + 1 617) × 19,6 % = 547,43 €.

	05-nov		
707	Ventes de marchandises	1 176,00	
7097	Rabais, remises et ristournes accordés sur ventes march	1 617,00	
44571	TVA collectée	547,43	
411	Clients		3 340,43
	Facture d'avoir n°...		

– 12 novembre

Prix de consignation des emballages : 12 × 12 € = 144 €.
Boni sur reprise d'emballages : 12 × (12 € – 10 €) = 24 €.
TVA sur le boni de reprise : 24 × 19,6 % = 4,70 €.

	12-nov		
4196	Clients, dettes sur emballages consignés	144,00	
7086	Bonis sur reprises d'emballages consignés		24,00
44571	TVA collectée		4,70
411	Clients		115,30
	Facture d'avoir n°...		

– 23 novembre

Net commercial : 9 500 × 97 % × 98 % = 9 030,70 €.

	23-nov		
607	Achats de marchandises	9 030,70	
44566	TVA sur autres biens et services	1 770,02	
401	Fournisseurs		10 800,72
	Facture d'avoir n°...		

– 27 novembre

Escompte de règlement : 9 030,70 × 2 % = 180,61 €.
TVA sur escompte : 180,61 × 19,6 % = 35,40 €.
Comme il s'agit d'un achat stocké, l'escompte est directement déduit de l'achat de marchandises.

	27-nov		
401	Fournisseurs	10 800,72	
607	Achats de marchandises		180,61
44566	TVA sur autres biens et services		35,40
512	Banque		10 584,71
	Facture d'avoir n°...		

– 30 novembre
TVA sur le prix d'acquisition de l'emballage : 95 × 19,6 % = 18,62 €.
Net à payer : 95 + 18,62 – 89 = 24,62 €.

	05-nov		
606	Achats non stockés de matières et fournitures	95,00	
44566	TVA sur autres biens et services	18,62	
401	Fournisseurs		24,62
4096	Fournisseurs – Créances pour emballages à rendre		89,00
	Facture d'avoir n°...		

APPLICATION 11 p. 126 QCM

Répondez par « oui » ou « non » aux affirmations ci-dessous en donnant les explications nécessaires.

1. Dans aucun cas il est possible de constater une réduction avant d'avoir reçu la facture d'avoir du fournisseur.

Non. En cas d'escompte conditionnel mentionné sur la facture de doit, le client déduit d'office le montant de l'escompte lors du règlement de la facture.

2. Le chiffre 9 en troisième position signifie que le sous-compte fonctionne « à l'envers » par rapport au compte principal.

Oui. Le chiffre 9 en troisième position dans un compte de bilan ou de gestion signifie bien qu'il s'agit d'un compte soustractif par rapport au compte principal.

3. L'attribution d'une ristourne compense une erreur commise dans la livraison.

Non. Une ristourne est accordée en fonction du montant des ventes effectuées pendant une période ; c'est le rabais qui compense une erreur de livraison.

4. Qu'un escompte soit soumis à la TVA ou « net de taxes », le montant du net à déduire est le même.

Oui. Le montant net à déduire est le même. La différence est que la charge (chez le fournisseur) ou le produit (chez le client) sont constatés hors taxes en cas d'escompte soumis à la TVA, et TTC en cas d'escompte net de taxes.

5. Un escompte obtenu donnant lieu à émission d'une facture d'avoir s'enregistre au crédit du compte 765. Escomptes obtenus.

Non. Il s'enregistre au crédit du compte 765 en cas d'achats non stockés ; pour les achats stockés, il vient diminuer directement le compte d'achats.

6. Un client retourne 5 unités de marchandises qui avaient été facturées à 200 € HT l'unité pour une livraison de 40 unités au total. Il avait bénéficié d'une remise de 5 % sur ce prix. Le retour étant accompagné du règlement, il lui est accordé un escompte de 2 % soumis à TVA. Le net à déduire de la facture est égal à :

☐ 1 259,37 €.
☑ 1 295,27 €.
☐ 1 317,99 €.

Retour de marchandises : 5 × 200 × 95 % 950,00

TVA sur retour : 950 × 19,6 % 186,20

Retour TTC : 1 136,20

Escompte TTC : {[(40 × 200 × 0,95) × 1,196] – 1 136,20} × 2 % 159,07

Net à déduire 1 295,27

7. Lorsque les emballages portent chacun un numéro, ils sont qualifiés d'emballages « identifiables ».

Non. La numérotation des emballages ne suffit pas pour les qualifier d'identifiables ; il faut en plus qu'il existe un suivi individuel de ces emballages.

8. Les emballages perdus sont des emballages non retournés par les clients.

Oui. Ils font partie du coût de production des ventes aux clients, mais ne leur sont pas facturés à part.

9. Une entreprise retourne 10 emballages qui lui avaient été consignés 250 € et sont repris pour 200 €. Les emballages sont consignés hors taxes. Le mali constaté est égal à :

☐ 598 €.

☑ 500 €.

☐ 418,10 €.

Les emballages étant consignés (et repris) hors taxes, le mali correspond à la différence entre le prix de consignation et le prix de reprise.

10. Lorsque le prix de consignation est qualifié de TTC, cela évite d'envoyer une facture complémentaire au client dans le cas où il ne restitue pas les emballages.

Oui. Si le prix de consignation est fixé hors taxes, il faut établir une facture complémentaire égale au montant de la TVA ; la consignation TTC permet d'éviter ce problème, surtout avec les clients occasionnels.

CHAPITRE

7

Les modalités de règlement et de crédit

APPLICATION 1 p. 137 Moyens de règlement au comptant

Enregistrez toutes les opérations au journal de l'entreprise Vianney.

	03-janv		
607	Achats de marchandises	645,00	
44566	TVA sur autres biens et services	126,42	
401	Fournisseurs		771,42
	Facture fournisseur Henry		
	05-janv		
411	Clients	533,42	
707	Ventes de marchandises		446,00
44571	TVA collectée		87,42
	Facture client René		
	06-janv		
401	Fournisseurs	771,42	
512	Banques		763,71
607	Achats de marchandises		6,45
44566	TVA sur autres biens et services		1,26
	Règlement Henry		
	07-janv		
5112	Chèques à encaisser	525,41	
665	Escomptes accordés	6,69	
44571	TVA collectée	1,31	
411	Clients		533,42
	Encaissement René		
	08-janv		
623	Publicité, publications, relations publiques	5,00	
531	Caisse		5,00
	Pourboire livreur		

	09-janv		
606	Achats non stockés de matières et fournitures	35,00	
44566	TVA sur autres biens et services	6,86	
512	Banque		41,86
	Fournitures de bureau		
	10-janv		
512	Banques	525,41	
5112	Chèques à encaisser		525,41
	Avis de crédit banque		
	11-janv		
616	Primes d'assurances	61,00	
512	Banques		61,00
	Avis de prélèvement		
	12-janv		
512	Banques	179,40	
707	Ventes de marchandises		150,00
44571	TVA collectée		29,40
	Facture de vente		
	13-janv		
625	Déplacements, missions et réceptions	69,40	
44566	TVA sur autres biens et services	13,60	
108	Compte de l'exploitant		83,00
	Repas clientèle		
	14-janv		
606	Achats non stockés de matières et fournitures	46,00	
44566	TVA sur autres biens et services	9,02	
512	Banques		55,02
	Produits d'entretien		
	16-janv		
627	Services bancaires et assimilés	19,14	
512	Banques		19,14
	Commissions CB		

APPLICATION 2 p. 137 Lettre de change

Enregistrez toutes les écritures relatives à ces opérations :

1. dans les comptes de l'entreprise Gaëtan

	05-févr		
411	Clients	1 500,98	
707	Ventes de marchandises		1 255,00
44571	TVA collectée		245,98
	Facture à Abel		

L'enregistrement suivant concerne la réception de la lettre de change acceptée par le client. Il permet de solder le compte client par le compte Clients – Effets à recevoir, jusqu'à l'encaissement de l'effet de commerce.

	12-févr		
413	Clients - Effets à recevoir	1 500,98	
411	Clients		1 500,98
	LC Abel		

Le 25 avril, la remise à l'encaissement fait l'objet d'un enregistrement :

	25-avr		
5113	Effets à l'encaissement	1 500,98	
413	Clients - Effets à recevoir		1 500,98
	Remise de la LC		

Le 3 mai, la somme est créditée sur le compte bancaire, déduction faite des frais. Ces frais sont soumis à TVA :

	03-mai		
512	Banques	1 470,96	
627	Services banciares et assimilés	25,10	
44566	TVA sur autres biens et services	4,92	
5113	Effets à l'encaissement		1 500,98
	Avis de crédit		

2. dans les comptes de l'entreprise Abel

Pour l'entreprise Abel, seuls font l'objet d'un enregistrement comptable la facture, l'acceptation de la lettre de change, et l'avis de débit de sa banque.

	07-févr		
607	Achats de marchandises	1 255,00	
44566	TVA sur autres biens et services	245,98	
401	Fournisseurs		1 500,98
	Facture Gaetan		

	07-févr		
401	Fournisseurs	1 500,98	
403	Fournisseurs - Effets à payer		1 500,98
	Lettre de change Gaetan		

	02-mai		
403	Fournisseurs - Effets à payer	1 500,98	
512	Fournisseurs - Effets à payer		1 500,98
	Avis de débit		

APPLICATION 3 p. 138 Renouvellement d'un effet de commerce

Présentez les écritures relatives à ces opérations :

1. dans la comptabilité de la SAS Claire

Le 12 avril, aucune écriture n'est à enregistrer, la société Claire n'ayant pas connaissance de l'acceptation de la lettre de change par son client. La première écriture est en date du 17 avril. Le 20 juin, une nouvelle lettre de change annule et remplace la première afin d'octroyer un délai supplémentaire au client. Ce report d'échéance comprend des intérêts de retard mis à la charge du client.

Calculs relatifs aux intérêts de retard :

Intérêts TTC : 3 684,94 – 3 620,00 = 64,94

Intérêts HT : 64,94 / 1,196 = 54,30 €.

	12-avr		
413	Clients - Effets à recevoir	3 620,00	
411	Clients		3 620,00
	LC Clarisse		

	20-juin		
411	Clients	3 620,00	
413	Clients - Effets à recevoir		3 620,00
	Annulation LC Clarisse		
	23-juin		
413	Clients - Effets à recevoir	3 684,94	
7631	Revenus des créances commerciales		54,30
44571	TVA collectée		10,64
411	Clients		3 620,00
	Nouvelle lettre de change Clarisse		

2. dans la comptabilité de la SARL Clarisse

Le 15 avril, il faut enregistrer l'acceptation de la lettre de change. Le 23 juin, la société Clarisse renvoie la nouvelle lettre de change acceptée à la société Claire.

	15-avr		
401	Fournisseurs	3 620,00	
403	Fournisseurs - Effets à payer		3 620,00
	Acceptation LC Claire		
	22-juin		
403	Fournisseurs - Effets à payer	3 620,00	
401	Fournisseurs		3 620,00
	Annulation LC Claire		
	22-juin		
401	Fournisseurs	3 620,00	
661	Charges d'intérêts	54,30	
44566	TVA sur autres biens et sevrices	10,64	
403	Fournisseurs - Effets à payer		3 684,94
	Nouvelle LC Claire		

APPLICATION 4 p. 138 Règlements en devises

1. Pour la vente en Slovénie, retrouvez le montant facturé en SIT.

Prix de vente en € : .... 1 400,00 €

Cours de l'euro au 10 mai : .... 239,50 SIT

Total SIT : .... 1 400 × 239,50 = 335 300 SIT.

2. Pour l'achat au Maroc, justifiez le montant de la TVA réglée aux douanes.

Montant en euros de la facture au 4 mai :

11 260 / 10,9447 : 1 028,81 €

TVA due en douane : (1 028,81 + 48,00) × 5,5 % = 59,22 € (la TVA est calculée sur le montant incluant les droits de douane).

3. Calculez les gains et pertes de change réalisés sur ces quatre opérations.

– Sur l'achat au Maroc

Montant enregistré à la facturation : .... 1 028,81 €

Montant réglé au 12 mai (11 260 / 11,0163) : .... 1 022,12 €

Soit un gain de change de : .... 6,69 €

– Sur l'achat en Suède

Montant facturé le 7 mai (7 440 / 9,3885) : .... 792,46 €

Montant effectivement réglé le 19 mai (7 440 / 9,3345) : .... 797,04 €

Soit une perte de change de 797,04 – 792,46 = ... 4,58 €

– Sur la vente en Slovénie

Montant facturé le 10 mai et réglé le 15 mai : .... 335 300,00 SIT

Valeur au 10 mai : .... 1 400,00 €

Valeur au 15 mai (335 300 / 244,60) : .... 1 370,81 €

Soit une perte de change de : .... 29,19 €

– Sur la vente en Suisse (facturation en francs suisses)

Valeur au 11 mai : 2 460/1,5551 = ... 1 581,89 €

Valeur au 29 mai : 2 460/1,5294 = ... 1 608,47 €

Soit un gain de change de : .... 26,58 €

4. Procédez aux enregistrements comptables des différentes opérations.

Rappel : les exportations ainsi que les livraisons intracommunautaires ne sont pas soumises à TVA. Les importations font l'objet d'un passage en douane à l'issue duquel l'État facture la TVA et des droits de douane. Les droits de douane s'enregistrent au compte d'achat par nature auquel ils correspondent. Pour les acquisitions intracommunautaires, c'est à l'acquéreur de constater la TVA due au Trésor public.

	04-mai		
601	Achats stockés de matières et fournitures	1 028,81	
401	Fournisseurs		1 028,81
	Achat Maroc		
	07-mai		
601	Achats stockés de matières et fournitures	792,46	
44566	TVA sur autres biens et services	155,32	
401	Fournisseurs		792,46
4452	TVA due intracommunautaire		155,32
	Achat Suède		
	09-mai		
601	Achats stockés de matières et fournitures	48,00	
44566	TVA sur autres biens et services	59,22	
512	Banque		107,22
	Douanes n°		
	10-mai		
411	Clients	1 400,00	
701	Ventes de produits finis		1 400,00
	Vente Slovénie		
	11-mai		
411	Clients	1 581,89	
701	Ventes de produits finis		1 581,89
	Vente Suisse		
	12-mai		
401	Fournisseurs	1 028,81	
766	Gains de change		6,69
512	Banque		1 022,12
	Règlement Maroc		
	15-mai		
512	Banque	1 370,81	
666	Pertes de change	29,19	
411	Clients		1 400,00
	Encaissement Slovénie		
	19-mai		
401	Fournisseurs	792,46	
666	Pertes de change	4,58	
512	Banque		797,04
	Règlement Suéde		
	29-mai		
512	Banque	1 608,47	
766	Gains de change		26,58
411	Clients		1 581,89
	Encaissement Suisse		

APPLICATION 5 p. 139 Achats et ventes à l'étranger

Enregistrez au journal de la société les opérations réalisées durant le mois de mai.

Rappel : les exportations ainsi que les livraisons intracommunautaires ne sont pas soumises à TVA. Les importations font l'objet d'un passage en douane à l'issue duquel l'État facture la TVA et des droits de douane. Pour les acquisitions intracommunautaires, il faut calculer la TVA. La TVA déductible est débitée ; la TVA due intracommunautaire est créditée du même montant.

– 4 mai : acquisition intracommunautaire de fraises

3 × 1 000 × 1,20 € .... 3 600,00 €

TVA intracommunautaire : 3 600 × 5,5 % .... 198,00 €

	04-mai		
607	Achats de marchandises	3 600,00	
44566	TVA sur autres biens et services	198,00	
401	Fournisseurs		3 600,00
4452	TVA due intracommunautaire		198,00
	Achat Espagne		

– 4 mai : livraison intracommunautaire de pommes

3 × 1 000 × 0,27 £ : .... 810,00 £

Soit en euros : 810 / 0,6853 .... 1 181,96 €

	04-mai		
411	Clients	1 181,96	
707	Ventes de marchandises		1 181,96
	Vente Grande-Bretagne		

– 6 mai : importation de Floride. Les frais relatifs au passage en douane sont gérés par un service spécifique de l'entreprise qui procède lui-même aux enregistrements.

2 × 1 000 × 1 $: .... 2 000,00 $

Soit en euros : 2 000 / 1,1797 : .... 1 695,35 €

	06-mai		
607	Achats de marchandises	1 695,35	
401	Fournisseurs		1 695,35
	Achat Etats-Unis		

– 7 mai : vente à crédit à des détaillants

	07-mai		
411	Clients	15 825,00	
707	Ventes de marchandises		15 000,00
44571	TVA collectée		825,00
	Vente à crédit		

– 8 mai : règlement de l'achat du 6 mai

2000 $ / 1,1927 : .... 1 676,87 €

Prix facturé le 6 mai : .... 1 695,35 €

Soit un gain de change de : .... 18,48 €

	08-mai		
401	Fournisseurs	1 695,35	
766	Gain de change		18,48
512	Banque		1 676,87
	Règlement Etats-Unis		

– 9 mai : importation de Côte-d'Ivoire

1 quintal = 100 kg

5 000 kg / 100 × 26 238,28 : .... 1 311 914 XOF

Soit en euros : 1 311 914 / 655,957 = ... 2 000,00 €

	09-mai		
607	Achats de marchandises	2 000,00	
401	Fournisseurs		2 000,00
	Achats de marchandises		

– 12 mai : acquisition intracommunautaire d'Italie

	12-mai		
607	Achats de marchandises	900,00	
44566	TVA sur autres biens et services	49,50	
401	Fournisseurs		900,00
4452	TVA due intracommunautaire		49,50
	Achat Italie		

– 13 mai : livraison intracommunautaire en Allemagne

288 bouteilles à 15,08 €, soit : 4 343,04 €.

	13-mai		
411	Clients	4 343,04	
707	Ventes de marchandises		4 343,04
	Vente Allemagne		

– 14 mai : achats Rungis

100 kg × 0,42 € soit : .... 42,00 €

150 kg × 0,73 € soit : .... 109,50 €

Total achats : .... 151,50 €

TVA (151,50 × 5,5 %) : .... 8,33 €

	09-mai		
607	Achats de marchandises	151,50	
44566	TVA sur autres biens et services	8,33	
401	Fournisseurs		159,83
	Achat Rungis		

– 15 mai : règlement au fournisseur ivoirien. Le taux est fixe ; il ne peut donc y avoir de gain ou de perte de change.

Sont dûs : 1 311 914,00 XOF, soit 2 000,00 €.

	12-mai		
401	Fournisseurs	2 000,00	
512	Banque		2 000,00
	Virement Côte-d'Ivoire		

– 18 mai : achat de services sans option pour les débits
La TVA ne sera déductible que lors du règlement.

	18-mai		
615	Entretien et réparations	424,00	
44564	TVA déductible sur décaissements	83,10	
401	Fournisseurs		507,10
	Entretien des locaux		

– 19 mai : exportation au Japon
144 bouteilles x 19,60 €, soit : 2 822,40 €.

	19-mai		
411	Clients	2 822,40	
707	Ventes de marchandises		2 822,40
	Vente Japon		

– 22 mai : acquisition intracommunautaire de Belgique
4 x 600 €, soit : 2 400,00 €
TVA : 2 400 x 5,5 % = 132,00 €.

	22-mai		
607	Achats de marchandises	2 400,00	
44566	TVA sur autres biens et services	132,00	
401	Fournisseurs		2 400,00
4452	TVA due intracommunautaire		132,00
	Achat Belgique		

– 25 mai : encaissement du Japon
A été facturé l'équivalent de 2 822,40 € au cours de 138,90 JPY, soit 2 822,40 × 138,90 = 392 031,36 JPY. Le client règle 392 031,36 JPY, soit 392 031,36 / 143,20 = 2 737,65 €.

Perte de change :
Facture : .... 2 822,40 €
Règlement : .... 2 737,65 €
Perte : .... 84,75 €

	25-mai		
512	Banque	2 737,65	
666	Pertes de change	84,75	
411	Clients		2 822,40
	Encaissement Japon		

– 27 mai : encaissement du client anglais (vente du 4 mai)

Est encaissé l'équivalent de 810,00 £, soit 810 / 0,6721 = 1 205,18 €.

Il a été facturé : .... 810 / 0,6853 = 1 181,96 €,

soit un gain de : .... 23,22 €.

	27-mai		
512	Banque	1 205,18	
766	Gains de change		23,22
411	Clients		1 181,96
	Encaissement Angleterre		

– 30 mai : règlement de la prestation de services

Il faut régulariser la TVA car celle-ci est déductible lors du règlement.

	30-mai		
401	Fournisseurs	507,10	
44566	TVA sur autres biens et services	83,10	
512	Banque		507,10
44564	TVA sur déductible sur décaissements		83,10
	Règlement entretien des locaux		

APPLICATION 6 p. 140 Achats et règlements à l'étranger

Présentez les enregistrements comptables relatifs à l'approvisionnement et au règlement des profilés d'aluminium.

– 25 novembre : réception de la facture libellée en dollars américains

Montant en euros :

22 025,50 / 1,2136 = 18 148,90 € ou 3 557,18 / 0,196 = 18 148,88 €.

	25-nov		
601	Achats stockés - Matières premières	18 148,90	
401	Fournisseurs		18 148,90
	Facture Chine		

– 27 novembre : réception de la facture de douane

Les droits de douane et les honoraires et commissions entrent dans le coût d'acquisition des matières premières ; ils sont donc comptabilisés dans le compte 601. Achats stockés – Matières premières. La TVA déductible est la somme de la TVA sur facture du 25 novembre et de celles sur les droits de douane et sur les honoraires.

	27-nov		
601	Achats stockés - Matières premières	1 056,18	
44566	TVA sur autres biens et services	3 764,19	
401	Fournisseurs (transitaire)		4 820,37
	Facture transitaire		

– 10 décembre : règlement à notre fournisseur

Le virement fait état de :..18 162,23 €

Il lui était dû à la facturation :..18 148,90 €

Soit une perte de change de ....13,33 €

Les frais de virement incluent la TVA :

Frais HT : 434,44 – 71,20 = 363,24 €.

Le total de l'avis de débit est de : 18 162,23 + 434,44 = 18 596,67 €.

	10-déc		
401	Fournisseurs	18 148,90	
666	Perte de change	13,33	
627	Services bancaires et assimilés	363,24	
44566	TVA sur autes biens et services	71,20	
512	Banque		18 596,67
	Virement fournisseur Chine		

APPLICATION 7 p. 141 Cas de synthèse : achats, ventes et règlements

Comptabilisez au journal de la SARL Aristide les opérations relatives au mois de mars.

– 5 mars : facture au client Dubois

Montant brut..4 000,00 €

Remise : 4 000 × 2 %..80,00 €

Net commercial HT..3 920,00 €

Port forfaitaire HT : 3 920 × 5 %..196,00 €

Montant HT ....4 116,00 €

TVA : 4 116 × 19,6 % ....806,74 €

Emballages HT : 5 × 12 € ....60,00 €

Net à payer..4 982,74 €

	05-mars		
411	Clients	4 982,74	
707	Ventes de marchandises		3 920,00
7085	Ports et frais accessoires facturés		196,00
4196	Clients, dettes pour emballages consignés		60,00
44571	TVA collectée		806,74
	Facture n° 530 au client Dubois		

– 6 mars : il s'agit d'une avance sur ventes de marchandises, le montant est donc exprimé hors taxes.

	06-mars		
512	Banque	200,00	
4191	Clients, avances et acomptes reçus		200,00
	Chèque n° 126 du client Sidati		

– 8 mars : la livraison intracommunautaire n'est pas soumise à la TVA.

	08-mars		
411	Clients	2 500,00	
707	Ventes de marchandises		2 500,00
	Facture n° 531 au client allemand Moeller		

– 9 mars : facture d'avoir au client Dubois

Déconsignation de 5 caisses : 5 × 12 € .... – 60,00 €

Frais de déconsignation : 3 × (12 € – 10 €) .... 6,00 €

Vente de 2 caisses consignées : 2 × 12 € .... 24,00 €

TVA sur déconsignation : 3 × (12,00 – 10,00) × 19,6 % .... 1,18 €

TVA sur vente d'emballages : 2 × 12,00 × 19,6 % .... 4,70 €

Avoir net : .... – 24,12 €

	09-mars		
4196	Clients, dettes pour emballages consignés	60,00	
411	Clients		24,12
7086	Bonis sur reprises d'emballages consignés		6,00
7088	Autres produits des activités annexes		24,00
44571	TVA collectée		5,88
	Facture n° AV23 au client Dubois		

– 10 et 11 mars : montant de l'achat en euros : 3 500 / 1,30 = 2 692,31 €.

Coûts accessoires inclus : 70 + 120 = 190 € HT.

Total de la TVA déductible : 527,69 + (190 × 19,6 %) = 564,93 €.

	10-mars		
607	Achats de marchandises	2 692,31	
401	Fournisseurs		2 692,31
	Facture n° 365 du fournisseur indien Kochi		
	11-mars		
607	Achats de marchandises	190,00	
44566	TVA sur autres biens et services	564,93	
401	Fournisseurs		754,93
	Facture du transitaire		

– 12 mars : facture au client Sidati

Montant brut : 10 × 540 € : .... 5 400,00 €
Remise : 5 400 × 10 % : .... – 540,00 €
Net commercial : .... 4 860,00 €
Port forfaitaire : 4 860 × 5 % : .... 243,00 €
Total hors taxes : .... 5 103,00 €
TVA : 5 103 × 5,5 % : .... 280,67 €
Total TTC: .... 5 383,67 €
Avance du 6 mars : .... – 200,00 €
Net à payer : .... 5 183,67 €

	12 mars		
411	Clients	5 183,67	
4191	Clients, avances et acomptes reçus	200,00	
707	Ventes de marchandises		4 860,00
7085	Ports et frais accessoires facturés		243,00
44571	TVA collectée		280,67
	Facture n° 532 au client Sidati		

– 13 mars : règlement reçu du client Dubois

Escompte HT : 3 920 × 5 % : .... 196,00 €
TVA sur escompte : 196 × 19,6 % : .... 38,42 €
Facture d'avoir AV24 : .... 234,42 €
Facture n° 530: .... 4 982,74 €
Avoir n° AV23: .... – 24,12 €
Avoir n° AV24 : .... – 234,42 €
Montant du règlement : .... 4 724,20 €

	13-mars		
512	Banque	4 724,20	
665	Escomptes accordés	196,00	
44571	TVA collectée	38,42	
411	Clients (4 982,74 - 24,20)		4 958,62
	Chèque n° 2543 du client Dubois et AV24		

– 14 mars : règlement de la facture Toutforum

TVA à déduire : .... 390 × 0,196 / 1,196 = 63,91 €.

	14-mars		
401	Fournisseurs	390,00	
44566	TVA sur autres biens et services	63,91	
512	Banque		390,00
44564	TVA déductible sur décaissements		63,91
	Chèque n° 1256 au fournisseur Toutforum		

– 18 mars : règlement du fournisseur indien Laxmi

Montant figurant en compte : .... 2 100 / 1,25 = 1 680,00 €

Montant du virement : .... 2 100 / 1,30 = 1 615,38 €

Gain de change : .... 64,62 €.

	18-mars		
401	Fournisseurs	1 680,00	
512	Banque		1 615,38
766	Gains de change		64,62
	Virement bancaire au fournisseur indien Laxmi		

– 22 mars : facture d'entretien des véhicules

Entretien du véhicule de tourisme TTC : .... 90 × 1,196 = 107,64 €

Entretien d'un véhicule utilitaire : .... 130,00 €

Charge d'entretien totale : .... 237,64 €

TVA déductible : 130 × 19,6 % : .... 25,48 €

Net à payer : .... 263,12 €

(Rappel : la TVA non déductible est intégrée dans la charge correspondante.)

	22-mars		
615	Travaux d'entretien	237,64	
44566	TVA sur autres biens et services	25,48	
512	Banque		263,12
	Facture n° 1257 de Petrus Auto - Chèque n° 3652		

APPLICATION 8 p. 143 QCM

Répondez par « oui » ou par « non » aux affirmations ci-dessous ou choisissez le résultat exact en donnant toutes explications utiles.

1. Dans le cas de cartes de crédit à débit différé, les enregistrements comptables sont effectués en fin de chaque période à partir des relevés bancaires.

Non. Le compte 512. Banque doit être crédité dès le paiement même si la date de valeur se situe en fin de période. On ne peut pas attendre les relevés bancaires.

2. Lors de l'émission d'un chèque, le tireur désigne le signataire du chèque.

Oui. Le tireur est effectivement le signataire du chèque ; le tiré est la banque.

3. Le compte 5112. Chèques à encaisser est utilisé par le débiteur en attendant que le bénéficiaire encaisse effectivement le chèque.

Non. Le compte 5112 est un compte transitoire entre la remise des chèques à la banque et l'avis informant le client (l'entreprise) que les chèques ont bien été encaissés.

4. Les commissions bancaires sont soumises à la TVA.

Oui. Les commissions bancaires rémunèrent des services et sont donc soumises à la TVA, à l'exception des commissions sur encaissement des cartes de crédit.

5. Le compte 108. Compte de l'exploitant est débité lorsque l'exploitant retire des fonds du compte bancaire de l'entreprise pour son utilisation personnelle.

Oui. Le débit du compte 108 constate une diminution de ses apports dans l'entreprise.

6. La domiciliation figurant sur une lettre de change est la banque du tireur.

Non. La domiciliation concerne la banque de la personne qui devra payer la lettre de change et donc la banque du tiré.

7. Un billet à ordre « à vue » ne comporte pas de date d'échéance.

Oui. Un billet à ordre peut ne pas comporter de date d'échéance ; il est alors payable à vue, c'est-à-dire dès que le bénéficiaire le remet à l'encaissement.

8. La lettre de change-relevé n'est pas un effet de commerce.

Non. Seule la lettre de change-relevé magnétique ne relève pas des règles relatives aux effets de commerce.

9. La variation du cours des devises a des conséquences sur le coût d'acquisition des biens acquis à l'étranger figurant dans les comptes d'achats.

Non. Ces comptes sont débités du montant des achats convertis en euros au jour de l'opération. Ce montant n'est pas remis en cause lors des variations ultérieures du cours des devises ; les gains et pertes de change sont des produits et charges financiers.

10. Une augmentation du cours de l'euro par rapport à une autre devise entraîne un gain de change.

Non. Cela ne vaut que pour les dettes ; pour une créance, une augmentation du cours de l'euro par rapport à la devise étrangère entraîne une perte de change.

11. Une entreprise vend des marchandises à un client et facture en devise D. Montant de la vente : 1 000 D ; cours du jour de la vente : 1 € = 4 D ; cours du jour du règlement : 1 € = 4,20 D. Il en résulte :

☐ un gain de change de 200 €.

☑ une perte de change de 11,90 €.

☐ un gain de change de 11,90 €.

Montant facturé : 1 000 / 4 = 250 €. Montant encaissé : 1 000 / 4,20 = 238,10 €.
Perte de change : 250 – 238,10 = 11,90 €.

CHAPITRE

8

Les opérations de trésorerie

APPLICATION 1 p. 158 Effets de commerce – Escompte

Présentez les écritures concernant les différentes opérations décrites, en justifiant tous les calculs.

Le 1er mars, la société rédige un effet de commerce (billet à ordre) au bénéfice de son fournisseur :

	01-mars		
401	Fournisseurs	1 250,00	
403	Fournisseurs – Effets à payer		1 250,00
	Billet à ordre Laurent		

– Remise à l'escompte du 5 mars :

	05-mars		
5114	Effets à l'escompte	3 200,00	
413	Clients – Effets à recevoir		3 200,00
	Remise à l'escompte		

– Calculs relatifs à l'opération d'escompte :

Commission = 3 200 × 0,8 % : .... 25,60 €
TVA s/ commission = 25,60 × 19,6 % : .... 5,02 €
Escompte = 3 200 × 0,75 % × 55/30 : .... 44,00 €
Total : .... 74,62 €

	08-mars		
512	Banques	3 125,38	
6275	Frais sur effets	25,60	
44566	TVA sur autres biens et services	5,02	
6616	Intérêts bancaires et sur opérations de financement	44,00	
5114	Effets à l'escompte		3 200,00
	Remise à l'escompte		

– Le 12 mars : il n'est pas spécifié que la lettre de change-relevé est magnétique. On solde le compte 403 qui a été crédité lors de l'acceptation de la lettre de change :

	12-mars		
403	Fournisseurs – Effets à payer	2 600,00	
512	Fournisseurs – Effets à payer		2 600,00
	LCR avis de débit		

– Le 16 mars, il suffit de solder le compte Fournisseurs car le montant n'a pas été transféré au compte 403. Effets à payer pour une lettre de change magnétique.

	16-mars		
401	Fournisseurs	350,00	
512	Banques		350,00
	LCR avis de débit		

– Le 17 mars, la remise à encaissement des effets clients permet de solder le compte 413. Clients – Effets à recevoir, débité lors de la réception des effets de commerce :

	17-mars		
5113	Effets à l'encaissement	2 460,00	
413	Clients – Effets à recevoir		2 460,00
	Remise des effets à l'encaissement		

– Calculs relatifs à la commission de l'avis de crédit du 21 mars :

Commissions = 2 460 × 0,70 % : .... 17,22 €

TVA sur commissions = 17,22 × 19,60 % : .... 3,38 €

Total : .... 20,60 €

D'où un crédit net en banque de 2 460 – 20,30 : .... 2 439,40 €.

L'écriture permet de solder le compte 5113. Effets à l'encaissement.

	21-mars		
512	Banque	2 439,40	
6275	Frais sur effets	17,22	
44566	TVA sur autres biens et services	3,38	
5113	Effets à l'escompte		2 460,00
	Avis de crédit de la banque		

APPLICATION 2 p. 158 Effets de commerce – Escompte

Enregistrez ces différentes opérations au journal de l'entreprise Évrard.

– Le 5 juin, aucun enregistrement n'est à passer. Le 10 juin, il faut solder le compte Clients par le compte 413 et enregistrer la remise à l'escompte immédiate en soldant le compte 413 par le compte 5114.

	10-juin		
413	Clients – Effets à recevoir	650,00	
411	Clients		650,00
	LC Armel		
	d°		
5114	Effets à l'escompte	650,00	
413	Clients – Effets à recevoir		650,00
	Remise à l'escompte		

– Le 14 juin, l'avis de la banque fait état des frais suivants :

Commission : .... 13,00 €

TVA sur commission : 13 × 19,60 % : .... 2,55 €

Intérêts : .... 12,28 €

Total frais : .... 27,83 €

Soit un net de : 650 – 27,83 = 622,17 €.

	14-juin		
512	Banque	622,17	
661	Charges d'intérêts	12,28	
627	Services bancaires et assimilés	13,00	
44566	TVA sur autres biens et services	2,55	
5114	Effets à l'escompte		650,00
	Avis de crédit n°		

– Le 19 juin : réception du billet à ordre. Il faut solder le compte Client par le compte 413 :

	19-juin		
413	Clients – Effets à recevoir	2 400,00	
411	Clients		2 400,00
	BO Hya		

– Le 25 juin, l'écriture est identique :

	25-juin		
413	Clients – Effets à recevoir	1 660,00	
411	Clients		1 660,00
	LCR Helen		

– Le 3 juillet, s'agissant d'une LCR magnétique, il faut solder le compte Clients par le débit du compte Banque, comme s'il s'agissait d'un règlement par chèque :

	03-juil		
512	Banque	1 874,00	
411	Clients		1 874,00
	Règlement Jeude		

– La remise à l'encaissement du 26 juillet permet de solder le compte 413 par le compte d'attente 5113 pour le montant total, soit 1 660 + 2 400 = 4 060 € :

	26-juil		
5113	Effets à l'encaissement	4 060,00	
413	Clients – Effets à recevoir		4 060,00
	Remise des effets n°		

– Le 3 août, l'avis de la banque fait état des frais suivants :

Commission : .... 87,40 €

Montant HT : 87,40 / 1,196 .... 73,08 €

TVA : 73,08 × 19,6 % .... 14,32 €

	03-août		
512	Banque	3 972,60	
627	Services bancaires et assimilés	73,08	
44566	TVA sur autres biens et services	14,32	
5113	Effets à l'encaissement		4 060,00
	Avis de crédit n°		

APPLICATION 3 p. 159 Remise à l'escompte d'une lettre de change manuelle ou magnétique

1. **Calculez l'agio.**

Nombre de jours : (28 – 8) pour février + 31 en mars + 1 jour de banque = 52 jours.

Intérêts : 5 000 × (52 / 360) × 7 % = 50,56 €.

Commission d'endos : 5 000 × (52 / 360) × 0,5 % = 3,61 €.

Commission de manipulation : 9 × 1,196 = 10,76 € TTC.

Total : 50,56 + 3,61 + 10,76 = 64,93 € TTC.

2. **Comptabilisez l'opération sachant que l'avis de négociation est revenu à l'entreprise le 11/02/N.**

Commissions HT : 3,61 + 10,76 = 14,37 €.

TVA : 9 × 19,6 % = 1,76 €.

	8/02/N		
5114	Effets à l'escompte	5 000,00	
413	Clients – Effets à recevoir		5 000,00
	Remise à l'escompte		
	11/02/N		
512	Banque	4 933,31	
627	Services bancaires	14,37	
44566	TVA sur autres biens et services	1,76	
661	Charges d'intérêts	50,56	
5114	Effets à l'escompte		5 000,00
	Selon avis de négociation n°		

3. Comptabilisez l'opération en prenant l'hypothèse d'une LCR magnétique (la commission de manipulation n'étant dans ce cas que de 2 € HT).

	8/02/N		
512	Banque	4 943,44	
627	Services bancaires (3,61 + 2,00)	5,61	
44566	TVA sur autres biens et services (2 × 0,196)	0,39	
661	Charges d'intérêts	50,56	
5192	Concours bancaires courants-LCR		5 000,00
	Avis de crédit de la banque n°...		
	31/03/N		
512	Banque	5 000,00	
411	Clients		5 000,00
	Paiement du client		
	d°		
5192	Concours bancaires courants-LCR	5 000,00	
512	Banque		5 000,00
	Remboursement du crédit		

APPLICATION 4 p. 159 Crédit de mobilisation des créances commerciales

Enregistrez, dans le journal de la société Jaguar, les écritures au 30/09 et au 31/10 concernant le crédit obtenu sur le chiffre d'affaires de septembre N.

Chiffre d'affaires : 120 000 € HT.

Crédit accordé : 80 % × 120 000 = 96 000 €.

Intérêts : 96 000 × 7 % × 31 jours (crédit sur octobre) / 360 = 578,67 €.

	30/09/N		
512	Banque	95 349,57	
627	Services bancaires	60,00	
44566	TVA sur autres biens et services	11,76	
661	Charges d'intérêts	578,67	
5191	Crédit de mobilisation des créances		96 000,00
	Avis de crédit de la banque n°...		
	31/10/N		
5191	Crédit de mobilisation des créances	96 000,00	
512	Banque		96 000,00
	Remboursement du crédit		

APPLICATION 5 p. 159 LCR magnétique et cession de créances

1. Retrouvez le montant des commissions taxables et celui des charges financières non soumises à TVA.

Commission taxable : (15,68 / 19,6) / 100 = 80 €.

Charge financière : 192,20 – 15,68 – 80 = 96,52 €.

2. Comptabilisez le décompte.

	29-janv		
512	Banque	15 834,57	
627	Services bancaires	80,00	
44566	TVA sur autres biens et services	15,68	
661	Charges d'intérêts	96,52	
5192	Concours bancaires courants-LCR		16 026,77
	Avis de crédit de la banque n°…		
	10-févr		
512	Banque	2 075,20	
411	Clients		2 075,20
	Règlement client		
	12-août		
512	Banque	13 951,57	
411	Clients		13 951,57
	Règlement client		
5192	Concours bancaires courants-LCR	16 026,77	
512	Banque		16 026,77
	Annulation du crédit bancaire		

3. Enregistrez l'opération si l'entreprise a associé à la LCR magnétique un acte de cession de créances professionnelles à titre de garantie.

Les écritures sont identiques, le compte 5192 étant remplacé par le compte 5194 (Crédits garantis par des créances).

APPLICATION 6 p. 160 Cession de créances professionnelles

Enregistrez cette opération dans le journal de l'entreprise Cantal.

	2/03/N		
5121	Banque compte courant	44 000,00	
5122	Banque – Retenue de garantie	6 000,00	
4116	Créances professionnelles cédées		50 000,00
	Transmission du bordereau de cession n°		
	10/03/N		
661	Charges d'intérêts	660,00	
627	Services bancaires	96,00	
44566	État – TVA déductible sur biens et services	18,82	
5121	Banque compte courant		774,82
	Commission et intérêts		
	30/04/N		
5121	Banque	50 000,00	
411	Clients		50 000,00
	Réglementes des clients		
	d°		
4116	Créances professionnelles cédées	50 000,00	
5121	Banque compte courant		44 000,00
5122	Banque – Retenue de garantie		6 000,00
	Annulation des créances cédées		

APPLICATION 7 p. 160 Affacturage

Enregistrez cette opération au journal de la société Puimary.

Commission : 457 781 × 2,5 % = 11 444,53 €.

Intérêts : 457 781 × 7,5 % × (23 / 360) = 2 193,53 €.

	8 mai N		
512	Banque	441 899,81	
622	Rémunérations d'intermédiaires et honoraires	11 444,53	
44566	État – TVA déductible sur ABS	2 243,13	
668	Autres charges financières	2 193,53	
411	Clients		457 781,00
	Transfert des créances, bordereau récapitulatif n°		

APPLICATION 8 p. 160 État de rapprochement bancaire

1. Présentez l'état de rapprochement du compte 512. Banque avec l'extrait de compte de la banque, sachant qu'aucune erreur d'enregistrement n'a été commise.

Seul le solde de fin de période du relevé bancaire est connu. Il est plus simple de mettre à jour en premier lieu le compte tenu par la banque puisque seules deux opérations n'ont pas encore été prises en compte par celle-ci. Il s'agit de deux opérations à porter au crédit : l'une d'un montant de 4 700,00 €, et l'autre d'un montant de 1 800,00 €. Le solde réel concordant est donc de :
22 556 + 4 700 + 1 800 = 29 056,00 €.

Concernant la comptabilité de l'entreprise, trois opérations n'ont pas été enregistrées : le retour impayé d'une LCR papier générant des frais de 36 €, des frais bancaires pour un montant de 119,60 € (ces deux opérations sont à porter au crédit du compte 512. Banque), et un encaissement de dividendes pour un total de 785,00 € (à porter au débit du compte).

Sachant qu'aucune erreur d'enregistrement n'a été commise et que les soldes de fin de période doivent être concordants, on obtient par différence le solde du compte 512 avant rapprochement bancaire :

512. Banque		Opérations	Compte tenu par la banque	
Débit	Crédit		Débit	Crédit
34 726,60[1]		Soldes de fin de période		22 556,00
		Virement du client Sorey		4 700,00
		Remise de chèque		1 800,00
	6 300,00	Impayé		
	36,00	Frais		
	119,60	Frais de banque		
785,00		Dividendes encaissés		
	29 056,00	**Soldes concordants**	**29 056,00**	
35 511,60	**35 511,60**	**Totaux**	**29 056,00**	**29 056,00**

(1) 34 726,60 par différence.

2. Enregistrez, dans la comptabilité de l'entreprise, les opérations qui en découlent.

627	Services bancaires	130,10	
44566	TVA sur autres biens et services	25,50	
411	Clients	6 300,00	
512	Banque		6 455,60
	Selon état de rapprochement		

512	Banque	785,00	
764	Revenus des VMP		785,00
	Selon état de rapprochement		

APPLICATION 9 p. 161] État de rapprochement bancaire

1. Présentez l'état de rapprochement au 31/10/N.

	Société Générale Relevé bancaire au 31/10	**Débit**	**Crédit**
01-oct	Solde créditeur au 1/10		**7 321,10**①
04-oct	Chèque n° 0325	1 250,00①	
05-oct	Chèque n° 0326	10 946,15①	
06-oct	Remise de chèques		5 725,50①
06-oct	Chèque n° 0327	412,36	
10-oct	Remise d'espèces	1 000,00②	
12-oct	Virement Tommelles		765,00...
15-oct	Domiciliations échues	1 850,00③	
17-oct	Virement Étang de l'abbaye		**1 760,00**
22-oct	Négociation effet n° T112 intérêts : 200, commissions : 10 HT.		3 628,04
22-oct	Coupons (revenus de VMP)		**124,00**
23-oct	Achat 120 actions Alcatel (VMP)	2 198,75	
24-oct	Chèque n° 0328	324,00④	
27-oct	Prélèvement EDF	**478,40**	
29-oct	Remise de chèques		2 312,00⑥
31-oct	Intérêts de découvert	**12,50**	
31-oct	Solde créditeur		
	Totaux	18 472,16	21 635,64
	Solde au 31/10		**3 163,48**

Extrait du compte 512 du 1er au 31 octobre				
Dates	**Libellés**	**Débit**	**Crédit**	**Solde**
01-oct	Solde débiteur	850,45①		850,45
04-oct	Chèque n° 0327 à Rappala		412,63	437,82
09-oct	Chèque n° 0328 à Mepps		324,00④	113,82
10-oct	Remise d'espèces		1 000,00②	– 886,18
13-oct	Virement Tommelles	765,00⑤		–121,18
15-oct	Domiciliations échues		1 850,00③	–1 971,18
16-oct	Chq n° 45874 de Pescalis	1 436,00⑥		– 535,18
20-oct	Escompte effet n° T 112	3 840,00		3 304,82
22-oct	Chq n° 412 de Brame	876,00⑥		4 180,82
23-oct	Achat de titres Alcatel	2 198,75		6 379,57
26-oct	Chq n° 0329 à Eagle		**2 497,00**	3 882,57
31-oct	Chq n° 0330 à Garbolino		**471,60**	3 410,97

(1) Le rapprochement des soldes de départ montre que les premières opérations enregistrées par la Société Générale ont déjà été comptabilisées par l'entreprise. En effet : 7 321,10 – 1 250,00 – 10 946,15 + 5 725,50 = 850,45.

Les pointages (2) à (5) ne présentent pas de difficulté.

Le pointage (6) est un regroupement de deux chèques clients déposés à la banque lors d'une même remise. Il faut donc regrouper ces deux sommes.

Six montants sont entourés. Ils correspondent à trois opérations dont les enregistrements ne concordent pas dans la comptabilité de l'entreprise et à la banque.

La première correspond à une erreur de saisie imputable à l'entreprise, qui a crédité 412,63 € au lieu de 412,36 €. Il faudra donc rectifier la comptabilité de l'entreprise pour la différence de 0,27 € au débit, afin de réduire la somme portée effectivement au crédit du 512.

La deuxième opération correspond à un achat de valeurs mobilières de placement ; l'entreprise a débité la somme au lieu de la créditer. Il faut donc créditer 2 198,75 € deux fois pour annuler l'erreur et rectifier le compte 512.

La dernière opération est une négociation d'effet. Elle est portée au compte 512 pour son montant brut alors que l'opération est soumise à des frais. Le rapprochement bancaire devra donc tenir compte de l'imputation de ces frais.

512. Banque		Opérations	Compte tenu par la banque	
Débit	**Crédit**		**Débit**	**Crédit**
3 410,97		Soldes de fin de période		3 163,48
0,27		Erreur sur chèque 327 (412,63 – 412,36)		
1 760,00		Virement Étang de l'Abbaye		
124,00		Encaissement dividendes		
	211,96	Intérêts et commissions		
	2 198,78	Annulation de la somme portée au débit		
	2 198,75	Achat de VMP		
	12,50	Intérêts de découvert		
	478,40	Prélèvement EDF		
		Chèque 329	2 497,00	
		Chèque 330	471,60	
	194,88	**Soldes concordants**	**194,88**	
5 295,24	**5 295,24**	**Totaux**	**3 163,48**	**3 163,48**

2. Enregistrez, dans la comptabilité de l'entreprise Soleil 2000, les opérations qui en découlent.

512		Banque	4 196,27	
	401	Fournisseurs		0,27
	411	Clients		1 760,00
	764	Revenus des VMP		124,00
		Selon état de rapprochement		

627	Services bancaires (commissions d'escompte)	10,00	
44566	TVA sur autres biens et services	1,96	
661	Charges d'intérêts (200 € + 12,50 €)	212,50	
401	Fournisseurs	478,40	
503	VMP	4 397,50	
512	Banque		5 100,36
	Selon état de rapprochement		

APPLICATION 10 p. 162 Cas de synthèse

Procédez à l'enregistrement au journal des opérations figurant ci-dessus.

– 21 septembre : achat de matières premières

Montant brut : .... 10 000,00 €

Remise 5 % : 10 000 × 5 % : .... 500,00 €

Remise 3 % : 9 500 × 3 % .... 285,00 €

Montant HT .... 9 215,00 €

Port forfaitaire : .... 150,00 €

TVA (9 215 + 150) × 19,6 % .... 1 835,54 €

Consignation : .... 400,00 €

Net à payer : .... 11 600,54 €

Pour l'enregistrement comptable, on supposera que les frais de transport ne peuvent pas être rattachés de manière précise à chaque catégorie de matière achetée.

	21-sept		
601	Achats stockés – Matières premières	9 215,00	
6241	Transports sur achats	150,00	
44566	TVA sur autres biens et services	1 835,54	
4096	Fournisseurs – Créances pour emballages	400,00	
401	Fournisseurs		11 600,54
	Facture 487 Roudoit		

– 22 septembre : vente d'articles de jardinage

Montant HT : .... 2 500,00 €

TVA : 2 500 × 19,60 % .... + 490,00 €

Net à payer : .... 2 990,00 €

	22-sept		
411	Clients	2 990,00	
701	Ventes de produits finis		2 500,00
44571	TVA collectée		490,00
	Facture 945 Jardin Plaisir		

– 24 septembre : réception d'un avoir pour remise supplémentaire

Remise supplémentaire : 9 215,00 × 2 % : .... 184,30 €

TVA 19,60 % .... + 36,12 €

Net à déduire : .... 220,42 €

24-sept

401	Fournisseurs	220,42	
609	Rabais, remises, ristournes accordés		184,30
44566	TVA sur autres biens et services		36,12
	Avoir 54 Roudoit		

– 25 septembre : règlement par virement de Jardin plaisir

Escompte HT : 2 500 × 2 % = 50,00 €.

TVA sur escompte : 50 × 19,6 % = 9,80 €.

25-sept

512	Banque	2 930,20	
665	Escomptes accordés	50,00	
44571	TVA collectée	9,80	
411	Clients		2 990,00
	Virement Jardin Plaisir		

– 26 septembre : retour d'emballages

Prix de consignation des emballages retournés : 400 × 1/2 : .... 200,00 €

Prix de déconsignation des emballages retournés : 200 × 80 % : .... <u>160,00</u> €

Mali TTC : .... 40,00 €

Mali HT : 40 × 19,6 % (prix exprimés HT) : .... 7,84 €

26-sept

401	Fournisseurs	152,16	
6136	Malis sur reprises d'emballages consignés	40,00	
44566	TVA sur autres biens et services	7,84	
4096	Fournisseurs, créances pour emballages à rendre		200,00
	Virement Jardin Plaisir		

– 27 septembre : remise à l'escompte

27-sept

5114	Effets à l'escompte	4 000,00	
413	Clients		4 000,00
	Remise à l'escompte LCR 4675		

– 28 septembre : paiement par carte de crédit d'un achat non stocké

606	Achats non stockés de matières et fournitures	60,00	
44566	TVA déductible sur autres biens et services	11,76	
512	Banque		71,76
	CD informatiques		

– 29 septembre : avis de crédit de la banque

Brut négocié : .... 4 000,00 €

Intérêts : .... – 50,00 €

Commissions : .... – 10,00 €

TVA sur commissions : .... – 1,96 €

Net négociation : .... 3 938,04 €

	29-sept		
512	Banque	3 938,04	
6616	Intérêts bancaires et sur opérations de financement	50,00	
6275	Frais sur effets	10,00	
44566	TVA sur autres biens et services	1,96	
5114	Effets à l'escompte		4 000,00
	Facture 945 Jardin Plaisir		

APPLICATION 11 p. 163] QCM

Répondez par « oui » ou par « non » aux affirmations ci-dessous en donnant toutes explications utiles.

1. Une entreprise bénéficie d'un escompte lorsqu'elle remet un effet de commerce avant la date d'échéance.

Non. Il ne faut pas confondre l'escompte de règlement, qui est une réduction obtenue pour paiement immédiat, et la remise à l'escompte, qui consiste à négocier une traite auprès de sa banque pour disposer des fonds de manière anticipée.

2. Le compte 5114. Effets à l'escompte est utilisé pendant la période allant de la négociation de l'effet à la banque jusqu'au versement des fonds sur le compte bancaire de l'entreprise.

Oui. Le compte 5114 est un compte d'attente qui permet le suivi des effets remis à l'escompte. Son utilisation n'est pas obligatoire, mais elle permet d'éviter les erreurs.

3. Le CMCC prend généralement la forme d'un billet à ordre remis à l'escompte.

Oui. Le CMCC (Crédit de mobilisation des créances commerciales) consiste à souscrire un billet à ordre correspondant à des créances, puis à le remettre à l'escompte.

4. La commission d'affacturage rémunère le recouvrement des créances mais ne tient pas compte du risque d'impayé des créances.

Non. La commission d'affacturage rémunère à la fois le recouvrement de la créance et le risque d'impayé. Le risque d'impayé est en effet pris en charge par la société d'affacturage.

5. Les comptabilités sont dites « réciproques » quand les comptes fonctionnent de la même façon dans deux entités comptables différentes.

Non. Les comptes fonctionnent en sens inverse de telle sorte que les soldes des deux comptes à une date donnée sont égaux et de sens contraire.

6. L'état de rapprochement permet notamment de découvrir les erreurs commises.

Oui. Toutes les différences entre le compte Banque tenu dans l'entreprise et le compte tenu par l'agence bancaire sont mises en évidence par l'état de rapprochement, y compris les erreurs de comptabilisation.

7. La cession de créances professionnelles empêche l'entreprise de recouvrer ses créances clients.

Non. L'accord entre la banque et l'entreprise prévoit généralement que l'entreprise continue à recouvrer ses créances clients.

8. Les créances cédées dans le cadre de la loi Dailly ne figurent plus à l'actif du bilan.

Oui. La comptabilisation de la cession en pleine propriété des créances dans le cadre de la loi Dailly doit en principe exclure les créances clients du bilan. Cependant, on utilise le compte 4116, notamment si l'entreprise continue à recouvrer ces créances.

9. La cession de créances professionnelles peut permettre de garantir un crédit bancaire.

Oui. Cette cession peut se réaliser à titre de garantie d'un crédit bancaire dans le cadre d'un nantissement.

10. L'objectif de l'état de rapprochement est la concordance des soldes de début de période.

Non. Il s'agit de vérifier la concordance des soldes de fin de période. Les soldes de début de période ont déjà été rapprochés lors de l'état de rapprochement de la période précédente.

CHAPITRE

9

Les charges liées au personnel

APPLICATION 1 p. 181 Calcul du salaire brut

1. Calculez la rémunération brute de M. Quentin au titre du mois de novembre N.

Rémunération fixe .... 1 400,00 €

Rémunération variable .... 1 537,50 €

– tranche 2 : (16 000 – 8 000) × 2 % .... 160,00 €

– tranche 3 : (30 000 – 16 000) × 4 % .... 560,00 €

– tranche 4 : (43 625 – 30 000) × 6 % .... 817,50 €

Rémunération totale .... 2 937,50 €

2. Calculez la rémunération brute de M. Hubert pour les mois de novembre et décembre N.

– Novembre N :

Rémunération fixe .... 1 000,00 €

Rémunération au rendement : 600 × 1,18 .... 708,00 €

Rémunération totale .... 1 708,00 €

– Décembre N :

Rémunération fixe .... 1 000,00 €

Rémunération au rendement : 600 × 0,84 = 504 € .... 504,00 €

Rémunération totale .... 1 504,00 €

Dans les deux cas, la rémunération minimale est atteinte.

APPLICATION 2 p. 181] Calcul des composantes du coût salarial

Déterminez, pour le mois d'avril N, le salaire brut, le salaire net, le salaire net à payer et le coût total pour l'employeur.

Heures au taux horaire de base : $151_{2/3} \times 9,15$ .... 1 387,75 €
Heures au taux de 125 % : $8_{1/3} \times 13,725$ .... 114,38 €
Prime de panier .... 123,00 €
Salaire brut .... 1 625,13 €
Cotisations salariales : 1625,13 × 22 % .... – 357,53 €
Salaire net .... 1 267,60 €
Allocation forfaitaire pour frais .... 158,00 €
Avance sur salaire .... – 300,00 €
Salaire net à payer .... 1 125,60 €
Cotisations patronales : 1 625,13 × 45 % .... 731,31 €
Coût total pour l'employeur : 1 625,13 + 158,00 + 731,31 .... 2 514,44 €

APPLICATION 3 p. 181] Calcul de l'assiette des cotisations sociales

Déterminez, pour chaque salarié, les montants sur lesquels seront assises les différentes cotisations.

– Mlle Sylvie (salaire de 12 000 €) :
Sécurité sociale :
- sur plafond .... 2 682€
- sur salaire brut .... 12 000 €

ASSEDIC :
- sur tranche A .... 2 682 €
- sur tranche B : (2 682 × 4) – 2 682 .... 8 046 €

Retraite cadre :
- sur tranche A .... 2 682 €
- sur tranche B .... 8 046 €
- sur tranche C : 12 000 – (2 682 × 4) .... 1 272 €
- sur tranches A + B + C .... 12 000 €

– M. Léonard (salaire de 3 000 €)
Sécurité sociale :
- sur plafond .... 2 682 €
- sur salaire brut .... 3 000 €

ASSEDIC :
- sur tranche A .... 2 682 €
- sur tranche B : 3 000 – 2 682 .... 318 €

Retraite cadre :
- sur tranche 1 .... 2 682 €
- sur tranche 2 .... 318 €

APPLICATION 4 p. 182 Calcul des éléments de la paie d'un salarié non-cadre

1. Calculez la rémunération brute de Mme Carine.

Heures au taux horaire de base ($151_{2/3}$ × 9,25) 1 402,92 €
Heures au taux de 125 % ($8_{1/3}$ × 11,5625) .... 96,35 €
Prime d'ancienneté .... 78,00 €
Salaire brut .... 1 577,27 €

2. À l'aide des informations du paragraphe II du cours, calculez les cotisations salariales, les cotisations patronales et le salaire net à payer.

– Cotisations salariales

URSSAF maladie	1 577,27 × 0,75 %	11,83
URSSAF vieillesse	1 577,27 × 5,10 %	80,44
URSSAF vieillesse	1 577,27 × 0,10 %	1,58
CSG-CRDS non déductibles	1 577,27 × 97 % × 2,90 %	44,37
CSG déductible	1 577,27 × 97 % × 5,10 %	78,03
Total URSSAF		216,24
ASSEDIC	1 577,27 × 2,44 %	38,49
Retraite non-cadre	1 577,27 × 3 %	47,32
AGFF	1 577,27 × 0,8 %	12,62
Total		314,67

– Cotisations patronales

URSSAF maladie	1 577,27 × 12,8 %	201,89
URSSAF vieillesse	1 577,27 × 8,30 %	130,91
URSSAF allocations familiales	1 577,27 × 1,60 %	25,24
URSSAF accidents du travail	1 577,27 × 1 %	15,77
URSSAF aide au logement	1 577,27 × 0,10 %	1,58
ASSEDIC	1 577,27 × 4,04 %	63,72
AGS	1 577,27 × 0,35 %	5,52
Retraite non-cadre	1 577,27 × 4,50 %	70,98
AGFF	1 577,27 × 1,20 %	18,93
Total		534,54

Salaire net à payer

Salaire brut	1 577,27 €
Cotisations salariales	– 314,67 €
Net à payer	1 262,60 €

APPLICATION 5 p. 182 Calcul des éléments de la paie d'un salarié cadre

À l'aide des informations du paragraphe II du cours, calculez les cotisations salariales, les cotisations patronales et le salaire net à payer.

– Cotisations salariales

URSSAF maladie	3 150 × 0,75 %	23,63
URSSAF vieillesse	2 682 × 5,10 %	136,78
URSSAF vieillesse	3 150 × 0,10 %	3,15
CSG-CRDS non déductibles	3 150 × 97 % × 2,90 %	88,61
CSG déductible	3 150 × 97 % × 5,10 %	155,83
Total URSSAF		408,00
ASSEDIC tranche A	2 682 × 2,44 %	65,44
ASSEDIC tranche B	468 × 2,44 %	11,42
APEC	468 × 0,024 %	0,11
Retraite cadre A	2 682 × 3 %	80,46
Retraite cadre B	468 × 7,50 %	35,10
CET	3 150 × 0,13 %	4,10
AGFF A	2 682 × 0,80 %	21,46
AGFF B	468 × 0,90 %	4,21
Total		630,30

– Cotisations patronales

URSSAF maladie	3 150 × 12,8 %	403,20
URSSAF vieillesse	2 682 × 8,30 %	222,61
URSSAF vieillesse déplafonnée	3 150 × 1,60 %	50,40
URSSAF allocations familiales	3 150 × 1,60 %	50,40
URSSAF accidents du travail	3 150 × 0,80 %	25,20
URSSAF aide au logement	3 150 × 0,10 %	3,15
ASSEDIC tranche A	2 682 × 4,04 %	108,35
ASSEDIC tranche B	468 × 4,04 %	18,91
AGS	3 150 × 0,35%	11,03
APEC	468 × 0,036 %	0,17
Retraite cadre A	2 682 × 4,50 %	120,69
CET	3 150 × 0,22 %	6,93
AGFF cadre A	2 682 × 1,20 %	32,18
AGFF cadre B	468 × 1,30 %	6,08
Total		1 059,30

Salaire net à payer

Salaire brut	3 150,00 €
Cotisations salariales	– 630,30 €
Net à payer	2 519,70 €

APPLICATION 6 p. 182 Comptabilisation à partir d'un bulletin de paie non cadre

1. Présentez, dans un tableau, les montants totaux à payer aux différents organismes collecteurs en distinguant charges salariales et charges patronales.

Organismes	Calculs	Cotisations salariales	Cotisations patronales	Total
URSSAF	50,77 + 89,29 + 15,34 + 120,02 231,02 + 149,80 + 28,88 + 97,46 + 71,83 + 1,80 + 7,22 + 5,41 + 29,60 – 160,63	275,42	462,39	737,81
ASSEDIC	44,04 72,92 + 4,51	44,04	77,43	121,47
ARRCO	14,44 + 54,14 21,66 + 81,22	68,58	102,88	171,46
Prévoyance	8,03 8,03	8,03	8,03	16,06
	Totaux	396,07	650,73	1 046,80

2. Enregistrez toutes les écritures relatives à ce bulletin de salaire, y compris le paiement à la salariée.

	30-juin		
6411	Salaires, appointements	1 613,61	
6413	Primes et gratifications	99,75	
6143	Indemnités et avantages divers	91,47	
421	Personnel, rémunérations dues		1 804,83
	Salaire Viale		
	id		
421	Personnel, rémunérations dues	396,07	
431	Sécurité sociale		275,42
4371	ASSEDIC		44,04
4372	Caisse de retraite ARRCO		68,58
4374	Complémentaire prévoyance		8,03
	Retenues salariales		
	id		
645	Charges de sécurité sociale et de prévoyance	650,73	
431	Sécurité sociale		462,39
4371	ASSEDIC		77,43
4372	Caisse de retraite ARRCO		102,88
4374	Complémentaire prévoyance		8,03
	Cotisations sociales patronales		

		id		
421	Personnel, rémunérations dues		1 408,76	
512	Banque			1 408,76
	Virements au personnel			

3. Toutes les cotisations sont payées mensuellement le 10 du mois suivant. Présentez les écritures de paiement aux organismes sociaux.

		10-juil		
431	Sécurité sociale		737,81	
4371	ASSEDIC		121,47	
4372	Caisse de retraite ARRCO		171,46	
4374	Complémentaire prévoyance		16,06	
512				1 046,80
	Paiement organismes			

APPLICATION 7 p. 183] Comptabilisation à partir d'un bulletin de paie cadre

1. Présentez, dans un tableau, les montants totaux à payer aux différents organismes collecteurs, en distinguant charges salariales et charges patronales.

URSSAF	131,41+ 231,11+39,16 + 178,35	580,03		2 008,81
	589,77 + 222,61 + 73,72 + 248,81 + 183,38 + 2,68 + 18,43 + 13,82 + 75,56		1 428,78	
ASSEDIC	65,44+ 46,98	112,42		310,08
	108,35 + 77,79 + 11,52		197,66	
ARRCO	21,46 +80,46	101,92		254,79
	32,18+ 120,69		152,87	
AGIRC	17,35 + 148,27 + 5,99	171,59		449,38
	25,03 + 242,62 + 10,14		277,79	
Prévoyance				87,01
	64,10+ 22,91		87,01	
Totaux		965,96	2 144,11	3 110,07

2. La saisie sur salaire est versée au Trésor public le 4/07. Enregistrez toutes les écritures relatives à ce bulletin de salaire, y compris le paiement au salarié.

	30-juin		
6411	Salaires, appointements	3 066,00	
6413	Primes et gratifications	337,26	
6412	Congés payés	1 204,32	
421	Personnel, rémunérations dues		4 607,58
	Salaire Fabrice		
	id		
421	Personnel, rémunérations dues	965,96	
431	Sécurité sociale		580,03
4371	ASSEDIC		112,42
4372	Caisse de retraite ARRCO		101,92
4373	Caisse de retraite AGIRC		171,59
	Retenues salariales		
	id		
645	Charges de sécurité sociale et de prévoyance	2 144,11	
431	Sécurité sociale		1 428,78
4371	ASSEDIC		197,66
4372	Caisse de retraite ARRCO		152,87
4373	Caisse de retraite AGIRC		277,79
4374	Complémentaire prévoyance		87,01
	Cotisations sociales patronales		
	id		
421	Personnel, rémunérations dues	3 641,62	
427	Personnel - Oppositions		605,00
512	Banque		3 036,62
	Virements au personnel		
	04-juin		
427	Personnel - Oppositions	605,00	
512	Banque		605,00
	Opposition Trésor public		

3. Toutes les cotisations sont payées mensuellement le 10 du mois suivant. Présentez les écritures de paiement aux organismes sociaux.

	10-juil		
431	Sécurité sociale	2 008,81	
4371	ASSEDIC	310,08	
4372	Caisse de retraite ARRCO	254,79	
4373	Caisse de retraite AGIRC	449,38	
4374	Complémentaire prévoyance	87,01	
512	Banque		3 110,07
	Paiement organismes		

APPLICATION 8 p. 184] Comptabilisation des aides à l'emploi

1. Indiquez le traitement comptable des exonérations des charges patronales.

Lors de l'enregistrement de la paie, seules les cotisations effectivement dues sont comptabilisées. Les exonérations ne nécessitent donc aucune correction. Les 450 € n'ont pas été enregistrés.

2. Présentez toutes les écritures relatives aux aides perçues en les justifiant.

– 7 juin : cette aide, perçue dans le cadre des contrats d'apprentissage et dont le montant varie selon les régions, est une aide forfaitaire assimilée à une subvention d'exploitation.

	07-juin		
512	Banque	3 660,00	
74	Subventions d'exploitation		3 660,00
	Versement du Conseil régional		

– 9 juillet : il s'agit ici de la prise en charge de dépenses spécifiques comptabilisées dans un compte précis. Le remboursement annule la charge.

	09-juil		
512	Banque	1 180,00	
618	Divers		1 180,00
	Prise en charge dépenses de formation		

– 30 septembre : le salaire payé par l'entreprise a été comptabilisé en charges de personnel. Le remboursement partiel annule cette charge.

	30-sep		
512	Banque	860,00	
6414	Indemnités et avantages divers		860,00
	Prise en charge allocation de préretraite		

APPLICATION 9 p. 185] Comptabilisation des taxes sur les salaires

1. À l'aide des données du paragraphe V du cours, calculez les montants de la taxe d'apprentissage et de la participation à la formation professionnelle continue dues au titre de l'exercice N.

Taxe d'apprentissage :

– taxe d'apprentissage proprement dite : 1 050 000 × 0,5 %.................... 5 250 €

– contribution au développement de l'apprentissage : 1 050 000 × 0,18 %..... 1 890 €

Total : .... 7 140 €

Participation à la formation professionnelle continue : 1 050 000 × 1,60 % ....16 800 €

2. Enregistrez les écritures relatives aux versements effectués pendant l'année.

– Taxe d'apprentissage

6312	Taxe d'apprentissage	3 045,00	
6335	Versements libératoires ouvrant droit à exonération de TA	3 840,00	
512	Banque		6 885,00
	Versements de l'année au titre de la taxe d'apprentissage		

– Participation à la formation professionnelle continue

Les dépenses de 11 260 € ont été constatées lors de leur engagement dans les comptes correspondants : frais de formation externes (618), frais de déplacement (625).

6333	Participation à la formation professionnelle continue	5 250,00	
512	Banque		5 250,00
	Versement pour financement du DIF		

– Participation à l'effort de construction

6334	Participation des employeurs à l'effort de construction	496,00	
2743	Prêts au personnel	5 000,00	
512	Banque		5 496,00
	Versement à l'organisme collecteur et prêts aux salariés		

3. Après avoir effectué les calculs nécessaires, enregistrez les éventuelles écritures à constater en fin d'exercice en les justifiant.

– Taxe d'apprentissage :

Montant dû au titre de l'année .... 7 140 €

Versements de l'année .... – 6 885 €

Versement restant à effectuer .... 255 €

6312	Taxe d'apprentissage	255,00	
4486	Etat, charges à payer		255,00
	Versement restant à effectuer		

– Participation à la formation professionnelle continue

Montant dû au titre de l'année .... 16 800 €

Dépenses de formation .... – 11 260 €

Versements pour financement du DIF .... – 5 250 €

Versement restant à effectuer .... 290 €

6313	Participation à la formation professionnelle continue	290,00	
4486	Etat, charges à payer		290,00
	Versement restant à effectuer		

– Participation à l'effort de construction

Montant dû au titre de l'année : 992 000 × 0,45 % .... 4 464 €

Versements et investissements effectués........ – 5 496 €

Excédent de versement........ 1 032 €

Cet excédent est reportable sur l'année suivante, mais ne donne pas lieu à corrections comptables.

APPLICATION 10 p. 185 Comptabilisation à partir d'un livre de paie

1. Déterminez les différentes composantes de la paie et regroupez les cotisations par organismes collecteurs.

– Composantes de la paie :

Salaires bruts........ 12 447,50 €

Cotisations salariales .... – 2 663,28 €

Salaires nets........ 9 784,22 €

Coût salarial total : 12 447,50 + 5 236,96 = 17 684,46 €

– Regroupements par organismes collecteurs :

– URSSAF :

Cotisations salariales : 345,04 + 606,80 + 93,36 + 803,56 + 12,451 861,20 €

Cotisations patronales : 1 593,28 + 1 002,93 + 199,16 + 672,17 + 174,27 + 12,08........ 3 653,89 €

Total........ 5 515,09 €

– ASSEDIC :

Cotisations salariales : 294,84 + 8,88 .... 303,72 €

Cotisations patronales : 488,18 + 14,70 + 43,57 .... 546,45 €

Total........ 850,17 €

– Caisse de retraite complémentaire ARRCO :

Cotisations salariales : 218,63 + 58,30 + 143,88 + 38,37........ 459,18

Cotisations patronales : 327,94 + 87,45 + 215,82 + 57,55 688,76

Total........ 1 147,94

– Caisse de retraite complémentaire AGIRC :

Cotisations salariales : 0,09 + 27,30 + 6,71 + 3,28 37,38

Cotisations patronales : 0,13 + 45,86 + 11,35 + 4,73........ 62,07

Total........ 99,45

– Caisse de prévoyance :

Cotisations salariales 1,82

Cotisations patronales : 71,94 + 4,73 76,67

Total 78,49

Taxes fiscales sur salaires : 84,64 + 68,46 + 56,01 209,11

2. Comptabilisez la paie du mois de mai au journal général de l'entreprise.

	31-mai		
641	Rémunérations du personnel	12 447,50	
421	Personnel, rémunérations dues		12 447,50
	Salaires de mai		
	id		
421	Personnel, rémunérations dues	2 663,30	
431	Sécurité sociale		1 861,20
4371	ASSEDIC		303,72
4372	Caisse de retraite ARRCO		459,18
4373	Caisse de retraite AGIRC		37,38
4374	Complémentaire prévoyance		1,82
	Retenues salariales		
	id		
645	Charges de sécurité sociale et de prévoyance	5 027,84	
431	Sécurité sociale		3 653,89
4371	ASSEDIC		546,45
4372	Caisse de retraite ARRCO		688,76
4373	Caisse de retraite AGIRC		62,07
4374	Complémentaire prévoyance		76,67
	Cotisations sociales patronales		
	id		
6312	Taxe d'apprentissage	84,64	
6313	Participation des employeurs à la FPC	68,46	
6334	Participation des employeurs à l'effort de construction	56,01	
447	Autres impôts, taxes et versements assimilés		153,10
4486	Etat, charges à payer		56,01
	Taxes fiscales sur salaires		
	id		
421	Personnel, rémunérations dues	9 784,20	
512	Banque		9 784,20
	Virements au personnel		

Dans l'avant-dernière écriture, il est préférable d'utiliser un compte de « charges à payer » pour la participation des employeurs à l'effort de construction car il s'agit d'une charge effective pour l'année N calculée sur les salaires de l'année précédente.

APPLICATION 11 p. 186 Cas de synthèse

Reconstituez les écritures qui s'imposent au journal de l'entreprise.

	01-oct		
4091	Fournisseurs - Avances et acomptes versés	800,00	
512	Banque		800,00
	Commande Beaubois		
	04-oct		
6064	Fournitures administratives	240,00	
44566	TVA sur autres biens et services	47,04	
401	Fournisseurs		287,04
	Founitures bureau		
	05-oct		
411	Clients	13 911,87	
701	Ventes de produits finis		11 232,00
7085	Ports et frais accessoires facturés		400,00
44571	TVA collectée		2 279,87
	Facture GTI		
	05-oct		
413	Clients - Effets à recevoir	13 911,87	
411	Clients		13 911,87
	LC T124		
	08-oct		
5114	Effets à l'escompte	13 911,87	
413	Clients - Effets à recevoir		13 911,87
	Escompte LC T124		
	10-oct		
661	Charges d'intérêts	96,61	
627	Services bancaires et assimilés	24,00	
44566	TVA sur autres biens et services	4,70	
512	Banque	13 786,56	
5114	Effets à l'escompte		13 911,87

Calcul de l'escompte :

Le montant nominal de l'effet (13 911,87€) fait l'objet d'un intérêt sur 50 jours, sa date d'échéance étant fixée au 31 novembre (20 jours en octobre et 30 jours en novembre) :

13 911,87 × 5 % × 50/360 = 96,61€.

Les intérêts ne sont pas soumis à TVA.

	17-oct		
425	Personnel - avances et acomptes	500,00	
512	Banque		500,00
	Acompte salaire		
	25-oct		
601	Achats stockés - Matières premières	1 800,00	
44566	TVA sur autres biens et services	352,80	
4091	Fournisseurs - Avances et acomptes versés		800,00
401	Fournisseurs		1 352,80
	Facture Beaubois		
	28-oct		

401	Fournisseurs	296,23	
601	Achats stockés - Matières premières		216,00
6091	RRR obtenus sur achats		31,68
44566	TVA sur autres biens et services		48,55
	Avoir Beaubois		

Calcul de l'avoir :

Le montant du retour de marchandises est indiqué en brut. Or, cet achat a fait l'objet d'une réduction de 10 % : 240 × 0,9 = 216,00€.

Remise supplémentaire sur les planches conservées :

(1800 – 216) × 2 % = 31,68€.

	31-oct		
641	Rémunérations du personnel	20 400,00	
421	Personnel - Rémunérations dues		20 400,00
	Salaires octobre		
	id		
421	Personnel - Rémunérations dues	4 740,00	
431	Sécurité Sociale		3 300,00
4371	ASSEDIC		640,00
4372	Retraite complémentaire		800,00
	Cotisations salariales		
	id		
645	Charges de Sécurité sociale et de prévoyance	10 480,00	
431	Sécurité Sociale		8 100,00
4371	ASSEDIC		860,00
4372	Retraite complémentaire		1 520,00
	Cotisations patronales		
	id		
421	Personnel - Rémunérations dues	15 660,00	
425	Personnel - Avances et acomptes		500,00
512	Banque		15 160,00
	Virement salaires		

APPLICATION 12 p. 187] QCM

Répondez par « oui » ou par « non » aux affirmations ci-dessous ou choisissez le résultat exact en donnant toutes explications utiles.

1. Le coût salarial total pour un employeur est égal à la somme des salaires bruts, des cotisations salariales et des cotisations patronales.

Non. Les cotisations salariales sont retenues sur les salaires bruts et sont donc déjà intégrées dans celui-ci. Le coût salarial total est égal à la somme des salaires bruts et des cotisations patronales.

2. Les primes, gratifications et avantages en nature entrent dans la base imposable du salarié.

Oui. Ce sont des éléments soumis à la fois aux cotisations salariales et patronales et sur lesquels le salarié devra payer un impôt.

3. Les remboursements de frais doivent figurer sur le bulletin de salaire.

Non. Les remboursements de frais ne figurent sur le bulletin de salaire que s'il s'agit d'éléments forfaitaires. En revanche, les remboursements sur pièces n'entrent pas dans la comptabilité des salaires.

4. Pour le versement des cotisations de retraite complémentaire, l'employeur peut choisir entre l'ARRCO et l'AGIRC.

Non. Ces deux caisses sont spécifiques, la première aux non-cadres et aux cadres (pour les éléments calculés sur la première tranche), et la seconde aux cadres.

5. La contribution au remboursement de la dette sociale fait partie de la base imposable du salarié.

Oui. La CRDS n'est pas déductible pour le calcul de la base imposable. Le salarié paie donc un impôt sur un impôt.

6. Le plafond de la Sécurité sociale est révisé deux fois par an, les 1er janvier et 1er juillet.

Non. Le plafond de la Sécurité sociale est fixé par décret une fois par an et entre en vigueur le 1er janvier.

7. Dans le but de favoriser certains salariés, les employeurs peuvent cotiser aux caisses de retraite complémentaire.

Non. Les cotisations aux caisses de retraite complémentaire sont obligatoires ; les cotisations facultatives concernent les caisses de prévoyance supplémentaire et les mutuelles.

8. Pour l'enregistrement des rémunérations, le compte 641. Rémunérations du personnel est débité par le crédit du compte 421. Personnel – Rémunérations dues et des comptes créés au nom des organismes collecteurs.

Non. L'article 444-42 du PCG précise que le compte 421 doit être crédité du montant des rémunérations brutes, une obligation qui n'est pas respectée par tous les logiciels de paie.

9. Un salarié perçoit une rémunération brute de 2 000 € sur laquelle sont calculées 426 € de cotisations salariales. Les remboursements de frais sur présentation de pièces sont de 360 €. Une opposition de 400 € doit être prise en compte. Le salaire net à payer sera de :

☐ 1 534 € ☐ 1 240 € ☑ 1 174 €.

Soit : 2 000 – 426 – 400.

10. Le paiement de toutes les cotisations sociales peut être regroupé sur un même bordereau envoyé à l'Urssaf par voie télématique et accompagné du paiement.

Oui. Le paiement des cotisations peut être regroupé lorsque l'entreprise utilise la Déclaration unifiée des cotisations sociales (DUCS).

11. La DUCS est une déclaration unique que l'employeur doit remettre aux organismes sociaux lors de l'embauche d'un nouveau salarié.

Non. C'est la DUE (Déclaration unique d'embauche) qui est utilisée lors de l'embauche d'un nouveau salarié.

12. Les indemnités journalières de Sécurité sociale (IJSS) sont versées soit à l'employeur, soit directement au salarié.

Oui. Elles sont versées à l'employeur qui a avancé les IJSS, ou directement au salarié.

13. Les exonérations de cotisations patronales ne sont pas constatées en comptabilité.

Oui. Seules les cotisations effectivement dues sont comptabilisées.

14. La taxe sur les salaires est due par toute entreprise comptant au moins 10 salariés.

Non. La taxe sur les salaires est due uniquement par les entreprises dont le chiffre d'affaires n'est pas soumis à la TVA pour au moins 90 % de son montant. Elle ne concerne donc que des types particuliers d'entreprises.

15. Les entreprises n'employant pas d'apprentis doivent payer en compensation une taxe d'apprentissage.

Non. La taxe d'apprentissage est due par toutes les entreprises employant des salariés. Le fait d'employer des apprentis ne dispense pas du versement de la taxe d'apprentissage, sauf dans le cas particulier de certaines petites entreprises.

16. Les taux de cotisation à la participation à la formation professionnelle continue varient en fonction du nombre de salariés employés par l'entreprise.

Oui. Il existe trois cas : 9 salariés au plus, 10 à moins de 20 salariés et plus de 20 salariés.

CHAPITRE

10

Les opérations d'investissement

APPLICATION 1 p. 209 Définition d'une immobilisation

Pour chaque élément, indiquez s'il s'agit d'une charge ou d'une immobilisation et qualifiez l'immobilisation le cas échéant.

N°	Charge	Immobilisation	Qualification
1		X	Corporelle
2	X		
3		X	Incorporelle
4		X	Incorporelle
5		X	Corporelle
6		X	Financière
7	X		
8	X		
9		X	Financière
10		X	Corporelle

(3) Les loyers sont des charges ; par contre, si l'entreprise lève l'option au terme des trois ans, les 800 € de prix de levée d'option constitueront une immobilisation corporelle.

(5) Il faut tenir compte du prix d'acquisition de l'ensemble et non de celui de chaque élément.

(7) L'entreprise peut également considérer qu'il s'agit d'une immobilisation même si son prix d'acquisition hors taxes n'est pas supérieur à 500 €.

APPLICATION 2 p. 209 Acquisition d'une immobilisation corporelle

1. Enregistrez la facture dans le journal de l'entreprise Pigou dans le cas d'un paiement ayant lieu à l'échéance.

	01-avr		
215	Installations techniques, matériels et outillages industriels	5 130,00	
44562	TVA sur immobilisations	1 005,48	
404	Fournisseurs d'immobilisations		6 135,48
	Facture 175 du fournisseur Keynes		

2. Enregistrez la même facture dans le cas d'un paiement le 2/04, à réception de la facture.

Coût d'acquisition des matériels : 5 130 – (5 130 × 2 %) = 5 027,40 €.

	02-avr		
215	Installations techniques, matériels et outillages industriels	5 027,40	
44562	TVA sur immobilisations	985,37	
512	Banque		6 012,77
	Facture 175 du fournisseur Keynes		

3. Calculez, dans chaque cas, le coût d'acquisition d'une visseuse et d'un chariot élévateur.

Dans le cas d'un règlement à crédit :

– visseuse : 600 × 0,95 = 570 €.

– chariot élévateur : 1 500 × 0,95 = 1 425 €.

Dans le cas d'un règlement au comptant :

– visseuse : 600 × 0,95 × 0,98 = 558,60 €.

– chariot élévateur : 1 500 × 0,95 × 0,98 = 1 396,50 €.

APPLICATION 3 p. 210 Acquisition d'un ensemble immobilier

1. Indiquez les avantages et les inconvénients de l'inclusion des honoraires, commissions et frais d'acte dans le coût d'acquisition.

Avantages	Inconvénients
• Lorsque ces charges sont importantes (acquisitions d'immeubles par exemple), le résultat de l'exercice n'est pas obéré par ces montants. • La constatation des charges est étalée sur plusieurs exercices par le mécanisme des amortissements. • L'actif du bilan, qui reflète la valeur économique de l'entreprise, est plus élevé.	• Les frais n'étant pas constatés en charges, ils ne sont pas déductibles fiscalement et ne le seront que par étalement sur les immobilisations amortissables ou lors de la cession des biens. • Dans le cas des stocks, la valeur de ceux-ci est augmentée, ce qui entraîne une augmentation de l'imposition.

2. Enregistrez au journal l'écriture d'acquisition de l'ensemble immobilier.

Les frais d'actes, honoraires et droits d'enregistrement ne sont pas rattachés directement aux deux éléments concernant l'ensemble immobilier, le terrain et la construction. Ils seront donc répartis en fonction de prix de chacun de ces éléments :

– frais à rattacher au terrain : 28 000 × 150 000 / 600 000 = 7 000 €.

– frais à rattacher à la construction : 28 000 × 450 000 / 600 000 = 21 000 €.

	15-juin		
211	Installations techniques, matériels et outillages industriels	157 000,00	
213	Constructions	471 000,00	
238	Avances et acomptes versés sur commandes d'immobilisations corporelles		50 000,00
405	Fournisseurs d'immobilisations – Effets à payer		350 000,00
512	Banque		228 000,00
	Achat d'un ensemble immobilier		

APPLICATION 4 p. 210 Acquisition d'une immobilisation en devises

1. Calculez le coût d'acquisition du matériel industriel.

Le coût d'acquisition est déterminé en retenant le taux de change au jour de la livraison de la machine : 1 000 000 / 9,00 = 111 111,11 €.

2. Enregistrez au journal les écritures d'acquisition et de paiement du matériel.

	15-févr		
238	Avances et acomptes versés sur commandes d'immob. corpor.	21 905,81	
512	Banque		21 905,81
	Acompte sur commande de matériel : 200 000 / 9,13		
	31-mars		
2154	Matériel industriel	111 111,11	
44562	TVA sur immobilisations	21 777,78	
238	Avances et acomptes versés sur commandes d'immobilisations corporelles		21 905,81
404	Fournisseurs d'immobilisations		88 888,88
4452	TVA due intracommunautaire		21 777,78
766	Gains de change		316,42
	Facture du fournisseur suédois : restant dû : 800 000 / 9,00		
	30-avr		
404	Fournisseurs d'immobilisations	88 888,88	
666	Pertes de change	197,98	
512	Banque		89 086,86
	Paiement du solde : 800 000 / 8,98		

APPLICATION 5 p. 210 Production d'une immobilisation corporelle

1. Calculez le coût de production du mobilier.

Eléments	N	N+1	Total
Matières premières	4 140	1 280	5 420
Fournitures	120	260	380
Main-d'œuvre	2 660	1 970	4 630
Charges sociales	1 064	788	1 852
Charges indirectes	1 140	850	1 990
Total	9 124	5 148	14 272

Les quote-parts de charges administratives ne sont jamais comprises dans un coût de production.

2. Enregistrez au journal les écritures de N et N+1 relatives à la production du mobilier.

Compte	Libellé	Débit	Crédit
	31/12/N		
231	Immobilisations corporelles en cours	9 124,00	
722	Production immobilisée – Immobilisations corporelles		9 124,00
	Production en cours de mobilier		
	15/03/N+1		
2184	Mobilier	14 272,00	
44562	TVA sur immobilisations	2 797,31	
231	Immobilisations corporelles en cours		9 124,00
722	Production immobilisée – Immobilisations corporelles		5 148,00
44571	TVA collectée		2 797,31
	Achèvement de la fabrication du mobilier		

APPLICATION 6 p. 211 Acquisition et production d'immobilisations corporelles

Présentez les écritures constatant ces opérations en donnant toutes explications utiles.

Le tracteur routier est destiné à être transformé en engin de chantier ; il sera comptabilisé en compte 215. Matériel industriel. Seule l'acquisition du véhicule de tourisme n'est pas soumise à TVA.

La production immobilisée est soumise à TVA quelle que soit l'immobilisation, mais celle concernant le véhicule de tourisme n'est pas déductible et constitue donc un élément du coût de production.

	12-avr		
2154	Matériel industriel	140 000,00	
2182	Matériel de transport	11 000,00	
44562	TVA sur immobilisations	27 440,00	
404	Fournisseurs d'immobilisations		178 440,00
	Achat tracteur routier et véhicule de tourisme		
	30-avr		
2182	Matériel de transport	7 176,00	
722	Production immobilisée – Immobilisations corporelles		6 000,00
44571	TVA collectée		1 176,00
	Aménagement du véhicule de transport		
	15-juin		
2154	Matériel industriel	54 000,00	
44562	TVA sur immobilisations	10 584,00	
722	Production immobilisée – Immobilisations corporelles		54 000,00
44571	TVA collectée		10 584,00
	Transformation du tracteur routier		

Coût total du matériel de levage : 140 000 + 54 000 = 194 000 €.

Coût total du véhicule : 11 000 + 7 176 = 18 176 €.

APPLICATION 7 p. 211 Acquisition et production d'un ensemble immobilier

1. Indiquez les comptes d'immobilisations à utiliser et le coût à affecter à chaque compte.

– 211. Terrains : 34 000 €.

– 212. Aménagements des terrains : 22 000 €.

– 213. Constructions : 23 000 + 182 000 + 212 000 + 140 000 = 557 000 €.

2. Enregistrez au journal toutes les écritures relatives aux opérations décrites.

– Acquisition du terrain

	05-mars		
211	Terrains	34 000,00	
622	Rémunérations d'intermédiaires et honoraires	1 800,00	
635	Autres impôts, taxes et versements assimilés	120,00	
44562	TVA sur immobilisations	7 016,80	
512	Banque		42 936,80
	Facture 175 du fournisseur Keynes		

– Honoraires de l'architecte : il est possible de les inscrire, soit directement dans le compte 213, soit en compte 231. Immobilisations en cours, dans l'attente de l'achèvement de la construction.

	05-mai		
231	Immobilisations corporelles en cours	23 000,00	
44564	TVA sur les encaissements	4 508,00	
404	Fournisseurs d'immobilisations		27 508,00
	Honoraires de l'architecte		
	05-juin		
404	Fournisseurs d'immobilisations	27 508,00	
44562	TVA sur immobilisations	4 508,00	
512	Banque		27 508,00
44564	TVA sur les encaissements		4 508,00
	Paiement des honoraires de l'architecte		

– Production immobilisée

	23-déc		
212	Aménagements des terrains	22 000,00	
213	Constructions	557 000,00	
44562	TVA sur immobilisations	108 976,00	
231	Immobilisations corporelles en cours		23 000,00
722	Production immobilisée – Immobilisations corporelles		556 000,00
44571	TVA collectée		108 976,00
	Mise en service de l'ensemble immobilier produit		

NB : la TVA a déjà été décomptée sur les honoraires de l'architecte ; seule la production immobilisée est soumise à TVA lors de la mise en service.

APPLICATION 8 p. 212 Détermination et comptabilisation de composants

1. Indiquez les comptes d'immobilisations à utiliser et le coût à affecter à chaque compte.

Coût d'acquisition de l'autocar hors équipements : 780 000 – 31 200 = 748 800 €.

Coût d'acquisition hors composants de 1re catégorie non facturés séparément : 748 800 – 92 000 – 124 000 = 532 800 €.

Composant de 2e catégorie : 532 800 × 10 % = 53 280 €.

Coût de la structure : 532 800 – 53 280 = 479 520 €.

Les différents composants figureront dans les comptes :

– 21821. Matériel de transport – Structure : .... 479 520 €
– 21822. Matériel de transport – Moteurs : .... 92 000 €
– 21823. Matériel de transport – Transmission : .... 124 000 €
– 21824. Matériel de transport – Équipements : .... 80 000 €
– 21825. Matériel de transport – Gros entretien : .... 53 280 €
– 21826. Matériel de transport – Pièces de sécurité : .... 3 800 €

Total inscrit en compte 2182 : .... 832 600 €

Ce montant correspond bien au total hors taxes de la facture reçue.

2. Enregistrez au journal l'écriture d'acquisition.

	08-fév		
21821	Matériel de transport – Structure	479 520,00	
21822	Matériel de transport – Moteurs	92 000,00	
21823	Matériel de transport – Transmission	124 000,00	
21824	Matériel de transport – Equipements	80 000,00	
21825	Matériel de transport – Gros entretien	53 280,00	
21826	Matériel de transport – Pièces de sécurité	3 800,00	
44562	TVA sur immobilisations	163 189,60	
404	Fournisseurs d'immobilisations		995 789,60
	Acquisition d'un autocar Néoplan		

APPLICATION 9 p. 213 Détermination et comptabilisation de composants

À l'aide du tableau fourni par le CSTB, comptabilisez l'acquisition de l'immeuble.

L'immeuble ne comportant pas d'ascenseur, on ne retient que les pourcentages concernés. Le coût de la structure est de 400 000 € diminués de l'ensemble des composants comptabilisés.

	08-fév		
21311	Bâtiments – Structure et ouvrages assimilés	322 000,00	
21312	Bâtiments – Menuiseries extérieures	13 200,00	
21313	Bâtiments – Chauffage	12 800,00	
21314	Bâtiments – Etanchéité	4 400,00	
21315	Bâtiments – Ravalement avec amélioration	8 400,00	
21316	Bâtiments – Electricité	20 800,00	
21317	Bâtiments – Plomberie / Sanitaire	18 400,00	
404	Fournisseurs d'immobilisations		400 000,00
	Acquisition d'un bâtiment		

APPLICATION 10 p. 213 Acquisitions d'immobilisations corporelles et incorporelles

Comptabilisez les opérations décrites au journal de l'entreprise Pennino.

Coût d'acquisition du matériel informatique : 2 640 × 0,95 × 0,98 = 2 457,84 €.

Coût d'acquisition des logiciels : (980 + 4 160) × 0,98 = 5 037,20 €.

	02-fév		
205	Concessions et droits similaires, logiciels...	5 037,20	
2183	Matériel de bureau et matériel informatique	2 457,84	
44562	TVA sur immobilisations	1 469,03	
404	Fournisseurs d'immobilisations		8 964,07
	Acquisition d'un ordinateur et de logiciels		
	04-fév		
404	Fournisseurs d'immobilisations	8 964,07	
512	Banque		8 964,07
	Virement bancaire au fournisseur de matériel informatique		

APPLICATION 11 p. 213 Immobilisations incorporelles

1. Indiquez le coût de production du logiciel.

Il comprend les charges constatées en N–1 et N et répondant à la définition du coût de production ainsi que les frais d'essai engagés avant la mise en service, soit : 9 880 + 5 420 + 520 = 15 820 €.

2. Enregistrez au journal les écritures de N–1 et N relatives à la conception du logiciel.

	31/12/N-1		
232	Immobilisations incorporelles en cours	9 880,00	
721	Production immobilisée – Immob. incorporelles		9 880,00
	Production en cours d'un logiciel		
	08/04/N		
205	Concessions et droits similaires, logiciels...	15 820,00	
232	Immobilisations incorporelles en cours		9 880,00
721	Production immobilisée – Immob. incorporelles		5 940,00
	Mise en service du logiciel de gestion de production		

APPLICATION 12 p. 214 Cas de synthèse

Enregistrez au journal de la SARL Bati 2000 toutes les opérations du mois d'avril N décrites ci-dessus.

– Facture d'achat de marchandises

	02-avr		
707	Achats de marchandises	7 800,00	
44566	TVA sur autres biens et services	1 528,80	
4096	Fournisseurs, créances pour emballages à rendre	4 000,00	
401	Fournisseurs		13 328,80
	Facture F10102 du fournisseur Matériaux Nouveaux *achats : [(12 000 × 0,70) × 0,90 + 240]* *consignation : 200 × 20*		

– Achat d'un logiciel

	05-avr		
205	Concessions et droits similaires, ..., logiciels, ...	1 200,00	
44562	TVA sur immobilisations	235,20	
512	Banque		1 435,20
	Achat d'un logiciel		

– Escompte d'une LCR magnétique

	06-avr		
512	Banque	4 877,65	
627	Services bancaires	12,00	
44566	TVA sur autres biens et services	2,35	
661	Charges d'intérêts	108,00	
5192	Concours bancaires courants – LCR		5 000,00
	Escompte lettre de change relevé magnétique		

– Facture de vente de marchandises

	14-avr		
411	Clients	1 241,38	
707	Ventes de marchandises		804,00
708	Produits des activités annexes		50,00
44571	TVA collectée		167,38
4196	Clients, dettes pour emballages consignés		220,00
	Facture 98125 au client Bâtisseurs de Centre *ventes : (600 × 0,84) + (50 × 6,00)* *consignation : 10 × 22*		

– Construction d'un entrepôt

	15-avr		
2131	Bâtiments	70 000,00	
44562	TVA sur immobilisations	13 720,00	
231	Immobilisations corporelles en cours		30 000,00
722	Production immobilisée – Immob. corporelles		40 000,00
44571	TVA collectée		13 720,00
	Achèvement de la construction d'un entrepôt		

– Installation d'un système de climatisation

	17-avr		
2135	Installations générales, agencements, aménagement des constr.	49 400,00	
44562	TVA sur immobilisations	9 682,40	
238	Avances et acomptes sur commandes d'immob. corp.		4 000,00
404	Fournisseurs d'immobilisations		55 082,40
	Installation de la climatisation dans l'immeuble de bureaux *coût d'acquisition : 30 000 + 15 000 + 4 400*		

(Il aurait été possible de passer par un compte de TVA sur les encaissements.)

– Retour d'emballages au fournisseur

	18-avr		
401	Fournisseurs	3 521,60	
6136	Malis sur emballages	400,00	
44566	TVA sur autres biens et services	78,40	
4096	Fournisseurs, créances pour emballages à rendre		4 000,00
	Facture d'avoir A2125 du fournisseur Matériaux Nouveaux		
	mali sur emballages : 200 × (20 – 18)		

– Retour d'emballages par le client

	20-avr		
4196	Clients, dettes pour emballages consignés	220,00	
708	Produits des activités annexes		44,00
44571	TVA collectée		8,62
411	Clients		167,38
	Facture d'avoir A212 au client Bâtisseurs du Centre		
	prix de cession des emballages : 2 × 22		

– Acquisition d'un chariot élévateur

	25-avr		
21541	Matériel industriel – Structure	23 040,00	
21542	Matériel industriel – Système de levage	8 960,00	
44562	TVA sur immobilisations	6 272,00	
404	Fournisseurs d'immobilisations		38 272,00
	Achat d'un chariot élévateur. Composant : 32 000 × 28 %		

– Paiement du solde de l'installation de la climatisation

	30-avr		
404	Fournisseurs d'immobilisations	55 082,40	
512	Banque		55 082,40
	Paiement du solde sur installation de la climatisation		

APPLICATION 13 p. 215 QCM

Répondez par « oui » ou par « non » aux affirmations ci-dessous ou choisissez le résultat exact en donnant toutes explications utiles (plusieurs réponses peuvent être possibles dans certains cas).

1. Un élément est identifiable lorsqu'il est possible de le séparer des autres éléments du patrimoine de l'entreprise.

Oui. Un élément ne peut être identifiable que s'il est possible de lui attribuer une valeur propre.

2. La valeur économique positive d'un élément se définit par le fait qu'il est possible de le vendre.

Non. La valeur économique positive d'un élément est liée à la possibilité qu'il puisse dégager des flux de trésorerie futurs.

3. Les éléments qui ne procurent pas directement de flux de trésorerie ne peuvent pas être inscrits en immobilisations.

Non. Certains éléments ne procurent pas de flux de trésorerie de manière directe mais contribuent au fonctionnement de l'entreprise (c'est le cas des immobilisations dites de support : ordinateurs du service comptable...).

4. Un bien acquis pour une valeur inférieure ou égale à 500 € ne peut pas être inscrit en immobilisations.

Non. L'entreprise conserve la possibilité de ne pas suivre la règle fiscale et d'immobiliser, puis d'amortir ce bien.

5. Lorsque la durée résiduelle d'un prêt devient inférieure à un an, ce prêt ne figure plus dans les immobilisations financières.

Non. C'est la durée initiale du prêt qui conditionne son inscription en immobilisations financières.

6. Le coût d'acquisition d'une immobilisation comprend les droits de douane et la TVA non déductible.

Oui. Les impôts non déductibles sont un élément du coût d'acquisition.

7. Une immobilisation est acquise pour un prix de 10 000 € HT, sous déduction d'une remise de 4 % et d'un escompte de règlement de 2 %. Le transporteur facture 600 € HT. Le coût d'acquisition est de :

☐ 9 972,48 €.

☑ 10 008 €.

☐ 10 200 €.

Prix d'acquisition net de réductions : 10 000 × 0,96 × 0,98 = 9 408 €.

Coût total : 9 408 + 600 = 10 008 €.

10 003,36 € : prix d'acquisition en euros : 10 000 / 1,19 = 8 403,36 €.

8. Une immobilisation est acquise aux États-Unis dans les conditions suivantes : montant facturé par le fournisseur : 10 000 USD ; droits de douane : 400 € ; frais de livraison et d'installation : 1 200 €. Cours : 1 € = 1,19 USD à la facturation et 1,23 USD lors du paiement. Le coût d'acquisition est de :

☐ 9 330,08 €.

☐ 9 603,36 €.

☑ 10 003,36 €.

Coût total : 8 403,36 + 400 + 1 200 = 10 003,36 €.

9. Un bien obtenu gratuitement est comptabilisé à l'actif du bilan pour une valeur nulle.

Non. Il est comptabilisé pour sa valeur vénale.

10. Un acompte sur commande d'immobilisation corporelle est comptabilisé pour un montant hors taxes dans un compte d'immobilisations.

Oui. L'acompte est constaté dans un compte 238 qui est bien un compte d'immobilisation et non dans un compte de tiers. L'acompte n'est pas soumis à TVA.

11. Une production immobilisée est un produit pour l'entreprise, comptabilisé à la valeur de marché d'un bien équivalent.

Non. La production immobilisée est inscrite au compte de résultat pour le coût de production du bien produit.

12. Une immobilisation corporelle est produite par une entreprise. Les coûts ont été les suivants : matières utilisées : 50 000 € ; main-d'œuvre : 20 000 € ; charges indirectes liées : 30 000 € ; commissions : 5 000 € ; quote-part de charges administratives : 10 000 € ; coût de financement pendant la période de production : 2 000 € ; charges d'intérêt relatives à un emprunt remboursable dans deux ans : 4 000 €. Le coût d'acquisition peut être de :

☐ 77 000 €. ☐ 100 000 €. ☐ 105 000 €. ☑ 107 000 €. ☐ 121 000 €.

Calcul : 100 000 € – 105 000 € – 107 000 €.

Le coût de production est de 50 000 + 30 000 + 20 000 = 100 000 €, mais il peut également, sur option, inclure les commissions (105 000 € au total) et/ou le coût de financement pendant la période de production (107 000 € ou 102 000 €).

13. La comptabilisation des immobilisations par composants est une option offerte à l'entreprise.

Non. La comptabilisation par composants est obligatoire dès lors que ceux-ci peuvent être identifiés. Fiscalement, des seuils de 15 % du prix total ou 1 % du prix total (pour les immeubles) ont été fixés.

14. La comptabilisation des composants de deuxième catégorie est une option offerte à l'entreprise.

Oui. Il existe deux méthodes possibles, dont la comptabilisation de composants de deuxième catégorie, pour les dépenses de gros entretien et de grandes révisions.

15. Lorsqu'un poste « Fonds commercial » figure à l'actif du bilan d'une entreprise, cela signifie qu'elle a forcément été rachetée à un moment.

Oui. Un fonds commercial ne peut pas figurer au bilan s'il a été créé.

16. L'inscription des frais de constitution d'une société à l'actif du bilan constitue une méthode préférentielle du plan comptable.

Non. Au contraire, la méthode préférentielle consiste à inscrire les frais de constitution de société dans les comptes de charges par nature.

CHAPITRE

11

La comptabilisation de la déclaration de TVA

APPLICATION 1 p. 229 TVA à décaisser

1. Enregistrez la liquidation de TVA du mois de novembre N.

La déclaration de TVA fait apparaître les montants suivants :

TVA collectée	61 257
TVA sur immobilisations	– 13 258
TVA sur autres biens et services	– 42 782
TVA à décaisser	5 217

	30-nov		
44571	TVA collectée	61 257,23	
44551	TVA à décaisser		5 217,00
44562	TVA sur immobilisations		13 258,25
44566	TVA sur autres biens et services		42 781,84
758	Autres produits de gestion courante		0,14
	Liquidation de la TVA de novembre		

2. Enregistrez le paiement de la TVA par chèque bancaire en date du 20/12/N.

	20-déc		
44551	TVA à décaisser	5 217,00	
512	Banque		5 217,00
	Paiement de la TVA de novembre		

APPLICATION 2 p. 229 Crédit de TVA

Présentez et enregistrez la liquidation de TVA du mois de février N.

La déclaration de TVA fait apparaître les montants suivants :

TVA collectée	37 232
TVA sur immobilisations	– 27 859
TVA sur autres biens et services	– 16 952
Crédit de TVA	– 7 579

	28-févr		
44571	TVA collectée	37 232,22	
44567	Crédit de TVA à reporter	7 579,00	
44562	TVA sur immobilisations		27 858,74
44566	TVA sur autres biens et services		16 951,64
758	Autres produits de gestion courante		0,84
	Liquidation de la TVA de février		

APPLICATION 3 p. 229 TVA à décaisser et TVA intracommunautaire

1. Présentez et enregistrez la liquidation de TVA du mois de mars N.

Éléments	Calculs	TVA	Déclaration
TVA collectée	198 700 × 19,6 %	38 945,20	
TVA intracommunaut.	32 110 × 19,6 %	6 293,56	
TVA exigible	(198 700 + 32 110) × 19,6%	45 238,76	45 239
TVA sur immobilisations	29 000 × 19,6 %	5 684,00	5 684
TVA sur autres B et S	(44 855 + 32 110) × 19,6 %	15 085,14	15 085
Crédit reporté		6 741,00	6 741
TVA déductible		27 510,14	27 510
TVA à décaisser	Charge d'arrondi : 0,38 €	17 728,62	17 729

Pour le calcul des arrondis, il est nécessaire de se référer aux rubriques de la déclaration CA3, car l'arrondi est appliqué rubrique par rubrique.

	31-mars		
44571	TVA collectée	38 945,20	
4452	TVA due intracommunautaire	6 293,56	
658	Autres charges de gestion courante	0,38	
44551	TVA à décaisser		17 729,00
44562	TVA sur immobilisations		5 684,00
44566	TVA sur autres biens et services		15 085,14
44567	Crédit de TVA à reporter		6 741,00
	Liquidation de la TVA de mars		

entez l'écriture de détermination de la TVA à reporter dans la société
stock.

	31-déc		
1	TVA collectée	6 183 604	
	TVA due intracommunautaire	102 704	
7	Crédit de TVA à reporter	824 572	
2	TVA sur immobilisations		107 800
6	TVA sur autres biens et services		7 003 080
	Liquidation de la TVA de décembre		

artir de l'annexe 2, comptabilisez la production immobilisée dans
reprise Toutelec.

d'achat des fournitures : .... 23 000 €
unération des salariés : 3 × 1 800 × (60 / 150) × 1,35 =....................... 2 916 €
uction immobilisée : .... 25 916 €
sur la production immobilisée : 25 916 × 19,6 % = ... 571,54 €

	15-déc		
	Install. générales, agencements, aménagements des construc.	25 916,00	
	TVA sur immobilisations	5 079,54	
	Production immobilisée - Immob. corporelles		25 916,00
	TVA collectée		5 079,54
	Câblage des locaux		

de préparer la déclaration récapitulative de TVA CA12, déterminez,
l'exercice N :

tal de la TVA brute due ;
VA déductible sur les autres biens et services ;
VA déductible sur les immobilisations ;
comptes versés ;
lde à payer ou l'excédent de versement ;
se de calcul des acomptes dus au titre de l'exercice N+1.

Éléments	Calculs	TVA
le matériels ns de services e sur prestation de service à soi-même te due	427 500 × 19,6 % 235 600 × 19,6 % 1 435,20 × 0,196 / 1,196	83 790,00 46 177,60 235,20 5 079,54 135 282,34
le matériels le biens et services autres biens et services	237 500 × 19,6 % 122 850 × 19,6 %	46 550,00 24 078,60 70 628,60
on d'immobilisations à soi-même immobilisations	35 000 × 19,6 %	6 860,00 5 079,54 11 939,54

2. Enregistrez le paiement de la TVA par chèque bancaire en date du 22/04/N.

	22-avr		
44551	TVA à décaisser	17 729,00	
512	Banque		17 729,00
	Paiement de la TVA de mars		

APPLICATION 4 p. 229 Calcul et enregistrement de la TVA à décaisser

1. Déterminez la TVA à décaisser ou le crédit de TVA de février et mars N.

TVA de février			
Eléments	**Calculs**	**TVA**	**Déclaration**
TVA collectée TVA sur immobilisations TVA sur autres B et S Crédit de TVA à reporter	130 173,24 × 19,6 % 42 000 × 19,6 % 99 127,45 × 19,6% Charge d'arrondi : 0,02 €	25 513,96 – 8 232,00 – 19 428,98 – 2 147,02	25 514 – 8 232 – 19 429 – 2 147
TVA de mars			
Eléments	**Calculs**	**TVA**	**Déclaration**
TVA collectée TVA sur immobilisations TVA sur autres B et S Report de crédit de TVA TVA à payer	190 147,43 × 19,6 % 17 000 × 19,6 % 101 978,92 × 19,6% Produit d'arrondi : 0,03 €	37 268,90 – 3 332,00 – 19 987,87 – 2 147,00 11 802,03	37 269 – 3 332 – 19 988 – 2 147 11 802

2. Présentez les écritures nécessaires pour février et mars N.

	28-févr		
44571	TVA collectée	25 513,96	
44567	Crédit de TVA à reporter	2 147,00	
658	Autres charges de gestion courante	0,02	
44562	TVA sur immobilisations		8 232,00
44566	TVA sur autres biens et services		19 428,98
	Liquidation de la TVA de février		

	31-mars		
44571	TVA collectée	37 268,90	
44551	TVA à décaisser		11 802,00
44562	TVA sur immobilisations		3 332,00
44566	TVA sur autres biens et services		19 987,87
44567	Crédit de TVA à reporter		2 147,00
758	Autres produits de gestion courante		0,03
	Liquidation de la TVA de mars		

APPLICATION 5 p. 229] Enregistrement de la TVA à partir d'une déclaration CA3

Comptabilisez la déclaration de TVA.

La TVA collectée se détermine à partir du total de la TVA brute due diminuée du montant de TVA due intracommunautaire, soit : 33907 – 1 024 = 32 880 €.

	30-sept		
44571	TVA collectée	32 880,00	
4452	TVA due intracommunautaire	1 024,00	
44551	TVA à décaisser		3 733,00
44562	TVA sur immobilisations		4 861,00
44566	TVA sur autres biens et services		17 482,00
44567	Crédit de TVA à reporter		7 828,00
	Liquidation de la TVA de septembre		

APPLICATION 6 p. 231] Régime simplifié de TVA

1. Déterminez les acomptes de TVA réglés en N.

Base N–2 : 22 700 – 5 430 = 17 270 €

Base N–1 : 21 500 – 6 850 = 14 650 €

1er acompte : 17 270 × 25 % = 4 318 €

2e acompte : 14 650 × 25 % = 3 663 €

3e acompte : 14 650 × 25 % = 3 663 €

4e acompte : 14 650 × 20 % = 2 930 €

Total des acomptes versés : 14 574 €

2. Enregistrez les 3e et 4e acomptes (le 22 du mois concerné).

	22-oct		
44581	Acomptes - Régime simplifié de TVA	3 663,00	
512	Banque		3 663,00
	3e acompte de TVA		

	22-déc		
44581	Acomptes - Régime simplifié de TVA	2 930,00	
512	Banque		2 930,00
	4e acompte de TVA		

3. Déterminez la TVA due pour l'année N et le solde de TVA à décaisser le 25/04/N+1 figurant sur la déclaration CA12.

Rappel : sur les prestations de services, la TVA est collectée lors du règlement effectif des clients et est déductible lors du paiement de la charge. L'information

sur les prestations de services facturées n'est p
la TVA due pour l'année. Seule l'information
nécessaire ; il en est de même pour l'achat de s

TVA sur prestations de services encaissées : 1

TVA sur achats de fournitures et matières : 4

TVA sur règlements de factures de services : 2

TVA sur achat d'immobilisations : 28 000 × 0

TVA due pour l'année : ...

arrondie à : ...

Total des acomptes versés : ...

Crédit de TVA (report ou demande de rembo

4. Comptabilisez la déclaration CA12 de l'a

	31-déc
44571	TVA collectée
44567	Crédit de TVA à reporter
44562	TVA sur immobilisations
44566	TVA sur autres biens et services
44581	Acomptes - Régime simplifié de
758	Autres produits de gestion cou
	Liquidation de la TVA de l'année (déclaration C

APPLICATION 7 p. 231] Cas de sy

1. Calculez le crédit de TVA qui ressort d de décembre N.

Eléments	
Ventes de marchandises Prestations de services Acquisitions intracommunautaires TVA exigible	25 0 7 83 524
Achats de biens Achats de prestations « débits » Autres achats de services Acquisitions intracommunautaires Acquisitions d'immobilisations TVA déductible	22 12 844 524 550
Crédit de TVA	

2. Pré Eur

445 445 445 445 445

3. À p l'ent

Coût Rém Prod TVA

2135 4456 722 4457

4. Afin pour

– le to
– la T
– la T
– les a
– le s
– la ba

Ventes Prestati Acomp Livraiso TVA bru

Achats Achats TVA sur

Acquisit Livraiso TVA sur

Éléments	Calculs	TVA
1er acompte versé 2e acompte versé 3e acompte versé 4e acompte versé Total des acomptes versés	48 000 × 25 % 54 700 × 25 % 54 700 × 25 % 54 700 × 20 %	12 000 13 675 13 675 10 940 50 290
TVA brute due TVA sur autres biens et services TVA sur immobilisations Acomptes versés Solde à payer		135 282 – 70 629 – 11 940 – 50 290 2 423
TVA collectée arrondie TVA sur autres B et S arrondie Base de calcul des acomptes N+1	83 790 + 46 177,60 + 235,20	130 203 – 70 629 59 574

5. Procédez à l'enregistrement comptable de la déclaration CA12.

		31-déc		
44571		TVA collectée	135 282,34	
	44562	TVA sur immobilisations		11 939,54
	44566	TVA sur autres biens et services		70 628,60
	44581	Acomptes - Régime simplifié de TVA		50 290,00
	44551	TVA à décaisser		2 423,00
	758	Autres produits de gestion courante		1,20
		Liquidation de la TVA de l'année (déclaration CA12)		

APPLICATION 8 p. 233] QCM

Répondez par « oui » ou « non » aux affirmations ci-dessous en donnant les explications nécessaires.

1. Une entreprise de services dont le chiffre d'affaires est de 125 000 € est obligatoirement soumise au régime du réel simplifié.

Non. Cette entreprise relève normalement du régime simplifié, mais elle peut opter pour le régime réel normal.

2. Un assujetti dont le chiffre d'affaires est de 875 000 € est obligatoirement soumis au régime du réel normal.

Oui. Quelle que soit sont activité, il dépasse le seuil lui permettant de bénéficier du régime simplifié.

3. Les termes « TVA exigible » et « TVA collectée » sont synonymes.

Non. Dans une entreprise qui réalise des acquisitions intracommunautaires, la TVA exigible comprend la TVA collectée et la TVA sur acquisitions intracommunautaires.

4. Dans le régime normal, le paiement de la TVA s'effectue en même temps que l'envoi de la déclaration CA3.

Oui. Dans le régime réel normal, le paiement de la TVA est spontané ; le contribuable ne doit pas attendre que le fisc lui fasse parvenir un ordre de paiement.

5. La déclaration de TVA est obligatoirement mensuelle en régime normal.

Non. Il est possible de demander un paiement trimestriel pour les entreprises qui relèvent du régime réel normal lorsque leur TVA annuelle due est inférieure à 4 000 €.

6. Le premier acompte de TVA d'une année N, dans le régime simplifié, est calculé sur la TVA due au titre de l'année N–1.

Non. La TVA due au titre de N–1 n'est en principe pas encore connue lors du versement du premier acompte. Les calculs sont basés sur l'année N–2 pour le premier acompte.

7. En régime simplifié, les acomptes de TVA sont basés sur le chiffre d'affaires réalisé par l'entreprise.

Non. Les acomptes dépendent du montant de la TVA collectée de l'année de référence, sous déduction de la TVA déductible sur autres biens et services de cette même année.

8. Dans le cas d'un crédit de TVA, le compte 44551. TVA à décaisser est débité.

Non. On utilise le compte 44567. Crédit de TVA à reporter et non un compte de TVA à décaisser.

9. En fin de période, les comptes de TVA collectée et de TVA déductible sont soldés.

Oui. En principe, par virement au compte 44551 ou au compte 44567. Mais ils peuvent ne pas être soldés lorsque l'entreprise n'utilise pas de comptes spécifiques pour l'enregistrement de la TVA sur les encaissements.

10. Les conséquences de l'arrondi des montants de TVA sur la déclaration sont enregistrées en autres charges de gestion courante.

Non. L'affirmation est exacte en cas d'arrondis en défaveur de l'entreprise ; mais, dans le sens contraire, les conséquences des arrondis sont enregistrées en autres produits de gestion courante.

CHAPITRE

12

Les opérations sur titres

APPLICATION 1 p. 233 Classement comptable et acquisition des titres

1. Déterminez, pour chaque acquisition, le classement comptable des titres entrant dans le patrimoine.

Titres	Comptes	
Actions Silac	273	Investissement dans le cadre d'une activité de portefeuille.
Actions Joliot	261	Pourcentage de participation de 12 %, première étape d'une prise de contrôle.
Obligations Jouxtra	272	Investissement financier à long terme (les obligations simples ne répondent pas, en principe, à la définition des TIAP).
Actions Publicis	503	Opération spéculative.
Actions SIM	271	Obligation de conserver les titres pendant une durée importante.

2. Procédez à l'enregistrement comptable des opérations réalisées par la société Arthur.

– Actions Silac

273	Titres immobilisés de l'activité de portefeuille	120 000,00	
512	Banque		120 000,00
	(400 × 300 €)		

– Actions Joliot

261	Titres de participation	158 400,00	
512	Banque		158 400,00
	(600 × 264 €)		

– Obligations Jouxtra

272	Titres immobilisés (droit de créance)	600 000,00	
512	Banque		600 000,00
	(750 × 800 €)		

– Actions Publicis

503	Valeurs mobilières de placement – Actions	1 450,00	
627	Services bancaires	70,00	
44566	TVA sur autres biens et services	13,72	
512	Banque		1 533,72
	(50 × 29 €)		

– Actions SIM

271	Titres immobilisés (droit de propriété)	8 580,00	
512	Banque		8 580,00
	(110 × 78 €)		

APPLICATION 2 p. 245 Acquisition de titres

Procédez à l'enregistrement comptable des opérations réalisées par la société Rey.

Actions de la société Fournioux : il s'agit de titres de participation.

	02-avr		
261	Titres de participation	245 000,00	
512	Banque		245 000,00
	Acquisition de 25 % du capital de la société Fournioux		

Obligations SA Stirbu et actions Gini : ce sont des VMP car elles correspondent à une opération de placement de trésorerie.

	05-avr		
503	Valeurs mobilières de placement – Actions	880,00	
506	Valeurs mobilières de placement – Obligations	698,40	
512	Banque		1 578,40
	Actions : 4 × 220 € ; obligations : 18 × 40 € × 97 %		

Parts sociales Léo : elles peuvent être inscrites en TIAP car elles correspondent à un placement à long terme ; l'activité de portefeuille peut être retenue.

	11-avr		
273	Titres immobilisés de l'activité de portefeuille	5 430,00	
512	Banque		5 430,00
	Acquisition de parts sociales Léo		

Les frais étant inscrits dans le coût d'acquisition des titres, il faut répartir le montant global en fonction du prix d'acquisition des différences catégories de titres.

Prix d'acquisition total de la quinzaine :
245 000 + 1 578,40 + 5 430 = 252 008,40 €.

Affectation des frais :

– aux titres de participation : 1 580 × 245 000 / 252 008,40 .... 1 536,06 €

– aux TIAP : 1 580 × 5 430 / 252 008,40 .... 34,04 €

– aux VMP – Actions : 1 580 × 880 / 252 008,40 .... 5,52 €

– aux VMP – Obligations : 1 580 × 698,40 / 252 008,40 .... 4,38 €

	14-avr		
261	Titres de participation	1 536,06	
273	Titres immobilisés de l'activité de portefeuille	34,04	
503	Valeurs mobilières de placement – Actions	5,52	
506	Valeurs mobilières de placement – Obligations	4,38	
44562	TVA sur immobilisations	307,74	
44566	TVA sur autres biens et services	1,94	
512	Banque		1 889,68
	Répartition des frais d'acquisition des titres		

APPLICATION 3 p. 246 Acquisition de titres

Enregistrez toutes les écritures nécessaires concernant les diverses opérations décrites en justifiant le choix des comptes de titres utilisés. Les frais sur achats de titres sont intégrés dans leur coût d'acquisition.

– Actions Melaine : elles entrent dans le cadre d'une activité de portefeuille.

	05-févr		
273	Titres immobilisés de l'activité de portefeuille	99 000,00	
512	Banque		99 000,00
	(3 000 × 33 €)		

– Parts BCR : leur détention n'est pas nécessaire à l'activité de l'entreprise, mais leur acquisition est obligatoire pour l'obtention du prêt de la banque. Il s'agit donc de titres immobilisés.

	15-févr		
271	Titres immobilisés (droit de propriété)	44 000,00	
512	Banque		44 000,00
	(200 × 220 €)		

– Actions Alix : le but étant un placement de trésorerie à court terme, elles sont enregistrées en valeurs mobilières de placement.

Frais bancaires hors taxes : 6 000 × 54,68 € × 0,1 % = 328,08 €.

	04-mars		
503	VMP – Actions	328 408,08	
44566	TVA sur autres biens et services	64,30	
512	Banque		328 472,38
	Prix d'achat : 6 000 × 54,68 € = 328 080 €		
	Frais : 328 080 × 0,1 % = 328,08 € ; TVA : 328,08 × 19,6 %		

– Parts SARL Guillaume : l'acquisition des 16 000 parts nouvelles confère à ces titres la qualité de titres de participation. Les parts figurant en compte 271 doivent être transférées en compte 261.

	17-avr		
261	Titres de participation	48 000,00	
271	Titres immobilisés (droit de propriété)		48 000,00
	Transfert des 1 000 parts Guillaume déjà détenues		
	id		
261	Titres de participation	736 000,00	
512	Banque		736 000,00
	Acquisition de 16 000 parts sociales Guillaume		

– Actions américaines Mary : elles constituent des titres de participation. Le cours à retenir pour l'acquisition est celui du jour de l'achat des actions.

Nombre d'actions acquises : 100 000 × 16 % = 16 000 actions.

Prix d'acquisition : 16 000 × 79,25/0,8825 = 1 436 827,20 €.

Prix payé : 16 000 × 79,25/0,8875 = 1 428 732,39 €.

Gain de change : 1 436 827,20 – 1 428 732,39 = 8 094,81 €.

	22-avr		
261	Titres de participation	1 436 827,20	
404	Fournisseurs d'immobilisations		1 436 827,20
	Achat de 16 % des actions Mary		
	id		
404	Fournisseurs d'immobilisations	1 436 827,20	
766	Gain de change		8 094,81
512	Banque		1 428 732,39
	Paiement des actions Mary		

– Achat de lingots d'or : l'acquisition étant effectuée dans un but spéculatif, on ouvrira un sous-compte du compte 508. Autres valeurs mobilières de placement.

	31-mai		
5083	Autres VMP – Lingots d'or	44 850,00	
512	Banque		44 850,00
	(3 × 14 950 €)		

– Actions Paulin : l'acquisition supplémentaire porte sur des titres de participation.

	17-avr		
261	Titres de participation	80 000,00	
404	Fournisseurs d'immobilisations		80 000,00
	(1 000 × 80 €)		
	31-juil		
404	Fournisseurs d'immobilisations	80 000,00	
512	Banque		80 000,00
	Paiement des actions Paulin		

– Obligations TAT : elles correspondent à des valeurs mobilières de placement.

Prix d'acquisition : 100 000 × 1,00 € × 95 % = 95 000 €.

	17-oct		
506	VMP – Obligations	95 000,00	
512	Banque		95 000,00
	Achat d'obligations TAT		

APPLICATION 4 p. 246 Revenus des titres

Comptabilisez ces différentes opérations au journal de la société Tatiana.

– Acomptes sur dividendes Fructis : il n'y a pas de distinction à faire entre la perception de dividendes et d'acomptes sur dividendes.

	31-mars		
512	Banque	900,00	
764	Revenus des valeurs mobilières de placement		900,00
	Acomptes sur dividendes Fructis : 500 × 1,80 €		

– Intérêts des obligations STG : 10 000 × 1 € × 4,4 % = 440 €.

	03-avr		
512	Banque	440,00	
762	Produits des autres immobilisations financières		440,00
	Coupons d'intérêts sur obligations STG		

– Dividendes Salsis : les dividendes sont des produits dès lors qu'ils sont décidés en assemblée générale et sont donc comptabilisés à compter de ce moment lorsque l'entreprise en a connaissance, ce qui est le cas pour des titres de participation.

Le compte à utiliser en attente des versements est le compte 267. Créances rattachées à des participations.

	10-sept		
267	Créances rattachées à des participations	120 000,00	
761	Produits de participation		120 000,00
	Dividendes Salsis à recevoir : 100 000 × 1,20 €		
	30-sept		
512	Banque	120 000,00	
267	Créances rattachées à des participations		120 000,00
	Versement des dividendes Salsis		

– Dividendes Fructis : 500 × (4,10 – 1,80) = 1 150 €.

	02-oct		
512	Banque	1 150,00	
764	Revenus des valeurs mobilières de placement		1 150,00
	Dividendes Fructis		

– Dividendes Bogota : 1 000× (5 × 7,5 %) = 375 €.

	03-oct		
512	Banque	375,00	
764	Revenus des valeurs mobilières de placement		375,00
	Dividendes Bogota		

– Intérêts des obligations CAP2010 : 3 000 × (10 × 5 %) = 1 500 €.

	02-nov		
512	Banque	1 500,00	
764	Revenus des valeurs mobilières de placement		1 500,00
	Coupons d'intérêts sur obligations CAP2010		

– Intérêt aux parts d'un FCP : montant des intérêts : 50 × 1,70 = 85 €.

Nombre de parts attribuées : 85 / 20 = 4,25, soit 4 parts de 20 € = 80 €.

Intérêts aux parts payés par virement bancaire : 85 – 80 = 5 €.

	15-nov		
273	Titres immobilisés de l'activité de portefeuille	80,00	
512	Banque	5,00	
762	Produits des autres immobilisations financières		85,00
	Intérêts sur FCP – Réinvestissement dans 4 parts sociales		

APPLICATION 5 p. 247 Acquisition et revenus d'obligations

1. Justifiez le taux du coupon couru à l'acquisition.

Il s'est écoulé 5 mois depuis le 1er octobre N–1, date du dernier paiement des coupons, jusqu'au 1er mars N, date d'acquisition des obligations par l'entreprise Yvet. Les intérêts courus représentent donc 5/12es des intérêts totaux, soit :
4,8 % × 5 / 12 = 2 %.

2. Comptabilisez l'acquisition des obligations.

Prix d'acquisition d'une obligation au pied du coupon : 80 × 109 % = 87,20 €.

Prix d'acquisition total : 2 000 × 87,20 € = 174 400 €.

Frais d'acquisition : 174 400 × 0,2 % = 348,80 € HT.

TVA sur frais d'acquisition : 348,80 × 19,6 % = 68,36 €.

Coupon couru à l'acquisition : 2 000 × 80 € × 2 % = 3 200 €.

Prix total payé : 174 400 + 348,80 + 68,36 + 3 200 = 178 017,16 €.

L'investissement financier étant effectué pour une longue durée, on inscrira les obligations en titres immobilisés.

	01-mars		
272	Titres immobilisés (droit de créance)	174 748,80	
44562	TVA sur immobilisations	68,36	
762	Produits des autres immobilisations financières	3 200,00	
404	Fournisseurs d'immobilisations		178 017,16
	Acquisition de 2 000 obligations NINA		
	03-mars		
404	Fournisseurs d'immobilisations	178 017,16	
512	Banque		178 017,16
	Avis de débit pour obligations NINA		

3. Comptabilisez les revenus perçus (l'avis de crédit de la banque est reçu le 2/10/N) et justifiez le solde figurant dans le compte de produits financiers.

Coupons d'intérêts perçus au 30 septembre : 2 000 × 80 € × 4,8 % = 7 680 €.

	02-oct		
512	Banque	7 680,00	
762	Produits des autres immobilisations financières		7 680,00
	Coupons d'intérêts des obligations NINA		

Le compte 762 présente, au niveau des obligations Nina, un solde créditeur de :

7 680 – 3 200 = 4 480 €.

Ce montant correspond aux intérêts qui ont couru pendant la période de détention des titres du 1er mars N au 30 septembre N (7 mois), soit :

2 000 × 80 € × 4,8 % × 7 / 12 = 4 480 €.

On aurait également pu effectuer ce calcul par le différentiel entre le taux d'intérêt des obligations et le taux du coupon couru lors de l'acquisition :

2 000 × 80 € × (4,8 % – 2 %) = 4 480 €.

APPLICATION 6 p. 247 Cessions de valeurs mobilières de placement

Enregistrez les cessions au journal de l'entreprise Lafitte.

– Actions Emeraude

Prix de cession : 44 × 245 € .... 10 780 €

Prix d'acquisition : 44 × 230 € .... 10 120 €

Gain .... 660 €

	10-nov		
465	Créances sur cessions de valeurs mobilières de placement	10 780,00	
767	Produits nets sur cessions de VMP		10 780,00
	Cession des actions Emeraude		
	id		
767	Produits nets sur cessions de VMP	10 120,00	
503	VMP – Actions		10 120,00
	Prix d'acquisition des actions Emeraude cédées		

– Actions Rubis

Prix de cession : 25 × 410 € .... 10 250 €

Prix d'acquisition : 25 × 465 € .... 11 625 €

Perte .... – 1 375 €

	10-nov		
465	Créances sur cessions de valeurs mobilières de placement	10 250,00	
667	Charges nettes sur cessions de VMP		10 250,00
	Cession de 25 actions Rubis		
	id		
667	Charges nettes sur cessions de VMP	11 625,00	
503	VMP – Actions		11 625,00
	Prix d'acquisition des actions Rubis cédées		

– Actions Quartz

Prix de cession : 25 × 250 € .... 6 250 €

Prix d'acquisition : 25 × 220 € .... 5 500 €

Gain .... 750 €

	10-nov		
465	Créances sur cessions de valeurs mobilières de placement	6 250,00	
767	Produits nets sur cessions de VMP		6 250,00
	Cession des actions Quartz		
	id		
767	Produits nets sur cessions de VMP	5 500,00	
503	VMP – Actions		5 500,00
	Prix d'acquisition des actions Quartz cédées		

– Actions Opale

Prix de cession : 12 × 660 € .... 7 920 €

Prix d'acquisition : 12 × 600 € .... 7 200 €

Gain .... 720 €

	10-nov		
465	Créances sur cessions de valeurs mobilières de placement	7 920,00	
767	Produits nets sur cessions de VMP		7 920,00
	Cession des actions Opale		
	id		
767	Produits nets sur cessions de VMP	7 200,00	
503	VMP – Actions		7 200,00
	Produits nets sur cessions de VMP		

– Frais de vente

Total des cessions : 35 200 €

Frais au pourcentage : 35 200 × 0,1 % = 35,20 €, inférieurs au minimum de perception de 100 €.

	13-nov		
512	Banque	35 080,40	
627	Services bancaires	100,00	
44566	TVA sur autres biens et services	19,60	
465	Créances sur cessions de VMP		35 200,00
	Avis de virement bancaire pour cession de titres		

APPLICATION 7 p. 248 Acquisitions et cessions de valeurs mobilières de placement

1. Enregistrez toutes les opérations sur titres au journal de la société Remi en donnant toutes les justifications nécessaires.

– Achat du 1er lot d'actions Maro

	05-févr		
503	Valeurs mobilières de placement – Actions	42 900,00	
512	Banque		42 900,00
	Achat de 1 500 actions Maro à 28,60 €		

– Achat des obligations Celise

Prix d'achat au pied du coupon : 5 000 × 10 € × 94 % = 47 000 €.

Coupon couru à l'acquisition : 5 000 × 0,315 € = 1 575 €.

	01-mars		
506	Valeurs mobilières de placement – Obligations	47 000,00	
764	Revenus des valeurs mobilières de placement	1 575,00	
512	Banque		48 575,00
	Achat de 5 000 obligations Celise		

– Achat du 2e lot d'actions Maro

	04-mars		
503	Valeurs mobilières de placement – Actions	13 850,00	
512	Banque		13 850,00
	Achat de 500 actions Maro à 27,70 €		

– Achat du 3e lot d'actions Maro

	25-mars		
503	Valeurs mobilières de placement – Actions	50 200,00	
512	Banque		50 200,00
	Achat de 2 000 actions Maro à 25,10 €		

– Encaissement des coupons d'intérêts sur obligations Celise

	01-juin		
512	Banque	2 100,00	
764	Revenus des valeurs mobilières de placement		2 100,00
	Coupons sur obligations Celise : 5 000 × 10 € × 4,2 %		

– Encaissement des dividendes sur actions Maro

	16-août		
512	Banque	4 800,00	
764	Revenus des valeurs mobilières de placement		4 800,00
	Dividendes des actions Maro : 4 000 × 1,20 €		

– Première cession d'actions Maro

Coût moyen pondéré d'une action : (42 900 + 13 850 + 50 200) / 4 000 = 26,7375 €

Prix de cession : 1 800 × 28,50 € .... 51 300,00 €

Prix d'acquisition : 1 800 × 26,7375 € .... 48 127,50 €

Gain .... 3 172,50 €

	15-sept		
512	Banque	51 300,00	
767	Produits nets sur cessions de VMP		51 300,00
	Cession de 1 800 actions Maro		
	id		
767	Produits nets sur cessions de VMP	48 127,50	
503	VMP – Actions		48 127,50
	Prix d'acquisition moyen des actions Maro cédées		

– Cession des obligations Celise

Prix de cession : 5 000 × 10 € × 93,5 % .... 46 750 €

Prix d'acquisition : 5 000 × 10 € × 94 % .... 47 000 €

Perte .... – 250 €

Coupon couru à la cession : 5 000 × 0,14 € = 700 €.

	01-oct		
512	Banque	47 450,00	
667	Charges nettes sur cessions de VMP		46 750,00
764	Revenus des valeurs mobilières de placement		700,00
	Cession de 5 000 obligations Celise		
	id		
667	Charges nettes sur cessions de VMP	47 000,00	
506	Valeurs mobilières de placement – Obligations		47 000,00
	Prix d'acquisition des actions Rubis cédées		

– Deuxième cession d'actions Maro

Prix de cession : 2 000 × 29,60 € .... 59 200,00 €

Prix d'acquisition : 2 000 × 26,7375 € .... 53 475,00 €

Gain .... 5 725,00 €

	25-oct		
512	Banque	59 200,00	
767	Produits nets sur cessions de VMP		59 200,00
	Cession de 2 000 actions Maro		
	id		
767	Produits nets sur cessions de VMP	53 475,00	
503	VMP – Actions		53 475,00
	Prix d'acquisition moyen des actions Maro cédées		

2. Reprenez les écritures du 15/09 et du 25/10 en supposant que la société Remi calcule le coût de sortie de ses titres en retenant la méthode du « premier entré – premier sorti ».

– Coût d'acquisition de la première sortie de titres

1er lot : 1 500 × 28,60 € .... 42 900 €

2e lot : 300 × 27,70 € .... 8 310 €

Première cession :

Prix de cession : 1 800 × 28,50 € .... 51 300 €

Prix d'acquisition : 42 900 € + 8 310 € .... 51 210 €

Gain : .... 90 €

	15-sept		
512	Banque	51 300,00	
767	Produits nets sur cessions de VMP		51 300,00
	Cession de 1 800 actions Maro		
	id		
767	Produits nets sur cessions de VMP	51 210,00	
503	VMP – Actions		51 210,00
	Prix d'acquisition en PEPS des actions Maro cédées		

– Coût d'acquisition de la première sortie de titres

2e lot : 200 × 27,70 € .... 5 540 €

3e lot : 1 800 × 25,10 € .... 45 180 €

Deuxième cession :

Prix de cession : 2 000 × 29,60 € .... 59 200 €

Prix d'acquisition : 5 540 € + 45 180 € .... 50 720 €

Gain .... 8 480 €

	25-oct		
512	Banque	59 200,00	
767	Produits nets sur cessions de VMP		59 200,00
	Cession de 2 000 actions Maro		
	id		
767	Produits nets sur cessions de VMP	50 720,00	
503	VMP – Actions		50 720,00
	Prix d'acquisition en PEPS des actions Maro cédées		

APPLICATION 8 p. 249 Cas de synthèse

1. Enregistrez au journal de l'entreprise Dubois les opérations figurant dans l'annexe 1.

– Opération 1 : avoir sur ventes de marchandises

Retour de marchandises : 1 200 × 0,98 = 1 176 €.

Rabais complémentaire : 55 000 × 0,98 × 3 % = 1 617 €.

	05-nov		
707	Ventes de marchandises	1 176,00	
7097	Rabais, remises, ristournes accordés sur ventes de march	1 617,00	
44571	TVA collectée	547,43	
411	Clients		3 340,43
	Avoir n° …		

– Opération 2 : acquisition d'un matériel

Coût d'acquisition : 8 500 + 200 = 8 700 €.

	10-nov		
2154	Matériel industriel	8 700,00	
44562	TVA sur immobilisations	1 705,20	
238	Avances et acomptes sur commandes d'immob.		850,00
405	Fournisseurs d'immobilisations – Effets à payer		9 555,20
	Achat d'un chariot élévateur		

– Opération 3 : avoir sur retour d'emballages

Prix de consignation : 12 × 12 € = 144 €.

Boni sur reprise : 12 × (12 – 10) = 24 €.

	12-nov		
4196	Clients, dettes pour emballages consignés	144,00	
411	Clients		115,30
7086	Bonis sur reprises d'emballages consignés		24,00
44571	TVA collectée		4,70
	Avoir n° A 748		

– Opération 4 : cession de titres

Prix de cession des titres : 200 × 22 € = 4 400 €.

Montant figurant en compte d'attente et dans le compte banque :
4 400 – 38,27 = 4 361,73 €.

Prix d'acquisition des titres cédés : 200 × 35 € = 7 000 €.

	19-nov		
471	Compte d'attente	4 361,73	
6271	Frais sur titres	32,00	
44566	TVA sur autres biens et services	6,27	
667	Charges nettes sur cessions de VMP		4 400,00
	Rectification écriture de cession de titres Sodexho-Alliance		
	id		
667	Charges nettes sur cessions de VMP	7 000,00	
503	Valeurs mobilières de placement – Actions		7 000,00
	Prix d'acquisition des actions cédées		

– Opération 5 : achat de marchandises

Coût d'acquisition : 9 500 × 0,97 × 0,98 = 9 030,70 €.

	23-nov		
607	Achats de marchandises	9 030,70	
44566	TVA sur autres biens et services	1 770,02	
401	Fournisseurs		10 800,72
	Facture n° 07-4578 de Vodép+		

– Opération 6 : règlement sous escompte

Escompte obtenu, hors taxes : 10 800,72 × 2 % / 1,196 = 180,61 €.

	27-nov		
401	Fournisseurs	10 800,72	
512	Banque		10 584,71
607	Achats de marchandises		180,61
44566	TVA sur autres biens et services		35,40
	Règlement facture n° 07-4578 de Vodép+ ; escompte : 2 %		

2. **Afin d'établir un rapprochement bancaire, rétablissez les soldes au 30/11/N pour l'entreprise et la banque.**

Compte 512. Banque :

Solde provisoire en fin de période (annexe 3) 10 363,02

27/11 : règlement Vidéo+ par chèque n° 127 .... – 10 584,71

Solde créditeur du compte Banque au 30/11 .... – 221,69

Relevé bancaire :

Solde au 04/12 (annexe 3) 1 703,70

Chèque n° 126 (04/12) 27 810,00

Chèque n° 125 (02/12) 12 490,00

Solde créditeur du compte Banque au 30/11 .... 42 003,70

3. **À partir de l'annexe 3, justifiez la différence de solde au 31/10/N entre le compte 512. Banque tenu par l'entreprise et le relevé bancaire transmis par la Société Générale.**

Solde figurant sur le relevé bancaire 4 943,00

Chèque n° 121 .... – 798,00

Chèque n° 122 .... – 352,50

Remise de chèques 524,50

Solde du compte 512. Banque 4 317,00

4. Présentez le rapprochement bancaire au 3/11/N (les montants figurant sur le relevé bancaire sont considérés comme exacts).

512. Banque		Opérations	Compte tenu par la banque	
Débit	Crédit		Débit	Crédit
	221,69	Soldes de fin de période		42 003,70
	8 160,00	Erreur sur achat de titres Saint-Gobain : 2 × 4 080		
	35,00	Frais achat de titres Saint-Gobain		
	143,92	Agios sur escompte		
9,00		Erreur comptabilisation sur virement Carrefour		
	19,40	Erreur comptabilisation France Telecom		
	245,00	Traite impayé		
	20,00	Frais sur traite impayé		
5 487,00		Coupons		
	65,00	Agios découvert		
	6 452,00	Domiciliations		
		Chèque 125	12 490,00	
		Chèque 126	27 810,00	
		Chèque 128	985,00	
		Chèque 127	10 584,71	
5 496,00	15 362,01	Totaux	51 869,71	42 003,70
9 866,01		Soldes concordants		9 866,01

5. Comptabilisez au journal les écritures de régularisation nécessaires.

	30-nov		
512	Banque	5 496,00	
411	Clients		9,00
764	Revenus des valeurs mobilières de placement		5 487,00
	Selon état de rapprochement du 30/11		

	30-nov		
503	Valeurs mobilières de placement – Actions	8 160,00	
627	Services bancaires	29,26	
44566	TVA sur autres biens et services	5,74	
512	Banque		8 195,00
	Selon état de rapprochement du 30/11		

	30-nov		
661	Charges financières (120 + 65)	185,00	
627	Services bancaires	20,00	
44566	TVA sur autres biens et services	3,92	
512	Banque		208,92
	Selon état de rapprochement du 30/11		

	30-nov			
401	Fournisseurs		19,40	
411	Clients	(245 + 20)	265,00	
403	Fournisseurs – Effets à payer		6 452,00	
512	Banque			6 736,40
	Selon état de rapprochement du 30/11			

APPLICATION 9 p. 251 QCM

Répondez par « oui » ou « non » aux affirmations ci-dessous en donnant les explications nécessaires.

1. L'action est un titre qui confère un droit patrimonial sur une société.

Oui. Une action correspond à une fraction du capital de la société qui l'émet.

2. Le revenu d'une action est constitué d'un intérêt annuel fixe.

Non. Le revenu d'une action, appelé « dividende », est fixé chaque année par l'assemblée générale des actionnaires, sur proposition du conseil d'administration de la société ; il est fonction des bénéfices réalisés.

3. L'obligation confère le droit de participer à la gestion de la société.

Non. L'obligation n'est qu'un droit de créance sur la société qui l'a émise ; son détenteur n'a aucun pouvoir de décision dans la société émettrice.

4. L'action est un titre émis par une société anonyme.

Oui. Seules les sociétés anonymes (et les sociétés en commandite par actions) peuvent émettre des actions qui sont des titres librement négociables.

5. Les titres de participation permettent d'avoir une influence notable sur la gestion de la société.

Oui. Cette influence est présumée dès lors que le détenteur des titres possède au moins 10 % du capital de la société émettrice.

6. Les acquisitions de TIAP permettent un placement de trésorerie à court terme.

Non. Les TIAP sont des titres acquis dans une perspective d'activité de portefeuille, donc de placements financiers, à moyen ou long terme.

7. Les revenus de VMP sont des produits des activités annexes.

Non. Les revenus des VMP font partie de l'activité financière de l'entreprise et constituent donc des produits financiers.

8. Le prix d'acquisition des obligations ne comprend pas la part d'intérêt déjà couru depuis la dernière échéance de paiement.

Oui. Le prix d'acquisition d'une obligation est enregistré « au pied du coupon », les intérêts déjà courus étant portés au débit du compte de produits financiers.

9. Les gains ou pertes sur cession de valeurs mobilières de placement sont comptabilisés selon le cas en produit financier ou en charge financière.

Oui. Les cessions de VMP font partie de l'activité financière d'une entreprise.

10. Les revenus de titres de participation constituent des produits exceptionnels.

Non. Il s'agit encore de produits financiers.

11. Les frais d'acquisition de titres sont toujours enregistrés en charges.

Non. L'entreprise a le choix entre la comptabilisation dans le compte de titres concernés et l'inscription en charges. Néanmoins, en vertu du principe de permanence des méthodes, la même méthode doit être appliquée à l'ensemble des titres dès lors qu'elle a été choisie.

12. Lors de la cession de valeurs mobilières de placement, le compte 667 est débité du prix d'achat des titres et le compte 767 du prix de cession de ces titres.

Non. Le compte à utiliser au débit comme au crédit est le compte 667 en cas de perte et le compte 767 en cas de gain. Au débit du premier et au crédit du second figurent donc les soldes des opérations réalisées.

13. Le gain ou la perte sur cession d'obligations se calcule d'après les cours « au pied du coupon ».

Oui. Les intérêts courus tant à l'acquisition qu'à la cession des obligations n'entrent pas dans le calcul du gain ou de la perte de cession.

14. Les autres titres immobilisés sont des titres dont la possession est jugée indispensable à l'entreprise.

Non. Ce sont des titres dont l'entreprise ne pourra pas se séparer rapidement pour diverses raisons : obligation de posséder des titres de certaines banques, titres donnés en nantissement, titres sur lesquels les pertes seraient trop importantes en cas de cession rapide.

15. Les bons de caisse sont des titres représentatifs d'une créance.

Oui. Ils représentent une créance sur le Trésor public, donc sur l'État.

CHAPITRE

13

Les opérations de financement

APPLICATION 1 p. 265 Capitaux propres d'une entreprise individuelle

1. Indiquez le montant du capital initial et présentez l'écriture de constitution de l'entreprise de M. Louis.

Les apports de M. Louis sont constitués par le total des éléments rachetés à M. Armstre sous déduction des prises en charge de dettes et augmentés du dépôt en banque qu'il effectue.

Fonds commercial	25 000
Logiciels	800
Matériels et outillages	4 600
Stock de fournitures	620
Créances clients	3 240
Apport d'actifs rachetés 34 260 €	34 260
Prise en charge des dettes fournisseurs	– 960
Apport net à payer à M. Armstre	33 300
Dépôt sur le compte bancaire de l'entreprise	2 000
Capital initial	35 300

	01-oct		
207	Fonds commercial	25 000,00	
205	Concessions, brevets, logiciels…	800,00	
2154	Matériels et outillages	4 600,00	
32	Stocks de fournitures	620,00	
411	Clients	3 240,00	
512	Banque	2 000,00	
101	Capital individuel		35 300,00
401	Fournisseurs		960,00
	Création de l'entreprise par rachat et dépôt en banque		

2. Indiquez le solde du compte de l'exploitant au 31/12/N et présentez l'écriture nécessaire, sachant que les exercices seront clos en fin d'année civile.

Le compte de l'exploitant a été mouvementé de la manière suivante durant l'exercice :

108. Compte de l'exploitant

31/10 prélèvement	2 000	Nov. règlement fournisseur	1 340
30/11 prélèvement	2 000		
31/12 prélèvement	2 000		
Total	6 000	Total	1 340
		Solde débiteur	4 660

À la fin de l'exercice, le solde débiteur du compte de l'exploitant est viré au compte de capital :

	31-déc		
101	Capital individuel	4 660,00	
108	Compte de l'exploitant		4 660,00
	Virement pour détermination du capital en fin d'exercice		

Le compte 101. Capital individuel s'élève à 35 300 – 4 660 = 30 640 € en fin d'exercice.

APPLICATION 2 p. 265 Comptes courants d'associés

1. Indiquez le montant des intérêts dus à M. Marcel au 30/11/N.

Du 26 janvier au 1er avril : 6 000 × 4 % × (6 + 28 + 31 + 1) / 365 .... 43,40 €.

Du 2 avril au 16 octobre :

14 000 × 4 % × (29 + 31 + 30 + 31 + 31 + 30 + 16) / 365 .... 303,78 €

Du 17 octobre au 30 novembre : 10 000 × 4 % × (15 + 30) / 365 .... 49,32 €

Total des intérêts dus au 30 novembre :... 396,50 €

2. Comptabilisez les opérations du 25/01 et du 30/11.

– Les sommes avancées à la société sont inscrites au crédit du compte courant d'associé :

	25-janv		
512	Banque	6 000,00	
455	Associés - Comptes courants		6 000,00
	Avance de fonds de M. Marcel		

	01-avr		
512	Banque	8 000,00	
455	Associés - Comptes courants		8 000,00
	Avance de fonds de M. Marcel		

	16-oct		
455	Associés - Comptes courants	4 000,00	
512	Banque		4 000,00
	Remboursement de fonds de M. Marcel		

– Au 30 novembre, le compte d'associé présente un solde créditeur de 10 000 € suite aux dépôts et retraits effectués.

	30-nov		
455	Associés - Comptes courants	10 000,00	
661	Charges d'intérêts	396,50	
512	Banque		10 396,50
	Remboursement des fonds et intérêts à M. Marcel		

APPLICATION 3 p. 265 Subventions d'investissement

Comptabilisez toutes les opérations indiquées en donnant toutes explications utiles.

– Notification de la subvention :

	23-mars		
441	Etat - Subventions à recevoir	23 000,00	
131	Subventions d'équipement		23 000,00
	Notification du Conseil général		

– Livraison et facturation du matériel :

S'agissant d'une acquisition intracommunautaire, l'opération est soumise à TVA (4452. TVA due intracommunautaire) et à déductibilité de TVA sur immobilisation (achat d'une immobilisation).

	18-avr		
231	Immobilisations corporelles en cours	108 000,00	
44562	TVA sur immobilisations	21 168,00	
404	Fournisseurs d'immobilisations		108 000,00
4452	TVA due intracommunautaire		21 168,00
	Facture n° pour achat d'un matériel de recherche		

– Frais de transport et de déchargement : ils sont inclus dans le coût d'acquisition du matériel.

	20-avr		
231	Immobilisations corporelles en cours	6 200,00	
44562	TVA sur immobilisations	1 215,20	
404	Fournisseurs d'immobilisations		7 415,20
	Facture n° pour frais de transport et de déchargement		
	29-avr		
404	Fournisseurs d'immobilisations	7 415,20	
405	Fournisseurs d'immobilisations - Effets à payer		7 415,20
	Traite à l'ordre du transporteur		

– Frais internes d'installation et mise en service :

La production immobilisée est enregistrée au crédit du compte 722. Elle est soumise à TVA, soit 11 300 × 19,60 % = 2 214,80 €, au crédit du compte 44571. S'agissant de l'installation d'une immobilisation dont la TVA est déductible, ce montant s'inscrit également au débit du 44562. TVA déductible sur immobilisations.

Lors de la mise en service, le compte 231 est soldé par le débit du compte d'immobilisation concerné (2153. Installations à caractère spécifique).

	02-mai		
2153	Installations à caractère spécifique	125 500,00	
44562	TVA sur immobilisations	2 214,80	
231	Immobilisations corporelles en cours		114 200,00
722	Production immob. - Immobilisations corporelles		11 300,00
44571	TVA collectée		2 214,80
	Mise en service du matériel de recherche		

– Perception de la subvention et règlement des fournisseurs :

La perception de la subvention permet de solder le compte 441 par le débit du compte Banque. La somme due au fournisseur allemand est bien de 108 000 €, sa facture ne mentionnant pas la TVA (il s'agit pour ce fournisseur d'une livraison intracommunautaire exonérée de TVA). Le solde du compte 405. Fournisseurs d'immobilisations – Effets à payer s'effectue lors du virement effectif des fonds.

	16-juin		
512	Banque	23 000,00	
441	Etat - Subventions à recevoir		23 000,00
	Virement reçu du Conseil général		
	25-juin		
404	Fournisseurs d'immobilisations	108 000,00	
512	Banque		108 000,00
	Virement à l'ordre du fournisseur allemand		
	30-juin		
405	Fournisseurs d'immobilisations - Effets à payer	7 415,20	
512	Banque		7 415,20
	Echéance de la traite à l'ordre du transporteur		

APPLICATION 4 p. 266 Comptabilisation d'emprunts bancaires

1. Pour l'emprunt n° 1, présentez les écritures relatives à l'exercice N après avoir effectué les calculs nécessaires.

Amortissement par trimestrialité : 80 000 / 16 = 5 000 €.
Intérêts dans la 1re trimestrialité : 80 000 × 1,275 % = 1 020 €.
Trimestrialité à payer au 1er juillet N :
5 000 (amortissement de l'emprunt) + 1 020 (intérêts) = 6 020 €.

Intérêts dans la 2e trimestrialité : (80 000 – 5 000) × 1,275 % = 956,25 €

Trimestrialité à payer au 1er octobre N : 5 000 + 956,25 = 5 956,25 €.

	01-avr		
512	Banque	80 000,00	
164	Emprunts auprès des établissements de crédit		80 000,00
	Souscription d'un emprunt bancaire		
	01-juil		
164	Emprunts auprès des établissements de crédit	5 000,00	
661	Charges d'intérêts	1 020,00	
512	Banque		6 020,00
	1re trimestrialité de l'emprunt		
	01-oct		
164	Emprunts auprès des établissements de crédit	5 000,00	
661	Charges d'intérêts	956,25	
512	Banque		5 956,25
	2e trimestrialité de l'emprunt		

2. Pour l'emprunt n° 2, présentez les écritures du 1/06/N, du 1/06/N+1 et du 1/06/N+3.

Intérêts annuels : 75 000 × 4,75 % = 3 562,50 €.

	01/06/N		
512	Banque	75 000,00	
164	Emprunts auprès des établissements de crédit		75 000,00
	Souscription d'un emprunt bancaire		
	01/06/N+1		
661	Charges d'intérêts	3 562,50	
512	Banque		3 562,50
	Intérêts annuels sur emprunt à remboursement in fine		
	01/06/N+2		
164	Emprunts auprès des établissements de crédit	75 000,00	
661	Charges d'intérêts	3 562,50	
512	Banque		78 562,50
	Remboursement in fine de l'emprunt et intérêts		

APPLICATION 5 p. 266 Emprunt remboursable par annuités constantes

1. Calculez le montant de l'annuité constante.

$$a = 630\,000 \times \frac{0{,}054}{1 - 1{,}054^{-8}} = 99\,056{,}91 \text{ €}$$

2. Présentez le tableau d'amortissement de l'emprunt.

Intérêts de la 1re année : 630 000 × 5,4 % = 34 020 €.

Remboursement de la 1re année : 99 056,91 – 34 020 = 65 036,91 €.

Montant restant dû après la 1re annuité : 630 000 – 65 036,91 = 564 963,09 €.
(Les lignes suivantes du tableau se calculent selon la même méthodologie.)

Échéances	Capital restant dû en début de période	Intérêts	Amortissement	Annuités	Capital restant dû en fin de période
01/06/N+1	630 000,00	34 020,00	65 036,91	99 056,91	564 963,10
01/06/N+2	564 963,10	30 508,01	68 548,90	99 056,91	496 414,20
01/06/N+3	496 414,20	26 806,37	72 250,54	99 056,91	424 163,66
01/06/N+4	424 163,66	22 904,84	76 152,07	99 056,91	348 011,59
01/06/N+5	348 011,59	18 792,63	80 264,28	99 056,91	267 747,31
01/06/N+6	267 747,31	14 458,35	84 598,55	99 056,91	183 148,76
01/06/N+7	183 148,76	9 890,03	89 166,87	99 056,91	93 981,88
01/06/N+8	93 981,88	5 075,02	93 981,88	99 056,91	0,00
Totaux		162 455,24	630 000,00	792 455,24	

3. Indiquez les écritures à constater les 1/06/N, 1/06/N+1 et 1/06/N+5.

Compte	Libellé	Débit	Crédit
	01/06/N		
512	Banque	630 000,00	
164	Emprunts auprès des établissements de crédit		630 000,00
	Souscription d'un emprunt bancaire		
	01/06/N+1		
164	Emprunts auprès des établissements de crédit	65 036,91	
661	Charges d'intérêts	34 020,00	
512	Banque		99 056,91
	1re annuité		
	01/06/N+5		
164	Emprunts auprès des établissements de crédit	80 264,28	
661	Charges d'intérêts	18 792,63	
512	Banque		99 056,91
	5e annuité		

APPLICATION 6 p. 266 Opérations de crédit-bail

1. Pour le premier contrat, présentez les écritures du 1/02 et du 1/03/N.

Les redevances sont enregistrées en charges pour leur montant TTC, la TVA sur les véhicules de tourisme n'étant pas déductible.

	01/02/N		
612	Redevances de crédit bail	810,00	
512	Banque		810,00
	Souscription d'un contrat pour un véhicule - 1re redevance		
	01/03/N		
612	Redevances de crédit bail	810,00	
512	Banque		810,00
	2e redevance de crédit-bail sur véhicule de tourisme		

2. Pour le premier contrat, présentez l'écriture à la fin du contrat en supposant que l'entreprise a décidé de lever l'option d'achat.

	01/02/N+3		
2182	Matériel de transport	3 000,00	
512	Banque		3 000,00
	Levée d'option sur contrat de crédit-bail		

3. Pour le second contrat, présentez l'écriture du 1/04/N ainsi que celle du paiement de la seconde redevance.

– Dépôt de garantie à la souscription du contrat

	01/04/N		
275	Dépôts et cautionnements versés	2 000,00	
612	Redevances de crédit-bail	1 200,00	
44566	TVA sur autres biens et services	235,20	
512	Banque		3 435,20
	Souscription d'un contrat de crédit-bail et cautionnement		

– Paiement de la seconde redevance

	01/10/N		
612	Redevances de crédit-bail	1 200,00	
44566	TVA sur autres biens et services	235,20	
512	Banque		1 435,20
	Souscription d'un contrat de crédit-bail et cautionnement		

4. Pour le second contrat, présentez les écritures de fin de contrat en supposant, dans un premier temps, que l'entreprise lève l'option, puis qu'elle ne lève pas l'option.

– L'entreprise lève l'option à la fin du contrat :

	1/04/N+4		
2183	Matériel de bureau et matériel informatique	1 672,24	
44562	TVA sur immobilisations	327,76	
275	Dépôts et cautionnement versés		2 000,00
	Levée d'option sur contrat de crédit-bail		

– L'entreprise ne lève pas l'option à la fin du contrat : le dépôt est récupéré.

	01/04/N+4		
512	Banque	2 000,00	
275	Dépôts et cautionnements versés		2 000,00
	Fin de contrat de crédit-bail - Récupération du dépôt de garantie		

APPLICATION 7 p. 267 Cas de synthèse

Enregistrez, au journal de la SARL Aux Bons Vins de France, toutes les opérations de septembre N décrites.

– Annuité d'emprunt bancaire

	03-sept		
164	Emprunts auprès des établissements de crédit	10 000,00	
661	Charges d'intérêts	5 400,00	
512	Banque		15 400,00
	Avis de débit pour annuité d'emprunt		

– Levée d'option sur contrat de crédit-bail

	05-sept		
2154	Matériel industriel	20 000,00	
44562	TVA sur immobilisations	3 920,00	
275	Dépôts et cautionnements versés		18 000,00
512	Banque		5 920,00
	Levée d'option - Facture CB 2311		

– Achat de marchandises

Prix d'acquisition brut : 250 × 288 .... 72 000 €
Remise : 72 000 × 5 % .... – 3 600 €
Prix d'acquisition net .... 68 400 €
Frais de transport .... 1 600 €
Coût d'acquisition hors taxes .... 70 000 €
TVA : 70 000 × 19,6 % .... 13720 €

	07-sept		
607	Achats de marchandises	70 000,00	
44566	TVA sur autres biens et services	13 720,00	
4096	Fournisseurs, créances pour emballages à rendre	15 000,00	
401	Fournisseurs		98 720,00
	Facture V2725		

– Versement d'acomptes

	10-sept		
238	Avances et acomptes versés sur commandes d'immo. corp.	500,00	
4091	Fournisseurs, avances et acomptes versés	2 000,00	
512	Banque		2 500,00
	Commandes d'un ordinateur et de marchandises		

– Frais de retour d'emballages : les frais de retour de la citerne sont engagés après l'entrée des marchandises en stock. Elles ne sont donc pas incluses dans le coût d'acquisition de ces marchandises, mais inscrites en frais de transport.

	12-sept		
624	Transports de biens	1 250,00	
44566	TVA sur autres biens et sercices	245,00	
512	Banque		1 495,00
	Retour d'une citerne		

– Facture d'avoir sur retour d'emballage

Prix de consignation .... 15 000 €

Prix de reprise.. – 14 000 €

Mali HT sur emballage.. 1 000 €

TVA sur mali.. 196 €

Montant de l'avoir : 15 000 – 1 000 – 196 = ... 13 804 €.

	17-sept		
401	Fournisseurs	13 804,00	
6136	Malis sur emballages	1 000,00	
44566	TVA sur autres biens et services	196,00	
4096	Fournisseurs, créances pour emballages à rendre		15 000,00
	Facture AV2725		

– Règlement de la facture V2725 sous escompte.

Montant dû au fournisseur : 98 720 – 13 804 = 84 916 €

Escompte hors taxes : 70 000 × 2 % = 1 400 €

TVA sur escompte : 1 400 × 19,6 % = 274,40 €.

	20-sept		
401	Fournisseurs	84 916,00	
607	Achats de marchandises		1 400,00
44566	TVA sur autres biens et services		274,40
512	Banque		83 241,60
	Règlement facture V2725 - AV2725 sous escompte de 2 %		

– Achat d'ordinateur, logiciels et fournitures

Coût d'acquisition de l'ordinateur : 4 000 + 400 = 4 400 €.

	25-sept		
2183	Matériel de bureau et matériel informatique	4 400,00	
205	Concessions et droits similaires, brevets, ..., logiciels, ...	500,00	
606	Achats non stockés de matières et fournitures	100,00	
44562	TVA sur immobilisations	960,40	
44566	TVA sur autres biens et services	19,60	
238	Avances et acomptes versés sur commandes d'immobilisations corporelles		500,00
512	Banque		5 480,00
	Facture n° 011986 de Eurosoft		

– Achat de titres en Bourse : les titres Gaumont répondent à la définition des titres immobilisés de l'activité de portefeuille, et les titre L'Oréal à celle des valeurs mobilières de placement.

Répartition des frais sur achat de titres :

– sur TIAP : 250 × 5 800 / 14 500 = 100 €

– sur VMP : 250 × 8 700 / 14 500 = 150 €.

La TVA est subdivisée en TVA sur immobilisations pour les frais inclus dans les TIAP et TVA sur autres biens et services pour les frais inclus dans les VMP.

	28-sept		
273	Titres immobilisés de l'activité de portefeuille	5 900,00	
503	Valeurs mobilières de placement - Actions	8 850,00	
44562	TVA sur immobilisations	19,60	
44566	TVA sur autres biens et services	29,40	
512	Banque		14 799,00
	Avis de débit pour achat de titres		

APPLICATION 8 p. 268 QCM

Répondez par « oui » ou par « non » aux affirmations ci-dessous en donnant toutes explications utiles.

1. Le compte de l'exploitant est viré à la fin de chaque exercice au compte de capital.

Oui. Dans une entreprise individuelle, le compte Capital doit indiquer à la fin de chaque exercice le montant net des fonds investis dans l'entreprise par l'exploitant.

2. Les comptes courants d'associés sont virés à la fin de chaque exercice au compte de capital.

Non. Les comptes courants d'associés sont considérés comme des dettes de la société envers ses associés. Ils peuvent éventuellement être intégrés au capital.

3. Les subventions d'investissement ne sont pas des produits d'exploitation.

Oui. Les subventions qui servent à acquérir des immobilisations ou à financer des opérations à long terme ne font pas partie du cycle d'exploitation de l'entreprise mais constituent une source de financement.

4. Lors d'un remboursement d'emprunt par annuités constantes, les intérêts sont les mêmes à chaque période.

Non. Ce sont les annuités qui sont constantes ; la part des intérêts dans l'annuité décroît.

5. Une immobilisation utilisée grâce à un contrat de crédit-bail peut être inscrite à l'actif du bilan.

Non. Même si les conditions d'inscription à l'actif sont remplies, cette possibilité n'existe pas dans les comptes sociaux. En revanche, les éléments en crédit-bail sont inscrits à l'actif du bilan dans les comptes présentés en normes IAS/IFRS.

6. Un emprunt ne peut être inscrit en compte 164. Emprunts auprès des établissements de crédit que s'il a été consacré à un achat d'immobilisations.

Non. La notion de dette financière est indépendante de l'affectation de l'emprunt. Elle fait partie de la politique de financement de l'entreprise.

7. Les subventions d'investissement ne sont pas soumises à la TVA.

Oui. Les subventions d'investissement ne sont jamais soumises à la TVA.

8. Le service de l'emprunt correspond au paiement des intérêts et au remboursement d'une partie de l'emprunt.

Oui. Le remboursement et la charge d'intérêt sont les deux composantes d'une annuité.

9. Un remboursement d'emprunt par amortissement constant entraîne des charges d'intérêt croissantes.

Non. Les charges d'intérêt sont décroissantes puisqu'elles sont calculées sur des montants de plus en plus faibles.

10. Un souscripteur de contrat de crédit-bail doit acquérir le bien faisant l'objet du contrat au terme de celui-ci.

Non. La levée d'option n'est jamais une obligation pour le souscripteur d'un contrat de crédit-bail.

CHAPITRE

14

Les principes d'évaluation à l'inventaire

APPLICATION 1 p. 279 Valeur des actifs en fin d'exercice

1. Pour chaque immobilisation, précisez la valeur brute, la valeur nette comptable, la valeur d'inventaire et la valeur à l'arrêté des comptes.

Valeurs	Matériel	Titres de participation
Valeur brute (1)	12 000 €	60 000 €
Valeur nette comptable (2)	12 000 – 3 000 = 9 000 €	60 000 – 5 000 = 55 000 €
Valeur d'inventaire (3)	9 500 €	55 000 €
Valeur à l'arrêté des comptes (4)	9 000 €	55 000 €

(1) La valeur brute est le coût d'entrée, soit le prix d'acquisition.

(2) La valeur nette comptable est la valeur brute diminuée du cumul des amortissements et des dépréciations.

(3) La valeur d'inventaire est donnée par l'énoncé pour le matériel ; pour les titres, elle est égale au montant le plus élevé de la valeur vénale et de la valeur d'usage, soit le montant le plus élevé entre 48 000 € et 55 000 €.

(4) La valeur à l'arrêté des comptes ne doit pas tenir compte des plus-values éventuelles ; elle est donc égale à la valeur nette comptable après calcul des amortissements et dépréciations.

2. Présentez un extrait de l'actif du bilan au 31/12/N concernant ces deux immobilisations.

Éléments	Montant brut	Amortissements et dépréciations	Montant net
Matériels Titres participation	12 000 60 000	3 000 5 000	9 000 55 000

3. Indiquez l'impact des amortissements et dépréciations sur le résultat de l'exercice en comparant les bilans au 31/12/N et 31/12/N–1.

Le bilan était le suivant à la clôture de l'exercice N–1 :

Éléments	Montant brut	Amortissements et dépréciations	Montant net
Matériels	12 000	1 000	11 000
Titres participation	60 000		60 000

Montants nets au 31 décembre N–1 .... 71 000 €

Montants nets au 31 décembre N .... 64 000 €

Diminution de l'actif .... 7 000 €

Cette diminution de l'actif correspond à une baisse du résultat de 7 000 €. Elle peut être expliquée par la somme des amortissements de l'exercice (3 000 – 1 000 = 2 000 €) et de la dépréciation constatée (5 000 €).

APPLICATION 2 p. 279 Variations des stocks de marchandises

1. Calculez et analysez la variation des stocks et précisez son impact sur le résultat de l'exercice.

Variation des stocks = stock final – stock initial = 3 000 – 5 000 = – 2 000 € ; il s'agit donc d'un déstockage de 2 000 € qui entraîne une réduction correspondante du résultat de l'exercice (il y a eu davantage de marchandises utilisées, donc vendues, que de marchandises achetées).

2. Indiquez le montant des achats consommés de l'exercice et précisez comment ils figureront au compte de résultat de l'exercice N.

Stock en début d'exercice .... 5 000 €

Achats de l'exercice .... 70 000 €

Stock en fin d'exercice .... – 3 000 €

Achats consommés durant l'exercice .... 72 000 €

Ces achats consommés figurent dans les charges au niveau du compte de résultat :

Achats de marchandises 70 000

Variations des stocks de marchandises .... + 2 000

(solde débiteur du compte 603)

Achats consommés 72 000

Comparés aux ventes de marchandises de l'exercice, les achats consommés permettent d'obtenir la marge commerciale réalisée par l'entreprise.

3. Présentez les écritures nécessaires au 31/12/N.

	31/12/N		
6037	Variations des stocks de marchandises	5 000,00	
37	Stocks de marchandises		5 000,00
	Élimination du stock initial		
	id		
37	Stocks de marchandises	3 000,00	
6037	Variations des stocks de marchandises		3 000,00
	Constatation du stock final		

4. Reprenez les deux premières questions en supposant que le stock de fin d'exercice est évalué à 8 000 €.

Variation des stocks = 8 000 – 5 000 = 3 000 € ; il s'agit d'un stockage de 3 000 € qui entraîne une augmentation du résultat de l'exercice (il y a eu moins de marchandises vendues que de marchandises achetées).

Stock en début d'exercice .... 5 000 €

Achats de l'exercice .... 70 000 €

Stock en fin d'exercice .... – 8 000 €

Achats consommés durant l'exercice .... 67 000 €

Ces achats consommés figurent dans les charges au niveau du compte de résultat :

Achats de marchandises 70 000

Variations des stocks de marchandises – 3 000 (solde créditeur du compte 603)

Achats consommés 67 000

APPLICATION 3 p. 279] Variations des stocks de produits finis

1. Calculez et analysez la variation des stocks et précisez son impact sur le résultat de l'exercice.

Variation des stocks = stock final – stock initial = 175 000 – 151 000 = 24 000 €. Il s'agit d'un stockage qui entraîne une augmentation du résultat de l'exercice (il y a eu davantage de produits finis produits que de produits finis vendus).

2. Indiquez le montant de la production de l'exercice et précisez comment elle figurera au compte de résultat de l'exercice N.

La production de l'exercice est la somme de la production vendue (exprimée en prix de vente), de la production stockée (exprimée en coût de production) et de la production immobilisée (exprimée en coût de production). Le compte de résultat regroupe donc des éléments qui ne sont pas évalués de la même façon.

Production vendue 7 898 000

Production stockée .... 24 000 (solde créditeur du compte 713)

Production de l'exercice 7 922 000

3. Présentez les écritures du 31/12/N relatives aux stocks de produits finis.

	31/12/N		
7135	Variation des stocks de produits	151 000,00	
355	Stocks de produits finis		151 000,00
	Élimination du stock initial		
	id		
355	Stocks de produits finis	175 000,00	
7135	Variation des stocks de produits		175 000,00
	Constatation du stock final		

4. Reprenez les deux premières questions en supposant que le stock de fin d'exercice est évalué à 124 000 €.

Variation des stocks = 124 000 – 151 000 = – 27 000 €. Il s'agit d'un déstockage qui entraîne une diminution du résultat de l'exercice (il y a eu davantage de produits finis vendus que de produits finis fabriqués).

Au compte de résultat :

Production vendue 7 898 000

Production stockée .... – 27 000 (solde débiteur du compte 713)

Production de l'exercice 7 871 000

APPLICATION 4 p. 280 Écritures de variations des stocks

Présentez les écritures de variation des stocks à constater au 31/12/N.

	31/12/N		
6031	Variation des stocks de matières premières	22 684,00	
6032	Variation des stocks d'autres approvisionnements	1 458,00	
6037	Variation des stocks de marchandises	68 790,00	
31	Matières premières		22 684,00
32	Autres approvisionnements		1 458,00
37	Stocks de marchandises		68 790,00
	Élimination des stocks de début d'exercice		

	31/12/N		
31	Matières premières	23 478,00	
32	Autres approvisionnements	974,00	
37	Stocks de marchandises	55 671,00	
6031	Variation des stocks de matières premières		23 478,00
6032	Variation des stocks d'autres approvisionnements		974,00
6037	Variation des stocks de marchandises		55 671,00
	Constatation des stocks de fin d'exercice		

	31/12/N		
7133	Variation des en-cours de production de biens	5 465,00	
7134	Variation des en-cours de production de services	68 745,00	
7135	Variation des stocks de produits	44 784,00	
331	Produits en cours		5 465,00
345	Prestations de services en cours		68 745,00
355	Produits finis		44 784,00
	Élimination des stocks de début d'exercice		

	31/12/N		
331	Produits en cours	6 457,00	
345	Prestations de services en cours	56 472,00	
355	Produits finis	49 476,00	
7133	Variation des en-cours de production de biens		6 457,00
7134	Variation des en-cours de production de services		56 472,00
7135	Variation des stocks de produits		49 476,00
	Constatation des stocks de fin d'exercice		

APPLICATION 5 p. 280 Variations des stocks et compte de résultat

1. Indiquez le montant du stock initial et le montant du stock final.

Stock initial : 70 000. Stock final : 105 000.

Explication par les mouvements Débit – Crédit :

Le total des mouvements Débit (175 000 €) regroupe le stock initial de la balance d'ouverture et le stock final de l'inventaire. Le mouvement Crédit (70 000 €) ne peut correspondre qu'à l'annulation du stock initial.

On arrive à l'égalité suivante : stock initial + stock final = 175 000.

Comme : stock initial = 70 000 à stock final = 175 000 – 70 000 = 105 000.

Explication par les soldes Débiteur – Créditeur :

En solde débiteur ne figure que le stock final, soit 105 000 €. On en déduit donc que le stock initial est égal à 175 000 – 105 000 = 70 000 €.

2. Présentez les écritures de variations de stock.

	31-déc		
6037	Variation des stocks de marchandises	70 000,00	
37	Stocks de marchandises		70 000,00
	Élimination du stock initial		
	id		
37	Stocks de marchandises	105 000,00	
6037	Variation des stocks de marchandises		105 000,00
	Constatation du stock final		

3. Présentez un extrait du compte de résultat

Compte de résultat

CHARGES	MONTANTS
Achats de marchandises Variations de stock	457 000 – 35 000

PRODUITS	MONTANTS
Ventes de marchandises	....

APPLICATION 6 p. 280 Problème d'ensemble. Variations des stocks. Journal, grand-livre, balance, compte de résultat, bilan de clôture

1. Enregistrez les mouvements de l'année, y compris les mouvements de stock, au journal de l'entreprise.

	1 Reports au 1er janvier	966 000,00	966 000,00
607	Achats de marchandises	1 361 260,00	
4456	TVA déductible	266 806,96	
401	Fournisseurs		1 230 325,20
512	Banque		397 741,76
	Achats de marchandises de l'année		
	2		
411	Clients	371 035,08	
512	Banques	1 568 530,08	
53	Caisse	256 542,00	
707	Ventes de marchandises		1 836 210,00
44571	TVA collectée		359 897,16
	Ventes de marchandises de l'année		
	3		
401	Fournisseurs	978 100,00	
512	Banques		978 100,00
	Règlements reçus des clients, par chèques		
	4		
512	Banques	228 900,00	
411	Clients		228 900,00
	Règlements reçus des clients, par chèques		
	5		
61/62	Services extérieurs	592 656,00	
4456	TVA déductible	116 160,58	
512	Banques		691 790,32
53	Caisse		17 026,26
	Achats de services		
	6		
512	Banques	238 515,74	
53	Caisse		238 515,74
	Dépôts : 1 000 + 256 542 – 17 026,26 – 2 000		

	7		
44571	TVA collectée	359 897,16	
4455	TVA à décaisser (crédit de TVA)	23 070,38	
4456	TVA déductible		382 967,54
	Crédit de TVA de l'année		
	8		
6037	Variations des stocks de marchandises	410 000,00	
37	Stock de marchandises		410 000,00
	Annulation du stock initial		
	9		
37	Stock de marchandises	388 730,00	
6037	Variations des stocks de marchandises		388 730,00
	Création du stock final		
	Totaux	8 126 203,98	8 126 203,98

2. Présentez successivement :
– le grand-livre au 31/12/N ;
– la balance au 31/12/N ;
– le compte de résultat de l'exercice N ;
– le bilan au 31/12/N.

Grand-livre au 31/12/N :

COMPTES DE BILAN

207. Fonds commercial

	Débit	Crédit
AN	450 000,00	
solde débiteur :		450 000,00

101. Capital

Débit	Crédit	
	800 000,00	AN
solde créditeur :	800 000,00	

218. Autres immob. corporelles

	Débit	Crédit
AN	22 000,00	
solde débiteur :		22 000,00

16. Emprunts

Débit	Crédit	
	100 000,00	AN
solde créditeur :	100 000,00	

37. Stock de marchandises

	Débit	Crédit
AN	410 000,00	410 000,00
	388 730,00	
solde débiteur :		388 730,00

401. Fournisseurs

Débit	Crédit	
978 100,00	66 000,00	AN
	1 230 325,20	
solde créditeur :	318 225,20	

411. Clients

Débit	Crédit
371 035,08	228 900,00
solde débiteur :	142 135,08

4457. TVA collectée

Débit	Crédit
359 897,16	359 897,16
compte soldé	

4456. TVA déductible

Débit	Crédit
266 806,96	382 967,54
116 160,58	
compte soldé	

4455. TVA à décaisser

Débit	Crédit
23 070,38	
solde débiteur :	23 070,38

512. Banque

	Débit	Crédit
AN	83 000,00	397 741,76
	1 568 530,08	978 100,00
	228 900,00	691 790,32
	238 515,74	
solde débiteur :		51 313,74

53. Caisse

	Débit	Crédit
AN	1 000,00	17 026,26
	256 542,00	238 515,74
solde débiteur :		2 000,00

COMPTES DE GESTION

607. Achats de marchandises

	Débit	Crédit
	1 361 260,00	
solde débiteur :		1 361 260,00

61-62. Services extérieurs

	Débit	Crédit
	592 656,00	
solde débiteur		592 656,00

6037. Variations des stocks

	Débit	Crédit
	410 000,00	388 730,00
solde débiteur :		21 270,00

707. Ventes de marchandises

	Débit	Crédit
		1 836 210,00
solde créditeur :		1 836 210,00

Balance au 31/12/N :

Intitulé des comptes	Total débit	Total crédit	Solde débiteur	Solde créditeur
Capital		800 000,00		800 000,00
Emprunts		100 000,00		100 000,00
Fonds commercial	450 000,00		450 000,00	
Autres immobilisations corporelles	22 000,00		22 000,00	
Stock de marchandises	798 730,00	410 000,00	388 730,00	
Fournisseurs	978 100,00	1 296 325,20		318 225,20
Clients	371 035,08	228 900,00	142 135,08	
TVA à décaisser	23 070,38		23 070,38	
TVA déductible	382 967,54	382 967,54		
TVA collectée	359 897,16	359 897,16		
Banque	2 118 945,82	2 067 632,08	51 313,74	
Caisse	257 542,00	255 542,00	2 000,00	
Variations de stocks	410 000,00	388 730,00	21 270,00	
Achats de marchandises	1 361 260,00		1 361 260,00	
Services extérieurs	592 656,00		592 656,00	
Ventes de marchandises		1 836 210,00		1 836 210,00
Totaux	8 126 203,98	8 126 203,98	3 054 435,20	3 054 435,20

Compte de résultat de l'exercice N :

CHARGES	MONTANTS	PRODUITS	MONTANTS
Achats de marchandises	1 361 260	Ventes de marchandises	1 836 210
Variations des stocks de marchand.	+ 21 270	Solde débiteur : perte	138 976
Services extérieurs	592 656		
	1 975 186		1 975 186

Bilan au 31/12/N :

POSTES D'ACTIF	MONTANTS	POSTES DE PASSIF	MONTANTS
Immobilisations		Capitaux propres	
Fonds commercial	450 000,00	Capital	800 000,00
Autres immob. corporelles	22 000,00	Résultat de l'exercice (perte)	– 138 976,00
	472 000,00		661 024,00
Actif circulant		Dettes	
Stock de marchandises	388 730,00	Emprunt	100 000,00
Clients	142 135,08	Fournisseurs	318 225,20
Etat, impôts	23 070,38		418 225,20
Banques	51 313,74		
Caisse	2 000,00		
	607 249,20		
Total	1 079 249,20	Total	1 079 249,20

APPLICATION 7 p. 281] QCM

Répondez par « oui » ou par « non » aux affirmations ci-dessous en donnant toutes explications utiles.

1. L'application du principe des coûts historiques conduit à ne jamais modifier la valeur nette comptable des actifs et passifs du bilan.

Non. Le principe des coûts historiques conduit à toujours conserver le même montant brut ; en revanche, la valeur nette comptable est modifiée par les amortissements et par les éventuelles dépréciations pratiquées.

2. Une charge payée en N et concernant l'exercice N+1 ne doit affecter que le résultat l'exercice N+1.

Oui. La constatation d'une charge ou d'un produit dépend de la naissance de ces éléments et non des dates de règlement. Ce fait résulte de la pratique d'une comptabilité dite « comptabilité d'engagements », qui s'oppose à la comptabilité de trésorerie réservée aux comptabilités non commerciales (professions libérales, en particulier).

3. Une dépréciation est la constatation d'une perte de valeur d'un élément d'actif.

Oui. Une perte de valeur d'un élément d'actif doit être constatée par une dépréciation de manière à ramener la valeur de l'actif à sa valeur d'inventaire, appelée également « valeur actuelle ».

4. À la clôture de l'exercice, les éléments de l'actif doivent figurer au bilan pour leur valeur vénale.

Non. Ils ne figurent au bilan pour leur valeur vénale que si celle-ci constitue la valeur d'utilité et si elle est inférieure à la valeur nette comptable.

5. Les plus-values latentes sont enregistrées en fin d'exercice, en application du principe de prudence.

Non. Les plus-values résultant d'une évaluation des actifs à la valeur vénale ou à la valeur d'usage ne sont pas forcément définitives ; leur comptabilisation conduirait à surévaluer la valeur de l'entreprise de manière imprudente.

6. L'inventaire physique des stocks doit être réalisé à la date de clôture de l'exercice.

Non. L'inventaire physique peut être réalisé à d'autres moments de l'année, à condition que l'entreprise pratique un suivi des stocks. Cela permet en particulier de pratiquer des « inventaires tournants » à différents moments de manière à ne pas bloquer totalement l'activité de l'entreprise.

7. L'examen des comptes de l'année permet d'obtenir les stocks de fin d'exercice.

Non. Les stocks de fin d'exercice sont obtenus grâce à l'inventaire physique des existants en stock. Ils peuvent être vérifiés également par des calculs et tableaux tenus en dehors de la comptabilité générale (fiches de stocks).

8. Le compte 603. Variation des stocks figure au crédit du compte de résultat lorsque son solde est créditeur.

Non. Le compte 603 figure toujours au débit du compte de résultat ; lorsque son solde est créditeur, donc contraire au solde des comptes de charges, il est inscrit en négatif au compte de résultat.

9. Les stocks initiaux sont inscrits au débit des comptes de variations des stocks et les stocks finals au crédit de ces comptes, qu'il s'agisse des comptes 603 ou 713.

Oui. Le mode de comptabilisation est identique, qu'il s'agisse du compte 603 ou du compte 713.

10. Un déstockage provoque une baisse du résultat de l'exercice.

Oui. Il s'agit soit d'une charge supplémentaire (consommation de l'exercice supérieure au montant des achats), soit d'un produit en moins (diminution des stocks de produits finis).

11. Lorsque le stock final de matières premières est supérieur au stock initial de matières premières, il s'agit d'un stockage ; la variation de stock de matières premières est à ajouter aux achats afin d'obtenir le coût des matières consommées dans l'exercice.

Non. Lorsqu'il s'agit d'un stockage, il n'y a pas consommation de matières premières et on doit donc diminuer les charges. La variation de stock de matières premières sera donc portée dans le compte de résultat avec le signe –.

12. La production effectivement réalisée dans la période constitue un produit pour l'entreprise.

Oui. La production réalisée inscrite dans les produits est composée de la production vendue et de la production stockée.

13. Lorsque le stock final de produits finis est inférieur au stock initial de produits finis, la variation de stock de produits finis vient en augmentation du total des produits de la période.

Non. Dans ce cas, il s'agit d'un déstockage et donc d'une diminution des produits. La variation du stock doit être inscrite en – dans les produits.

CHAPITRE

15

Les amortissements

APPLICATION 1 p. 300 Détermination de la base amortissable

1. Déterminez le coût d'acquisition de l'immobilisation.

Éléments	Montants
Matériel 2 000/0,1	20 000
Frais de transport	125
Intervention des techniciens	255
Total	20 380

2. Procédez aux enregistrements comptables relatifs à l'acquisition.

	15-mars		
238	Avances et acomptes sur commandes d'immo. corpo.	2 000,00	
512	Banque		2 000,00
	Acompte sur immob.		
	15-mai		
2154	Matériel industriel	20 000,00	
44562	TVA sur immobilisations	3 912,00	
238	Avances et acomptes sur com. d'immo. corpo.		2 000,00
404	Fournisseurs d'immobilisations		21 912,00
	Achat matériel		
	17-mai		
2154	Matériel industriel	125,00	
44562	TVA sur immobilisations	24,45	
404	Fournisseurs d'immobilisations		149,45
	Frais de transport sur matériel		
	20-mai		
2154	Matériel industriel	255,00	
44562	TVA sur immobilisations	49,88	
404	Fournisseurs d'immobilisations		304,88
	Installation du matériel		

3. Déterminez la base amortissable du bien acquis.

Coût d'acquisition .... 20 380 €

Valeur résiduelle : [3 500 – (150 + 125)] .... – 3 225 €

Base amortissable .... 17 155 €

La valeur de revente à retenir est celle d'un matériel équivalent à la date d'acquisition et non le prix de revente prévu dans 5 ans.

4. Déterminez la base amortissable du bien acquis s'il n'existait pas de possibilité de revente de ce type de matériel.

La base amortissable serait égale au coût d'acquisition, soit 30 280 €.

APPLICATION 2 p. 300] Amortissement linéaire en temps

1. Déterminez le coût d'acquisition de l'immobilisation.

Éléments	Montants
Prix d'achat	15 000
Installation	350
Livraison	120
Total	15 470

2. Procédez aux enregistrements comptables relatifs à l'acquisition.

	10-juin		
2154	Matériel industriel	15 470,00	
44562	TVA sur immobilisations	3 032,12	
404	Fournisseurs d'immobilisations		18 502,12
	Facture d'immo		

3. Déterminez la base amortissable du bien acquis.

Coût d'acquisition .... 15 470,00 €

Valeur résiduelle (15 470 × 55 %) .... – 8 508,50 €

Base amortissable .... 6 961,50 €

4. Déterminez le taux d'amortissement.

100/5 = 20 %. On retient la durée d'utilisation par l'entreprise et non la durée de vie usuelle.

5. Calculez le *prorata temporis* pour l'année N.

Pour des années calculées sur 360 jours : 20 jours en juin et 180 jours de juillet à décembre, soit 200 jours sur 360.

Pour des années de 365 jours : 20 jours en juin, 4 mois à 31 jours et 2 mois à 30 jours soit 204 jours sur 365.

6. Calculez le *prorata* pour l'année N+5.

Pour des années calculées sur 360 jours : 360 – 200 jours = 160 jours sur 360.

Pour des années de 365 jours : 365 – 204 = 161 jours sur 365.

7. Calculez les annuités de l'année N à l'année N+5.

Base amortissable : 6 961,50 €

Base × taux (20%) : 1 392,30 €

Nombre de jours : 200 jours

Annuité N : 1 392,30 × 200 / 360 = 773,50 €

2e au 5e amortissement au 31/12 N+1, N+2, N+3 et N+4 : 1 392,30 €.

Dernier amortissement au 31/12/N+5 : 1 392,30 × 160 / 360 = 618,80 €.

APPLICATION 3 p. 300 Amortissement sur unités d'œuvre

1. Indiquez les modalités à retenir pour déterminer le montant de l'amortissement pour l'exercice N.

Le nombre d'heures d'utilisation doit être retenu pour déterminer l'amortissement économique.

2. Calculez l'annuité pour l'exercice N.

20 000 × 1 800/15 000 = 2 400 €.

APPLICATION 4 p. 301 Amortissement sur unités d'œuvre

Calculez les annuités d'amortissement.

L'unité d'œuvre est le nombre de pièces produites ; la totalité des unités d'œuvre est de 10 000 pièces. Calcul des annuités : base amortissable × nombre d'unités d'œuvre / unités d'œuvre totales.

Ex.	Calculs	Annuités
1	100 000 × 1 000/10 000	10 000
2	100 000 × 1 500/10 000	15 000
3	100 000 × 2 000/10 000	20 000
4	100 000 × 2 500/10 000	25 000
5	100 000 × 3 000/10 000	30 000
	Total	100 000

APPLICATION 5 p. 301 Amortissement fiscal linéaire

1. **Déterminez les bases amortissables comptable et fiscale.**

   Base comptable : 12 600 – 4 600 = 8 000.

   Base fiscale : 12 600.

2. **Calculez les annuités fiscales et comptables.**

   Annuités comptables

Ex.	Calculs	Annuités
1	8 000 × 1/3	2 666,66
2	8 000 × 1/3	2 666,67
3	8 000 × 1/3	2 666,67
	Total	8 000,00

Annuités fiscales

Ex.	Calculs	Annuités
1	12 600 × 1/3	4 200,00
2	12 600 × 1/3	4 200,00
3	12 600 × 1/3	4 200,00
	Total	12 600,00

APPLICATION 6 p. 301 Amortissement fiscal dégressif

1. **Déterminez le taux d'amortissement fiscal applicable (taux linéaire × coefficient).**

   Taux linéaire × coefficient : 100/6 × 1,75 = 29,17 %.

2. **Calculez les annuités fiscales.**

Ex.	Calculs	Annuités	Taux linéaire sur années restantes
1	120 000 × 29,17 %	35 000,00	16,67 %
2	(120 000 – 35 000) × 29,17 %	24 791,67	20 %
3	(120 000 – 35 000 – 24 791,67) × 29,17 %	17 560,76	25 %
4	(120 000 – 35 000 – 24 791,61 – 17 560,76) × **33,1/3%**	14 215,86	**33,33 %** ← *Passage au linéaire*
5	(120 000 – 35 000 – 24 791,61 – 17 560,76) × **33,1/3%**	14 215,86	
6	(120 000 – 35 000 – 24 791,61 – 17 560,76) × **33,1/3%**	14 215,85	
	Total	12 600,00	

3. Calculez les annuités comptables.

Ex.	Calculs	Annuités
1	120 000/12	10 000
2	12 0000/12	10 000
3	12 0000/12	10 000
4	12 0000/12	10 000
5	12 0000/12	10 000
6	12 0000/12	10 000
7	12 0000/12	10 000
8	12 0000/12	10 000
9	12 0000/12	10 000
10	12 0000/12	10 000
11	12 0000/12	10 000
12	12 0000/12	10 000
	Total	120 000

4. Pourquoi peut-on parler d'un avantage fiscal dans le cas présent ?

L'amortissement fiscal permet un amortissement plus rapide du bien.

APPLICATION 7 p. 302 Plan d'amortissement d'une immobilisation non décomposable

1. Déterminez le *prorata temporis* de l'année N.

Le *prorata temporis* est de 285 jours, soit 15 jours au mois de mars et les 9 mois suivants à 30 jours, si les années sont considérées à 360 jours.

2. Dressez le plan d'amortissement de ce véhicule.

Base amortissable : 14 500 – 7 000 = 7 500 €.

Durée d'amortissement : 3 ans en linéaire ; en effet, il n'est pas spécifié que l'amortissement est fonction des kilomètres parcourus.

Exercice comptable	Base amortissable	Calcul	Amortissement comptable	Valeur brute	Valeur nette comptable
N	7 500,00	7500/3 × 285/360	1 979,17	14 500,00	12 520,83
N + 1	7 500,00	7500/3	2 500,00	14 500,00	10 020,83
N + 2	7 500,00	7500/3	2 500,00	14 500,00	7 520,83
N + 3	7 500,00	7500/3 × 75/360	520,83	14 500,00	7 000,00
		Total	7 500,00		

APPLICATION 8 p. 302 Plans d'amortissement comptable et fiscal

Présentez les plans d'amortissement de ce matériel.

La base amortissable comptable est de 24 000 – 4 000 = 20 000 €.

La base amortissable fiscale est de 24 000 € ; elle ne tient pas compte de la valeur résiduelle.

Années	Amortissement fiscal		Amortissement économique		Amortissements dérogatoires
N	24 000 × 35 % 3/12	2 100	20 000 × 20 % × 75 / 360	833	1 267
N+1	21 900 × 35 %	7 665	20 000 × 20 %	4 000	3 665
N+2	14 235 × 35 %	4 982	20 000 × 20 %	4 000	982
N+3	9 253 × 50 %	4 627	20 000 × 20 %	4 000	627
N+4	4 626 × 100 %	4 626	20 000 × 20 %	4 000	626
N+5			20 000 × 20 % × 285 / 360	3 167	–3 167
		24 000		20 000	4 000

L'amortissement fiscal permet, outre un amortissement plus rapide du bien, d'amortir la valeur résiduelle.

APPLICATION 9 p. 302 Plan d'amortissement d'une immobilisation décomposable

1. Déterminez le *prorata temporis* de l'année N.

Les plans d'amortissement concernant la camionnette sont au nombre de deux. L'immobilisation est en effet décomposable en deux éléments : la structure et le plateau.

Valeur du plateau : 2 000 €, dont base amortissable : 2 000 € (pas de valeur résiduelle).

Valeur de la structure : 17 000 – 2 000 € = 15 000 €, dont base amortissable 12 000 €, la valeur résiduelle de revente de la camionnette étant dans ce cas affectable à la structure.

2. Dressez le plan d'amortissement de ce véhicule.

Plan d'amortissement de la structure

Exercice comptable	Base amortissable	Calcul	Amortissement comptable	Valeur brute	Valeur nette comptable
N	12 000	12 000/8	1 500	15 000	13 500
N + 1	12 000	12 000/8	1 500	15 000	12 000
N + 2	12 000	12 000/8	1 500	15 000	10 500
N + 3	12 000	12 000/8	1 500	15 000	9 000
N + 4	12 000	12 000/8	1 500	15 000	7 500
N + 5	12 000	12 000/8	1 500	15 000	6 000
N + 6	12 000	12 000/8	1 500	15 000	4 500
N + 7	12 000	12 000/8	1 500	15 000	3 000
		Total	12 000		

Plan d'amortissement du plateau

Exercice comptable	Base amortissable	Calcul	Amortissement comptable	Valeur brute	Valeur nette comptable
N	2 000	2 000/4	500	2 000	1 500
N + 1	2 000	2 000/4	500	2 000	1 000
N + 2	2 000	2 000/4	500	2 000	500
N + 3	2 000	2 000/4	500	2 000	0
		Total	2 000		

APPLICATION 10 p. 302 Modification d'un plan d'amortissement

1. Pourquoi peut-on modifier le plan initial d'amortissement ?

La production prévue au départ a été surestimée. Le chiffre d'affaires a été évalué de façon trop optimiste. La production étant inférieure, la machine sera utilisée plus longtemps.

2. Établissez le plan d'amortissement initial.

Plan d'amortissement de la machine

Exercice comptable	Base amortissable	Calcul	Amortissement comptable	Valeur brute	Valeur nette comptable
N-3	120 000	120 000 × 8 000/56 000	17 142,86	120 000	102 857
N-2	120 000	120 000 × 8 000/56 000	17 142,86	120 000	85 714
N-1	120 000	120 000 × 8 000/56 000	17 142,86	120 000	68 571
N	120 000	120 000 × 8 000/56 000	17 142,86	120 000	51 429
N+1	120 000	120 000 × 8 000/56 000	17 142,86	120 000	34 286
N+2	120 000	120 000 × 8 000/56 000	17 142,86	120 000	17 143
N+3	120 000	120 000 × 8 000/56 000	17 142,86	120 000	0
		Total	120 000		

3. Procédez à la modification du plan d'amortissement.

Les amortissements passés ne sont pas remis en cause. L'amortissement se pratiquera sur la base amortissable diminuée des amortissements déjà pratiqués, soit ici la valeur nette comptable au 31 décembre N–1, la valeur résiduelle étant nulle.

56 000/6 000 = 9 ans et 4 mois au lieu des 7 années prévues initialement.

Trois années se sont écoulées, soit 18 000 pièces produites. Il reste 38 000 pièces à produire (56 000 – 18 000 = 38 000).

Exercice comptable	Base amortissable	Calcul	Amortissement comptable	Valeur brute	Valeur nette comptable
N-3	120 000	120 000 × 8 000/56 000	17 142,86	120 000	102 857
N-2	120 000	120 000 × 8 000/56 000	17 142,86	120 000	85 714
N-1	120 000	120 000 × 8 000/56 000	17 142,86	120 000	68 571
N	68 571	68 571 × 6 000/38 000	10 827,00	120 000	57 744
N+1	68 571	68 571 × 6 000/38 000	10 827,00	120 000	46 917
N+2	68 571	68 571 × 6 000/38 000	10 827,00	120 000	36 090
N+3	68 571	68 571 × 6 000/38 000	10 827,00	120 000	25 263
N+4	68 571	68 571 × 6 000/38 000	10 827,00	120 000	14 436
N+5	68 571	68 571 × 6 000/38 000	10 827,00	120 000	3 609
N+6	68 571	68 571 × 6 000/38 000 × 4/12	3 609,00	68 571	0
		Total	120 000		

APPLICATION 11 p. 302 Modification d'un plan d'amortissement

1. Établissez le plan d'amortissement initial.

La base amortissable est égale à 28 000 – 6 500 = 21 500 €. En N–2, le *prorata temporis* est de 3 mois sur 12, l'immobilisation étant acquise le 1er octobre.

Exercice comptable	Base amortissable	Calcul	Amortissement comptable	Valeur brute	Valeur nette comptable
N-2	21 500	21 500/5 × 3/12	1 075,00	28 000	26 925
N-1	21 500	21 500/5	4 300,00	28 000	22 625
N	21 500	21 500/5	4 300,00	28 000	18 325
N+1	21 500	21 500/5	4 300,00	28 000	14 025
N+2	21 500	21 500/5	4 300,00	28 000	9 725
N+3	21 500	21 500/5 × 9/12	3 225,00	28 000	6 500
		Total	21 500		

2. Procédez à la modification du plan d'amortissement.

En N, la durée initiale est écourtée d'un an en raison de l'utilisation intensive de l'immobilisation. Les amortissements déjà pratiqués ne sont pas remis en cause. La nouvelle base d'amortissement est la base initiale diminuée des amortissements déjà pratiqués, soit : 21 500 – 1 075 – 4 300 = 16 125 €. Il reste 2 ans et 9 mois à amortir, soit une durée totale de 33 mois.

Exercice comptable	Base amortissable	Calcul	Amortissement comptable	Valeur brute	Valeur nette comptable
N-2	21 500	21 500/5 × 3/12	1 075,00	28 000	26 925
N-1	21 500	21 500 / 5	4 300,00	28 000	22 625
N	16 125	22 625 × 12/33	5 863,64	28 000	16 761
N+1	16 125	21 500 × 12/33	5 863,64	28 000	10 898
N+2	16 125	21 500 × 9/33	4 397,73	28 000	6 500
		Total	21 500		

APPLICATION 12 p. 303 Comptabilisation des amortissements comptables

1. Présentez le plan d'amortissement de ce matériel en supposant qu'il soit mis en service le 1/01/N.

La base amortissable de l'immobilisation est de 10 000 € (valeur d'acquisition) diminuée de la valeur résiduelle de 2 000 €, soit une base de 8 000 €. La durée d'amortissement est de 4 ans, durée d'utilisation prévue par l'entreprise.

Exercice comptable	Base amortissable	Calcul	Amortissement comptable	Valeur brute	Valeur nette comptable
N	8 000	8 000/4	2 000,00	10 000	8 000
N+1	8 000	8 000/4	2 000,00	10 000	6 000
N+2	8 000	8 000/4	2 000,00	10 000	4 000
N+3	8 000	8 000/4	2 000,00	10 000	2 000
		Total	8 000		

2. Enregistrez l'écriture fin N et précisez les conséquences fiscales. Commentez.

	31/12/N		
6811	Dotations aux amortissements des immob incorp et corporelles	2 000,00	
2815	Amortissements des matériels		2 000,00
	Dotation aux amortissements du matériel		

Fiscalement, l'amortissement doit être pratiqué sur 10 ans et non 4. La base amortissable est la valeur d'acquisition, soit 10 000 €.

L'amortissement fiscal autorisé sur l'année N est donc de 10 000 / 10 = 1 000 €.

L'amortissement comptable est de 2000 €. Il conviendra donc de réintégrer la différence entre ces deux amortissements pour établir le résultat fiscal. Cette réintégration ne fait pas l'objet d'un enregistrement comptable. Elle s'effectue sur les imprimés fiscaux.

APPLICATION 13 p. 303 Comptabilisation des amortissements comptables et fiscaux

1. Présentez le tableau d'amortissement de la machine-outil en distinguant :
- **les amortissements économiques ;**
- **les amortissements fiscalement déductibles ;**
- **les amortissements dérogatoires.**

Années	Amortissement fiscal		Amortissement économique		Amorti. dérogatoires	
					Dotations	Reprises
N	10 243,20 × 35 % × 9/12	2 688,84	10 243,20 × 20 % × 255/360	1 451,12	1 237,72	
N+1	7 554,36 × 35 %	2 644,03	10 243,20 × 20 %	2 048,64	595,39	
N+2	4 910 × 35 %	1 718,62	......	2 048,64		330,02
N+3	3 191 × 50 %	1 595,86	......	2 048,64		452,78
N+4	......	1 595,86	......	2 048,64		452,78
N+5			10 243,20 × 20 % × 105/360	597,52		5973,52
Total		10 243,20		10 243,20	1 833,11	1 833,11

2. Comptabilisez les amortissements au 31/12/N et au 31/12/N+3.

	31/12/N		
6811	Dotations aux amortissements des immobilisations	1 451,12	
2815	Amortissements des installations techniques		1 451,12
	id		
68725	Dotations aux amortissements dérogatoires	1 237,72	
145	Amortissements dérogatoires		1 237,72
	31/12/N+3		
6811	Dotations aux amortissements des immobilisations	2 048,64	
2815	Amortissements des installations techniques		2 048,64
	id		
145	Amortissements dérogatoires	452,78	
78725	Reprises sur amortissements dérogatoires		452,78

APPLICATION 14 p. 304 Comptabilisation des amortissements comptables et fiscaux

Passez, au 31/12/N, toutes les écritures relatives à ce dossier

• *Rectification de l'écriture comptable d'achat d'immobilisation*

L'immobilisation doit entrer au bilan de l'entreprise à son coût d'acquisition, soit 32 000 € hors taxes ; le comptable a omis de tenir compte de l'acompte déjà versé et a enregistré le net à payer. La TVA est correctement enregistrée. Il faut donc solder le compte d'acompte en ramenant la valeur d'entrée du camion à son montant exact.

	31/12/N		
2182	Matériel de transport	6 000	
238	Avances et comptes versés sur immob.		6 000

• *Calcul des dotations aux amortissements N*

Camion Iveco : (26 000 – 5 000) × 25 % .... 5 250,00 €
Voiture Citroën : (21 600 – 800) × 20 % .... 4 160,00 €
Nouveau camion : (32 000 – 4 000) × 25 % × 3/12 .... 1 750,00 €
Total matériel de transport .... 11 160,00 €
Ordinateur IPC : 10 000 × 20 % .... 2 000,00 €
Ordinateur IBM : 4 000 × 31,25 % × 2/12(1) .... 208,00 €
Total matériel informatique .... 2 208,00 €

(1) On adopte l'amortissement dégressif fiscal, donc un calcul en nombre de mois à compter du mois d'acquisition :
– amortissement fiscal du logiciel : 4 000 × 2/12 : .... 666,67 €
– amortissement comptable du logiciel : 4 000 × 25 % × 40/360 : .... 111,11 €
– amortissements dérogatoires : .... 555,56 €

• *Écritures relatives aux dotations aux amortissements de N*

	31/12/N		
6811	Dotations aux amortissements des immob incorp et corporelles	13 479,11	
2805	Amortissements des concessions ... logiciels ...		111,11
28182	Amortissements des matériels de transport		11 160,00
28183	Amortissements des matériels de bureau et info.		2 208,00
	Dotation aux amortissements de l'exercice		
	id		
68725	Dotations aux amortissements dérogatoires	555,56	
145	Amortissements dérogatoires		555,56
	Excédent d'amortissement fiscal sur logiciels		

APPLICATION 15 p. 305] QCM

Répondez par « oui » ou par « non » aux affirmations ci-dessous ou choisissez le résultat exact en donnant toutes explications utiles.

1. L'amortissement concerne les biens dont les avantages économiques qu'il procure sont consommés sur plus d'un exercice.

Oui. Cette affirmation correspond bien à la définition d'une immobilisation amortissable. La consommation des avantages économiques procurés par cette immobilisation sur plusieurs exercices distingue l'élément d'une charge.

2. Les durées d'amortissement à pratiquer doivent répondre aux usages de la profession.

Non. Les durées d'amortissement doivent être fixées par la direction de l'entreprise en fonction des durées d'utilisation des biens qu'elle prévoit.

3. Un brevet possédé par une entreprise lui donne une protection juridique de 10 ans ; l'entreprise compte l'utiliser durant 4 ans ; l'administration fiscale autorise l'amortissement des brevets sur 5 ans. La durée d'amortissement à retenir est de :

☑ 4 ans ☐ 5 ans ☐ 10 ans.

Lorsque plusieurs durées sont possibles au niveau comptable (ici 10 ans ou 4 ans), on retient obligatoirement la plus courte. L'amortissement fiscal ne doit pas guider le choix de la durée s'il ne correspond pas à une durée d'utilisation.

4. La date de début d'amortissement d'un bien est celle de son acquisition.

Non. La date de début d'amortissement est celle à partir de laquelle le bien est en état d'être utilisé.

5. Lorsque les conditions économiques entraînent d'importantes modifications de valeur vénale d'un bien, la valeur résiduelle doit être modifiée.

Non. La valeur résiduelle d'un élément amortissable n'est pas remise en cause une fois qu'elle a été définie.

6. La base amortissable d'une immobilisation incorporelle ou corporelle correspond au prix d'acquisition de celle-ci, diminuée de sa valeur résiduelle, nette de coûts de sortie.

Oui. C'est bien la définition de la base amortissable.

7. L'amortissement linéaire est considéré comme étant représentatif de la consommation des avantages économiques dans le temps, en l'absence d'autres critères.

Oui. En l'absence de critères plus techniques, l'amortissement linéaire est considéré comme étant le plus pertinent.

8. Le taux d'amortissement linéaire d'un bien amortissable en 50 ans est de 2,5 %.

Non. Le taux correspondant à un amortissement sur 50 ans est de 100 / 50 = 2 %.

9. La somme des amortissements pratiqués à la fin de la durée d'utilisation d'un bien correspond à son coût d'acquisition ou de production.

Non. Cette affirmation n'est valable que si la base d'amortissement est égale au coût d'acquisition ou de production du bien, donc au cas où il n'existe pas de valeur résiduelle.

10. L'amortissement d'une immobilisation décomposable se fait sur la durée d'utilisation du composant à renouveler le plus rapidement.

Non. Chaque composant ainsi que la structure sont amortis selon sa propre durée d'utilisation.

11. Les amortissements fiscaux se calculent sur la base du coût d'acquisition ou de production de l'immobilisation et non sur la base diminuée de la valeur résiduelle.

Oui. L'administration fiscale n'accepte pas l'amortissement sur une base diminuée de la valeur résiduelle. Cela entraîne, pour une même durée d'amortissement, la constitution d'amortissements dérogatoires.

12. Un amortissement fiscal procure une économie d'impôt définitive à l'entreprise.

Non. L'économie d'impôt procurée par un amortissement fiscal n'est que temporaire. Les dotations aux amortissements dérogatoires pratiquées lorsque l'amortissement fiscal est supérieur à l'amortissement comptable seront forcément compensées par des reprises sur amortissements dérogatoires lorsque les amortissements économiques deviendront inférieurs aux amortissements fiscaux ou lors de la cession du bien.

13. Pour un bien amorti selon le système dégressif en 10 ans, le passage à l'amortissement linéaire se fait à compter de la :

☐ 5e année ☐ 6e année ☑ 7e année ☐ 8e année.

Le taux d'amortissement dégressif sur 10 ans est de 22,5 %. Au terme de la 7e année, le taux d'amortissement linéaire sur la durée restante (25 %) devient supérieur au taux dégressif.

14. Lorsqu'un bien perd de la valeur plus rapidement que prévu, on pratique un amortissement dérogatoire de valeur d'un bien.

Non. L'amortissement dérogatoire est basé sur des règles fiscales et non sur une notion de valeur d'un bien.

15. Au bilan, les amortissements dérogatoires viennent en diminution du coût d'acquisition afin de déterminer la valeur comptable nette.

Non. Les amortissements dérogatoires figurent en capitaux propres, dans le poste « Provisions réglementées » au passif du bilan, et non en soustraction de l'actif.

CHAPITRE

16

Les dépréciations

APPLICATION 1 p. 325 Dépréciation d'immobilisation non amortissable

1. Déterminez l'indice de perte de valeur.

L'indice de perte de valeur est externe. Il existe du fait de l'impossibilité d'édifier une construction sur un terrain et de la baisse consécutive des prix des terrains.

2. Procédez au test de dépréciation pour toutes les années.

N–4 : la valeur nette comptable est de 140 000 €. Aucun indice de perte de valeur n'existe ; il n'y a rien à faire.

N – 3 : l'indice de perte de valeur est le plan d'occupation des sols. Le test de dépréciation va comparer la valeur nette comptable de 140 000 € à la valeur actuelle.

Valeur d'usage : 0 € en l'absence de flux nets de trésorerie
Valeur vénale : 75 000 €
} Max = 75 000 €

VA < VNC dépréciation

Calcul de la dépréciation : 140 000 – 75 000 = 65 000 €.

La valeur nette comptable est de 75 000 € après constatation de la dépréciation.

N–2 : test obligatoire en raison de la dépréciation de N–3 :

Valeur d'usage : 0 € en l'absence de flux nets de trésorerie
Valeur vénale inchangée : 75 000 €
} Max = 75 000 €

VA = VNC aucune reprise ni dotation complémentaire

N–1 : test obligatoire en raison de la dépréciation de N–3 :

Valeur d'usage : 0 € en l'absence de flux nets de trésorerie
Valeur vénale inchangée : 75 000 €
} Max = 75 000 €

VA = VNC aucune reprise ni dotation complémentaire

N : test obligatoire en raison de la dépréciation de N–3 :

Valeur d'usage : 0 € en l'absence de flux nets de trésorerie
Valeur vénale : 140 000 € } Max = 140 000 €

VA > VNC reprise

La reprise sera intégrale :

VNC	75 000
VA	140 000
Reprise	65 000

Le montant maximal de la reprise est de 65 000 €, montant de la dépréciation. La reprise doit ramener la valeur nette comptable au maximum de 140 000 €, valeur d'acquisition du bien. Si la valeur vénale du terrain avait été de 150 000 € en N, la reprise aurait tout de même été de 65 000 €.

3. Procédez aux enregistrements comptables en découlant.

	31/12/N-3		
6816	Dotations aux dépréciations des immob. incorp. et corporelles	65 000,00	
2911	Dépréciations des terrains		65 000,00
	Dotation aux dépréciations du terrain		
	31/12/N		
2911	Dépréciations des terrains	65 000,00	
7816	Reprises sur dépréciations des terrains		65 000,00
	Reprises des dépréciations		

APPLICATION 2 p. 325 Dépréciation d'immobilisation non amortissable

1. Établissez, au moyen d'un organigramme, la procédure concernant le fonds de commerce en N.

Test de dépréciation

↓

VA = MAX { Valeur vénale : 98 000 € ; Valeur d'usage : Non déterminée } = 98 000 €

↓

VA < VNC ? Oui : 98 000 < 121 000
⟶ Dépréciation VNC – VA = 121 000 – 98 000 = 23 000 €

NB : le fonds commercial n'a pas de valeur d'usage car ce n'est pas directement lui qui apporte les flux de trésorerie à l'entreprise (la clientèle n'est pas « attachée » à l'entreprise) ; son caractère d'immobilisation vient du fait qu'il a été acquis et peut être revendu.

2. Enregistrez la dépréciation.

	31/12/N		
6816	Dotations aux dépréciations des immob. incorp. et corporelles	23 000,00	
2907	Dépréciation des fonds commerciaux		23 000,00
	Dotation aux dépréciations du fonds de commerce		

3. Procédez aux ajustements nécessaires en N+1 et N+2.

En N+1, le test de dépréciation conduit à fixer la valeur actuelle aux prix du marché, c'est-à-dire à 70 % de 98 000 €, les prix ayant chuté de 30 % par rapport à l'année précédente.

VNC : .... 98 000 €

VA : 98 000 × 70 % = ... 68 600 €

Dotation complémentaire : .... 29 400 €

	31/12/N+1		
6816	Dotations aux dépréciations des immob. incorp. et corporelles	29 400,00	
2907	Dépréciation des fonds commerciaux		29 400,00
	Dotation complémentaire aux dépréciations du fonds		

En N+2, le test de dépréciation conduit à fixer la valeur actuelle au prix du marché.

Les prix restent stables.

VNC : .... 68 600 €

VA : .... 68 600 €

Pas d'ajustement en N+2 : 0 €.

4. Effectuez la reprise, en la justifiant, de N+4.

En N+4, le test de dépréciation est reconduit. La valeur actuelle est de 140 000 €.

VNC : .... 68 600 €

VA : .... 140 000 €

Différence : .... – 71 400 €

Il faut reprendre la dépréciation car la valeur actuelle est supérieure à la VNC. La reprise doit ramener la VNC à la valeur actuelle dans la limite des dépréciations comptabilisées. La dépréciation totale figurant à l'actif du bilan est de 29 400 + 23 000 = 52 400 €. La reprise est donc de 52 400 €.

	31/12/N+4		
2907	Dépréciation des fonds commerciaux	52 400,00	
7816	Reprises sur dépréciations des immo. incorp.		52 400,00
	Reprise de dépréciations du fonds de commerce		

APPLICATION 3 p. 325 Dépréciation d'immobilisation amortissable

1. Précisez s'il existe un indice de dépréciation et lequel.

Il s'agit d'un indice externe, la mise sur le marché d'une nouvelle technologie rendant obsolète le bien. Il rend indispensable le test de dépréciation.

2. Effectuez le test de dépréciation.

Il faut avant tout déterminer la VNC du bien amortissable. Pour cela, on calcule les amortissements pratiqués :.

Amortissements N : (95 000 – 15 000) × 1/5 × 6/12 = 8 000 €

Amortissements N+1 : (95 000 – 15 000) × 1/5 = 16 000 €

Amortissements N+2 : (95 000 – 15 000) × 1/5 = <u>16 000</u> €

40 000 €

VNC = 95 000 – 40 000 = 55 000 €

Test de dépréciation : la valeur vénale est nulle :

$$VA = \text{Max}\left\{\begin{array}{l}\Sigma \text{ flux nets de trésorerie } = 23\,000 \times 2{,}5 = 57\,000 \text{ €} \\ \text{Valeur vénale } = 0\end{array}\right\} = 57\,000 \text{ €}$$

Les flux nets de trésorerie sont calculés sur les 2,5 années restantes d'utilisation du bien.

VA > VNC : pas de dépréciation.

3. Procédez aux enregistrements comptables nécessaires.

Le seul enregistrement comptable à effectuer est la dotation aux amortissements pour 16 000 € :

	31/12/N+2		
6811	Dotations aux amortissements	16 000,00	
28154	Amortissements des matériels		16 000,00
	Amortissement du matériel		

APPLICATION 4 p. 326 Dépréciation d'immobilisation amortissable

1. Peut-on dire que le bien fait l'objet d'une dépréciation ?

Il existe un indice interne de dépréciation : des raisons techniques ramènent la production de 8 000 à 4 000 unités. Il existe donc un changement important dans les performances.

2. Comment cette éventuelle dépréciation doit-elle être déterminée ?

La valeur actuelle est de 42 000 €. Il faut la comparer à la VNC par le test de dépréciation.

La VNC au 31/12/N est de 84 000 €. En effet, au 31/12/N, le bien a été amorti de 120 000 × 1/10e × 3 = 36 000 €, d'où une VNC de 120 000 – 36 000 = 84 000 €.

Compte tenu de l'évolution à la baisse des performances pour la période restante, il faut ramener la valeur du bien à la valeur actuelle par l'enregistrement d'une dépréciation au 31/12/N ; elle sera égale à 84 000 – 42 000 = 42 000 €.

La base amortissable pour la période d'utilisation restante est donc constituée de la nouvelle valeur nette comptable diminuée de la valeur vénale, c'est-à-dire ici de 42 000 €, la valeur vénale étant nulle.

3. Présentez les enregistrements comptables nécessaires au 31/12/N.

	31/12/N		
6811	Dotations aux amortissements des immobilisations	12 000,00	
28154	Amort. des matériels industriels		12 000,00
	31/12/N		
6816	Dotations pour dépréciations des immobilisations corporelles	42 000,00	
29154	Dépréciations des matériels industriels		42 000,00

4. Quelles sont les conséquences de cette éventuelle dépréciation sur le plan comptable (notamment sur le bilan au 31/12/N) ?

La colonne du bilan « Amortissements et dépréciations » comportera le cumul des amortissements et des dépréciations, soit 36 000 + 42 000 = 68 000 €.

En colonne « Montant net » figurera le montant de 120 000 – 78 000 = 42 000 €, qui correspond bien à la valeur d'inventaire.

APPLICATION 5 p. 326 Dépréciation d'immobilisation amortissable

1. Établissez le plan d'amortissement initial.

	Valeur brute (a)	Base	Dotations aux amortis.	Dotations cumulées (b)	VNC = a – b (c)
N-4	160 000	160 000	20 000	20 000	140 000
N-3	160 000	160 000	20 000	40 000	120 000
N-2	160 000	160 000	20 000	60 000	100 000
N-1	160 000	160 000	20 000	80 000	80 000
N	160 000	160 000	20 000	100 000	60 000
N+1	160 000	160 000	20 000	120 000	40 000
N+2	160 000	160 000	20 000	140 000	20 000
N+3	160 000	160 000	20 000	160 000	0
Total			130 000		

2. Comptabilisez les amortissements de N.

	31/12		
6811	Dotations aux amort. des immobilisations incorp. et corp.	20 000	
28154	Amortissements des matériels		20 000

3. Procédez au test de dépréciation et comptabilisez la dépréciation.

La valeur nette comptable au moment du test est de 60 000 €. La valeur actuelle est de 30 000 €. Il faut donc doter une dépréciation égale à la différence pour ramener la VNC à la valeur actuelle du bien. La dépréciation est donc de 30 000 €.

	31/12		
6816	Dotations aux dépréc. des immo. incorpo. et corpo.	30 000	
29154	Dépréciations des matériels		30 000

4. Présentez le nouveau plan d'amortissement.

Le nouveau plan d'amortissement correspond à la partie grisée. La nouvelle base amortissable est la VNC après dépréciation comptabilisée en N, le bien n'ayant aucune valeur résiduelle ; elle est de 30 000 € et s'amortit sur la durée résiduelle de 3 ans.

	Valeur brute (a)	Base	Dotations aux amortis.	Dotations cumulées (b)
N-4	160 000	160 000	20 000	20 000
N-3	160 000	160 000	20 000	40 000
N-2	160 000	160 000	20 000	60 000
N-1	160 000	160 000	20 000	80 000
N	160 000	160 000	20 000	100 000
N+1	160 000	30 000	10 000	110 000
N+2	160 000	30 000	10 000	120 000
N+3	160 000	30 000	10 000	130 000
Total			130 000	

Valeur actuelle	Dotation aux dépréciations	Dépréciation cumulée (c)	VNC après dépréciation (a-b-c)
			140 000
			120 000
			100 000
			80 000
30 000	30 000	30 000	30 000
		30 000	20 000
		30 000	10 000
		30 000	0
	30 000		

APPLICATION 6 p. 326 Dépréciation d'immobilisation amortissable

1. Dressez le plan d'amortissement initial.

	Montant brut	Base	Calculs	Amortissements	Amortissements cumulés	VNC
N-2	75 000	73 500	73 500/5 × 4/12	4 900	4 900	70 100
N-1	75 000	73 500	73 500/5	14 700	19 600	55 400
N	75 000	73 500	73 500/5	14 700	34 300	40 700
N+1	75 000	73 500	73 500/5	14 700	49 000	26 000
N+2	75 000	73 500	73 500/5	14 700	63 700	11 300
N+3	75 000	73 500	73 500/5 × 8/12	9 800	73 500	1 500
			Total	73 500		

2. Qualifiez, en N, l'indice de perte de valeur en fonction de l'avis CNC n° 2002-07 du 27/06/2002 contenu dans les références de ce chapitre.

Il s'agit d'un indice interne de dépréciations, mentionné dans l'avis CNC sous l'appellation « Performances inférieures aux prévisions ».

3. Procédez au test de dépréciation et aux enregistrements nécessaires.

Il faut comparer la VNC du plan d'amortissement au 31/12/N à la valeur actuelle. La VNC est de 40 700 € :

$$\text{VA} = \text{Max}\begin{Bmatrix} \Sigma \text{ flux nets de trésorerie} = 8\,000 \times 3 = 24\,000\text{ €} \\ \text{Valeur vénale} = 0 \end{Bmatrix} = 24\,000\text{ €}$$

La dépréciation est donc de 40 700 – 24 000 = 16 700 €.

	31/12/N		
6811	Dotations aux amort. des immobilisations	14 700,00	
28154	Amort. des matériels industriels		14 700,00
	31/12/N		
6816	Dotations pour dépréciations des immobilisations corporelles	16 700,00	
29154	Dépréciations des matériels industriels		16 700,00

4. Établissez le nouveau plan d'amortissement.

Il reste, à partir de N, 2 ans et 8 mois d'amortissement, soit un total de 32 mois. La base amortissable est de 24 000 – 1 500 = 22 500 €. 34 300 € ont déjà été comptabilisés suite au premier plan d'amortissement.

En N+1, la dotation est de 22 500 × 12/32 = 8 437,50 €. Les amortissements cumulés en N+1 seront donc de 34 300 + 8 437,50 soit 42 737,50 €. La VNC correspond à la valeur d'acquisition – les amortissements cumulés – les dépréciations constatées, c'est-à-dire en N+1, à 75 000 – 42 737,50 – 16 700 = 15 562,50 €.

	Base	Calculs	Amortissements	Amortissements cumulés	VNC
N+1	22 500	22 500 × 12/32	8 437,50	42 737,50	15 562,50
N+2	22 500	22 500 × 12/32	8 437,50	51 175,00	7 125,00
N+3	22 500	22 500 × 8/32	5 625,00	56 800,00	1 500,00
		total	56 800,00		

Le plan d'amortissement peut aussi être présenté de façon à faire apparaître les dépréciations :

	Valeur brute (a)	Base	Dotations aux amortis.	Dotations cumulées (b)	Valeur actuelle	Dotation aux dépréciations	Dépréciation cumulée (c)	VNC après dépréciation (a-b-c)
N-2	75 000	73 500	4 900,00	4 900,00				70 100,00
N-1	75 000	73 500	14 700,00	19 600,00				55 400,00
N	75 000	73 500	14 700,00	34 300,00	24 000,00	16 700,00	16 700,00	24 000,00
N+1	75 000	22 500	8 437,50	42 737,50			16 700,00	15 562,50
N+2	75 000	22 500	8 437,50	61 175,00			16 700,00	7 125,00
N+3	75 000	22 500	8 437,50	66 800,00			16 700,00	1 500,00
Total			56 800,00			16 700,00		

5. Procédez à tous les enregistrements nécessaires en N+1.

En N+1, des réparations entraînent une augmentation à venir des flux nets de trésorerie. En présence d'une dépréciation en N du bien, il est obligatoire de procéder au test de dépréciation.

La VNC est de 15 562,50 €.

$$VA = Max \begin{cases} \Sigma \text{ flux nets de trésorerie} = 24\,000 \times \frac{20}{12} = 40\,000\text{ €} \\ \text{Valeur vénale} = 0 \end{cases} = 40\,000\text{ €}$$

VNC : 15 562,50

VA : 40 000,00

Différence : 24 437,50

Les reprises de dépréciations ne peuvent être faites que dans la limite des dépréciations constatées. En outre, une reprise de dépréciation ne peut conduire à une VNC supérieure à celle qu'elle aurait été si aucune dépréciation n'avait été constatée. Il faut donc reprendre le plan l'amortissement initial.

Plafonds de reprise :

– la dépréciation constatée, soit 16 700 €

– la VNC du plan d'amortissement initial à cette date, soit 26 000 €.

La VNC ne peut être ramenée qu'à 26 000 €.

– VNC : 15 562,50

– VNC plan initial : 26 000,00

– Reprise : 10 437,50

	31/12/N+1		
6811	Dotations aux amort. des immobilisations	8 437,50	
28154	Amort. des matériels industriels		8 437,50
	31/12/N+1		
29154	Dépréciations des matériels industriels	10 437,50	
7816	Reprises sur dépréciations		10 437,50

6. Établissez si besoin est un nouveau plan d'amortissement.

Le nouveau plan repart de la VNC de 26 000 €. La base amortissable est de 26 000 € – 1 500 €, soit 24 500 €, à amortir sur une durée résiduelle de 1 an et 8 mois, soit 20 mois au total. Les amortissements déjà pratiqués sont de 34 300 en N, 8 438 en N+1 et 14 700 en N+2.

	Base	Calculs	Amortissements	Amortissements cumulés	VNC
N+2	24 500	24 500 × 12/20	14 700,00	57 438	11 300,00
N+3	24 500	24 500 × 8/20	9 800,00	67 238	1 500,00
		total	67 237,50		

Il pourra se présenter sous une forme faisant apparaître les dépréciations :

	Valeur brute (a)	Base	Dotations aux amortis.	Dotations cumulées (b)	Valeur actuelle	Dotation aux dépréciations	Dépréciation cumulée (c)	VNC après dépréciation (a-b-c)
N-2	75 000	73 500	4 900,00	4 900,00				70 100,00
N-1	75 000	73 500	14 700,00	19 600,00				55 400,00
N	75 000	73 500	14 700,00	34 300,00	24 000,00	16 700,00	16 700,00	24 000,00
N+1	75 000	22 500	8 437,50	42 737,50		−10 437,50	6 262,50	26 000,00
N+2	75 000	24 500	14 700,00	57 437,50			6 262,50	11 300,00
N+3	75 000	24 500	9 800,00	67 237,50			6 262,50	1 500,00
Total			67 237,50			6 262,50		

Cette présentation à l'avantage de regrouper toutes les informations. La reprise en N+1 est affectée d'un signe –.

7. Présentez le bilan au 31/12/N+2, en distinguant entre amortissements et dépréciations.

ACTIF	Montant brut	Amortissements et dépréciations	Montant net
Machine	75 000	57 437,50 + 6 262,50	11 300
Comptes du bilan concernés	*211*	*2 815 + 2 915*	*211 – (2 815 + 2 915)*

Les 57 437,50 correspondent à tous les amortissements cumulés, y compris ceux du 31/12/N+2. La dépréciation correspond à la dotation de 16 700 € pratiquée en N moins la reprise de 10 437,50 pratiquée en N+1. Le solde du compte 2 915 est donc de 6 262,50 €.

APPLICATION 7 p. 327 Dépréciation des stocks

1. Indiquez, pour chaque cas, le montant de l'éventuelle dépréciation à constater en justifiant la réponse.

a) Prix d'acquisition		4 600 €
Prix de vente possible	3 400 €	
Frais de livraison	– 160 €	
Valeur d'inventaire	3 240 €	– 3 240 €
Dépréciation des matières premières		1 360 €

b) Le stock d'approvisionnement doit être déprécié pour la totalité du coût d'acquisition des boîtes, soit 400 €. Sa valeur d'inventaire est nulle.

c) Coût de production		7 600 €
Prix de vente prévu : 12 200 × 40 %	4 880 €	
Frais de vente : 12 200 × 5 %	– 610 €	
Valeur d'inventaire	4 270 €	– 4 270 €
Dépréciation des produits finis		3 330 €

2. Présentez l'écriture comptable de dotation aux dépréciations.

	31/12		
6817	Dotations aux dépréciations des actifs circulants	5 090	
391	Dépréciations des matières premières		1 360
392	Dépréciations des autres approvisionnements		400
3955	Dépréciations des produits finis		3 330
	Dépréciations de l'exercice relatives aux stocks		

APPLICATION 8 p. 328 Dépréciation des stocks

Présentez toutes les écritures nécessaires au 31/12/N.

• ***Écritures relatives aux stocks de début d'exercice***

	31/12		
6031	Variation des stocks	164 582	
31	Matières premières		122 641
32	Autres approvisionnements		18 454
37	Stocks de marchandises		23 487
	Élimination des stocks de début d'exercice		
	id		
713	Variation des stocks	281 128	
33	En-cours de production de biens		6 978
355	Produits finis		274 150
	Élimination des stocks de début d'exercice		
	id		
391	Dépréciations des matières premières	12 500	
393	Dépréciations des en-cours de production de biens	125	
3955	Dépréciations des produits finis	6 547	
7817	Dépréciations des terrains		19 172
	Annulation des dépréciations au 31/12/N-1		

• ***Écritures relatives aux stocks de fin d'exercice***

	31/12		
31	Matières premières	141 455	
32	Autres approvisionnements	16 456	
37	Stocks de marchandises	26 455	
603	Variation des stocks		184 366
	Constatation des stocks de fin d'exercice		
	id		
33	En-cours de production de biens	7 980	
355	Produits finis	301 425	
713	Variation des stocks		309 405
	Constatation des stocks de fin d'exercice		

	id		
6817	Dotations aux dépréciations des actifs circulants	21 910	
391	Dépréciations des matières premières		5 200
392	Dépréciations des autres approvisionnements		260
3955	Dépréciations des produits finis		16 450
	Dépréciations sur stocks de fin d'exercice		

APPLICATION 9 p. 328 Dépréciation des créances

1. Analysez la situation des créances et dressez un tableau récapitulatif des dépréciations à enregistrer pour les trois premiers clients.

Pour le client Mercati, la créance TTC ne s'élève plus qu'à 1 913,60 – 500, soit 1 413,60 € TTC. Le montant HT est de 1 181,94 € sur lesquels une dépréciation de 80 % devra être constatée.

Le client Raybaud doit 2 392 € TTC, soit 2 000 € HT, lesquels devront être dépréciés en totalité.

Le client Saldes doit 4 186 € TTC, soit un total de 3 500 € HT ; la chargée de clientèle estime pouvoir récupérer 40 % de la créance. Il faut dont envisager de déprécier la créance de 60 %, auxquels correspond la perte prévisible.

La cliente Smith doit 80 € HT, sans possibilité apparente de recouvrement.

Client	Montant TTC	Montant HT	Dépréciation N-1 (compte 491)	Dépréciation nécessaire (compte 491)		Dotation (compte 6817)	Reprise (compte 7817)
				%	Montant		
Merc.	1 413,60	1 181,94	–	80,00%	945,55	945,55	
Rayb	2 392,00	2 000,00	–	100,00%	2 000,00	2 000,00	
Sald	4 186,00	3 500,00	–	60,00%	2 100,00	2 100,00	
	7 991,60				Total	5 045,55	0,00

2. Dites en quoi la situation de la cliente Smith est différente de celles des autres clients.

La cliente ne doit que 95,68 € TTC. La somme ne justifie pas de procédure plus lourde que des lettres de rappel, d'autant que cette cliente n'habite plus à l'adresse indiquée. Les frais de recherche et de mise en demeure seraient plus importants que la créance elle-même. La cliente doit être considérée comme irrécouvrable. Il n'y a donc pas lieu de constater de dépréciation ; il faut solder le compte par une perte sur créances irrécouvrables.

3. Procédez à tous les enregistrements comptables.

		31/12/N		
416		Clients douteux	7 991,60	
411		Clients		7 991,60
		Clients douteux N		
		id		
6817		Dotations aux dépréciations des actifs circulants	5 045,55	
491		Dépréciation des créances		5 045,55
		Dépréciations des créances		
		id		
654		Pertes sur créances irrécouvrables	80,00	
44571		TVA collectée	15,68	
411		Clients		95,68
		Créance irrécouvrable		

APPLICATION 10 p. 328 Dépréciation des créances

1. Dressez un tableau de suivi des créances clients où devront figurer le montant TTC de la créance client au 31/12/N, son montant HT, la dépréciation figurant en compte au 31/12/N avant dépréciation, le montant des dépréciations nécessaires en N, ainsi que les dotations et reprises.

Client	Montant TTC 31/12/N	Montant HT	Dépréciation N-1	Dépréciation nécessaire N (compte 4916)		Dotation (compte 68)	Reprise (compte 78)
				%	Montant		
Bour	1 794,00	1 500,00	1 500,00	0,00 %	0,00		1 500,00
Parsi	3 588,00	3 000,00	0,00	100,00%	3 000,00	3 000,00	
Casto	1 993,33	1 666,67	1 250,00	100,00%	1 666,67	416,67	
					Total	3 416,67	1 500,00

La créance du client Bour avait une dépréciation en compte de 1 500 €. Il est considéré comme irrécouvrable. La créance va donc disparaître de l'actif et doit disparaître avec elle la dépréciation constatée. Il faut donc reprendre la dépréciation.

Le client Parsi est un nouveau client douteux. Aucune dépréciation n'a été enregistrée en N-1. Il est indiqué que la créance doit être provisionnée de 100 % en N. Il convient donc de comptabiliser une dotation aux dépréciations de 3 000 €.

Le client Casto a effectué un règlement du tiers de sa dette. La créance figure donc à l'actif pour les deux tiers de 2 990 €. La créance doit être dépréciée de 100 %, soit une dépréciation de 1 666,67 €. Une dépréciation existait en N–1 pour un montant de 1 250,00 €. Il faut donc pratiquer une dotation supplémentaire de 416,67 € pour que la dépréciation atteigne le montant de 1 666,67 €.

2. Procédez aux enregistrements comptables nécessaires.

Il faut constater la créance irrécouvrable du client Bour et passer le client Parsi en client douteux :

	31/12/N		
654	Pertes sur créances irrécouvrables	1 500,00	
44571	TVA collectée	294,00	
416	Clients douteux		1 794,00
	Suppression du compte client douteux BOUR		
	31/12/N		
416	Clients douteux	3 000,00	
411	Clients		3 000,00
	Client douteux PARSI		

Il faut ensuite constater les dépréciations et leurs ajustements :

	31/12/N		
6817	Dotations aux dépréciations des actifs circulants	3 416,67	
491	Dépréciation des créances		3 416,67
	Dépréciations des créances Casto et Parsi		
491	Dépréciation des créances	1 500,00	
7817	Reprises sur dépréciations des actifs circulants		1 500,00
	Reprises sur dépréciations Client BOUR		

3. Représentez l'extrait de bilan concernant les clients Bour, Casto et Parsi au 31/12/N avant et après dépréciations de l'année en cours.

– Bilan avant

ACTIF	Montant brut	Amortissements et dépréciations	Montant net
Client BOUR	1 794,00	1 500,00	294,00
Client PARSI	3 858,00	0,00	3 858,00
Client CASTO	1 993,33	1 250,00	743,33
Total clients douteux :	7 645,33	2 750,00	4 895,33

– Bilan après

ACTIF	Montant brut	Amortissements et dépréciations	Montant net
Client PARSI	3 858,00	3 000,00	858,00
Client CASTO	1 993,33	1 666,67	326,66
Total clients douteux :	5 851,33	4 666,67	1 184,66

APPLICATION 11 p. 329 Dépréciation des titres

1. Calculez la valeur d'inventaire des titres détenus par la société Rembrant.

Titres	Commentaires	Valeur d'inventaire
• Actions A • Parts sociales B	Elles sont évaluées à leur valeur d'utilité et non au cours boursier, soit à 6 000 × 56 € 200 × 160 €	 336 000 € 32 000 €
• Actions C	Moyenne : (43,45 + 44,55)/2 = 44 € soit 1 200 × 44 €	 52 800 €
• Parts sociales D	100 × 42 €	4 200 €
• Actions E • Actions F • Actions G • SICAV H	(600 – 400) × 12,30 € 80 × 20,80 € Valeur vénale d'un titre : 29 500/500 = 59 € soit 210 × 59 € Valeur droit de sortie déduit : 81,20 – (80 × 3 %) = 78,80 € soit 500 × 78,80	2 460 € 1 664 € 12 390 € 39 400 €

2. Présentez, sous forme de tableau, le calcul des dotations et reprises sur dépréciations.

Titres	Coût d'acquisition	Valeur d'inventaire	Dépréciation nécessaire	Dépréciation existante	Dotations	Reprises
A	360 000	336 000	24 000	30 000		6 000
B	20 000	32 000				
C	54 720	52 800	1 920	720	1 200	
D	3 550	4 200				
E	2 480	2 460	20	900		880
F	1 688	1 664	24		24	
G	12 768	12 390	378	168	210	
H	40 000	39 400	600		600	
Σ			26 942	31 788	2 034	6 880

3. Enregistrez toutes les écritures nécessaires à la clôture de l'exercice N.

	31/12/N	Débit	Crédit
6866	Dotations aux dépréciations des éléments financiers	2 034,00	
2973	Dépréciations des TIAP		1 200,00
5903	Dépréciations des VMP – Actions		834,00
	Dotations N aux dépréciations sur titres		
	id		
2961	Dépréciations des titres de participation	6 000,00	
5903	Dépréciations des VMP – Actions	880,00	
7866	Reprises sur dépréciations des éléments financ.		6 880,00
	Reprises N sur dépréciations des titres		

APPLICATION 12 p. 330 Dépréciation des titres

1. Retrouvez la valeur d'utilité des titres Micange à la fin de l'exercice N-1.

Prix d'acquisition des titres Vermer : 54 000 + 32 500 = ... 86 500 €.

Valeur d'usage des titres Vermer fin N–1 : 2 200 × 37,50 =.................... 82 500 €.

Dépréciation fin N–1 sur titres Vermer :... 4 000 €.

Dépréciation sur titres Micange : 11 500 – 4 000 =.................................. 7 500 €.

Valeur d'utilité des titres Micange : 165 000 – 7 500 =...................... **157 500 €**.

2. Calculez les éventuelles dépréciations nécessaires et procédez aux ajustements.

– Titres Vermer : valeur d'inventaire = 2 200 × 52,50 = 115 500 > prix d'acquisition.

Aucune dépréciation nécessaire. Reprise de la dépréciation existante : 4 000 €.

– Titres Micange : valeur d'inventaire = 3 000 × 62,50 = 187 500 > prix d'acquisition.

Aucune dépréciation nécessaire. Reprise de la dépréciation existante : 7 500 €.

– Actions A : prix d'acquisition unitaire : 36 000/640 = 56,25 €.

Prix d'acquisition des actions restantes : (640 – 160) × 56,25 =............. 27 000 €.

Valeur d'inventaire : (640 – 160) × 82,50 € =... 39 600 €.

Aucune dépréciation nécessaire.

– Actions B : prix d'acquisition unitaire : 19 000 / 280 = 67,86 €.

Prix d'acquisition des actions restantes : (280 – 100) × 67,86 =............. 12 214 €.

Valeur d'inventaire : (280 – 100) × 67,50 € =... 12 150 €.

Dépréciation nécessaire : 12 214 – 12 150 =.. 64 €.

– Actions C : prix d'acquisition unitaire : 9 750 / 150 = 65 €.

Prix d'acquisition des actions restantes : (150 – 120) × 65 =..................... 1 950 €.

Valeur d'inventaire : (150 – 120) × 47,50 € =... 1 425 €.

Dépréciation nécessaire : 1 950 – 1 425 = ... 525 €.

Ajustements nécessaires :

– reprise de la dépréciation sur titres de participation : 11 500 €.

– reprise de la dépréciation sur VMP : 8 575 – (64 + 525) = 7 986 €.

NB : on ne connaît pas le détail des dépréciations fin N–1 ; on raisonne donc globalement pour l'ajustement de la dépréciation sans distinguer entre reprises sur certains titres et dotations sur d'autres.

3. Présentez les écritures de fin d'exercice N relatives aux dépréciations des titres.

	31/12/N		
2961	Dépréciations des titres de participation	11 500,00	
5903	Dépréciations des VMP – Actions	7 986,00	
7866	Reprises sur dépréciations des éléments financ.		19 486,00
	Reprises N sur dépréciations des titres		

APPLICATION 13 p. 331 Dépréciation des titres

1. Calculez la valeur d'inventaire des actions Schiele SA et les dépréciations éventuelles fin N–1 et fin N.

La valeur d'inventaire est déterminée sur la base du cours moyen en devise du dernier mois de l'exercice, converti en euros au taux de conversion de la date de clôture.

Coût d'acquisition des titres Schiele : 500 × 67 / 0,88 = 38 068,18 €.

– Fin N–1 : valeur d'inventaire : 500 × 67,80 / 0,83 = 40 843,37 €.

Aucune dépréciation n'a été constatée.

– Fin N : valeur d'inventaire : 500 × 66,50 / 0,79 = 42 088,61 €.

Aucune dépréciation n'est nécessaire. On constate que la baisse des cours est compensée par la hausse du cours de l'euro par rapport au dollar américain.

2. Calculez la dépréciation des obligations Goya fin N–1 et fin N.

Coût d'acquisition des obligations Goya : 2 000 × 10 € × 107 % = 21 400 €.

– Fin N–1 : valeur d'inventaire : 2 000 × 10 € × 103 % = 20 600 €.

Dépréciation : 21 400 – 20 600 = 800 €.

– Fin N : valeur d'inventaire : 2 000 × 10 € × 99,6 % = 19 920 €.

Dépréciation nécessaire : 21 400 – 19 920 = 1 480 €.

Dépréciation à doter au titre de N : 1 480 – 800 = 680 €.

3. Présentez au journal les écritures nécessaires fin N.

	31/12/N		
6866	Dotations aux dépréciations des éléments financiers	680,00	
5906	Dépréciations des VMP – Obligations		680,00
	Dotation N sur obligations Goya		

APPLICATION 14 p. 331 Cas de synthèse

1. Calculez les amortissements et la dépréciation relatifs au matériel industriel, au 31/12/N, et indiquez quelle sera la dotation aux amortissements au titre de N+1.

Amortissements au 31 décembre N : (99 600 – 18 000) × 2,75 / 6 = 37 400 €.

Valeur nette comptable après amortissements : 99 600 – 37 400 = 62 200 €.

Dépréciation à constater au 31 décembre N : 62 200 – 48 000 = 14 200 €.

Dotation aux amortissements fin N+1 : (48 000 – 18 000) × 12 / 39 = 9 231 €.

2. Présentez une analyse des créances douteuses dans un tableau et enregistrez les écritures nécessaires au 31/12/N.

Noms	Créance au 31/12		Dépr. au 31/12/N	Dépr. au 01/01/N	Enregistrements N		
	TTC	HT			6817	7817	654
Beghin	7 176,00	6 000,00	0,00	2 600,00		2 600,00	6 000,00
Delsey	4 006,60	3 350,00	670,00	1 215,00		545,00	
Lagache	1 435,20	1 200,00	240,00		240,00		
Tison	825,24	690,00					690,00
					240,00	3 145,00	6 690,00

	31/12/N		
416	Clients douteux	1 435,20	
411	Clients		1 435,20
	Client Lagache		
	id		
6817	Dotations aux dépréciations des actifs circulants	240,00	
491	Dépréciations des comptes de clients		240,00
	Client Lagache		
	id		
491	Dépréciations des comptes de clients	3 145,00	
7817	Reprises sur dépréciations des actifs circulants		3 145,00
	Clients Beghin et Delsey		
	id		
654	Pertes sur créances irrécouvrables	6 690,00	
44571	TVA collectée	1 311,24	
411	Clients		825,24
416	Clients douteux		7 176,00
	Clients Tison et Beghin		

3. Présentez les écritures du 31/12/N relatives aux stocks et indiquez l'incidence de ces écritures sur le résultat de l'exercice N.

	31/12/N		
603	Variations des stocks	200 000,00	
713	Variations des stocks	300 000,00	
31	Matières premières		200 000,00
355	Produits finis		300 000,00
	Élimination des stocks de début d'exercice		
	id		
31	Matières premières	210 000,00	
355	Produits finis	320 000,00	
603	Variations des stocks		210 000,00
713	Variations des stocks		320 000,00
	Stocks de fin d'exercice		
	id		
391	Dépréciations des matières premières	4 000,00	
3955	Dépréciations des produits finis	6 000,00	
7817	Reprises sur dépréciations des actifs circulants		10 000,00
	Dépréciations sur stocks de début d'exercice		
	id		
6817	Dotations aux dépréciations des actifs circulants	12 000,00	
391	Dépréciations des matières premières		3 000,00
3955	Dépréciations des produits finis		9 000,00
	Dépréciations sur stocks de fin d'exercice		

4. Rectifiez l'écriture de cession des valeurs mobilières de placement et présentez, au 31/12/N, les écritures qui s'imposent.

Prix d'acquisition unitaire des titres Arbal :

– premier lot : 38 640 / 100 = 386,40 €

– second lot : 34 590 / 60 = 576,50 €

Prix d'acquisition des titres cédés : (100 × 386,50) + (20 × 576,50) = 50 170 €.

Perte sur cession : 42 480 – 50 170 = – 7 690 €.

	31/12/N		
503	VMP – Actions	42 480,00	
667	Charges nettes sur cessions de VMP		42 480,00
	Rectification de l'écriture de cession		
	id		
667	Charges nettes sur cessions de VMP	50 170,00	
503	VMP – Actions		50 170,00
	Sortie des titres cédés		

Le solde du compte VMP – Actions est de :

(38 640 + 34 590) – 42 480 + 42 480 – 50 170 = 23 060 €, ce qui correspond bien au prix d'acquisition des titres restants :

40 × 576,50 = 23 060 €.

Valeur d'inventaire des titres au 31/12/N–1 : 160 × 430 € = 68 800 €.

Prix d'acquisition des 160 titres : 38 640 + 34 590 = 73 230 €.

Dépréciation constatée au 31/12/N–1 : 73 230 – 68 800 = 4 430 €.

Dépréciation au 31/12/N : 40 × (576,50 – 520) = 2 260 €.

Reprise sur dépréciation : 4 430 – 2 260 = 2 170 €.

	31/12/N		
5903	Dépréciations des VMP – Actions	2 170,00	
7866	Reprises sur dépréciations des éléments financiers		2 170,00
	Ajustement de la dépréciation sur titres Arbal		

APPLICATION 15 p. 332 QCM

Répondez par « oui » ou par « non » aux affirmations ci-dessous ou choisissez le résultat exact en donnant toutes explications utiles.

1. Une dépréciation se définit comme une perte notable de valeur d'un élément d'actif.

Oui. La dépréciation est bien la constatation d'une perte de valeur significative.

2. Une perte de valeur est constatée en comptabilité, qu'elle soit réversible ou irréversible.

Oui. La perte de valeur peut n'être que provisoire ; mais le bilan doit donner l'évaluation des éléments d'actif à une date donnée et doit donc en tenir compte.

3. Les flux nets de trésorerie générés par une immobilisation sont calculés sur sa durée d'utilisation.

Non. Les flux nets de trésorerie sont calculés sur la durée d'utilisation si celle-ci est inférieure à cinq ans.

4. Un test de dépréciation n'est pratiqué que s'il existe un indice interne ou externe de dépréciation.

Non. L'affirmation n'est exacte que pour les nouveaux tests de dépréciation à pratiquer. En revanche, le test de dépréciation doit être systématiquement pratiqué sur les actifs ayant déjà fait l'objet d'un test antérieur.

5. Le plan d'amortissement d'une immobilisation amortissable doit être modifié dès la fin de l'exercice de constatation d'une dépréciation.

Non. La modification du plan d'amortissement suite à la constatation d'une dépréciation est prospective : les annuités seront modifiées à compter le l'exercice suivant la comptabilisation de la dépréciation.

6. Une immobilisation a été acquise pour 100 000 € le 1/01/N. Elle est amortie en linéaire sur 5 ans, sans valeur résiduelle. Fin N+2, une dépréciation de 10 000 € est constatée. La dotation aux amortissements N+3 est de :

☐ 10 000 € ☐ 12 000 € ☑ 15 000 € ☐ 20 000 €.

VNC après amortissements au 31/12/N+2 : 100 000 × 2/5 = 40 000 €.

Base d'amortissement pour N+3 : 40 000 – 10 000 = 30 000 €.

Dotation N+3 : 30 000 / 2 = 15 000 €.

7. Une dépréciation doit être constatée sur les stocks lorsque leur valeur de marché est inférieure à leur coût d'acquisition ou de production.

Non. Le coût d'acquisition doit être comparé à la valeur de marché diminuée des frais restant à engager pour la cession des stocks.

8. Des marchandises figurent en stock de fin d'exercice pour 10 000 €. Leur prix de vente probable est de 9 000 €. Les frais de distribution sont estimés à 500 €. Une dotation aux dépréciations doit être constatée pour un montant de :

☐ 500 € ☐ 1 000 € ☑ 1 500 €.

Valeur d'inventaire du stock : 9 000 – 500 = 8 500 €.

Dépréciation : 10 000 – 8 500 = 1 500 €.

9. Seul le montant hors taxes d'une créance sujette à dépréciation est viré au compte 416. Clients douteux ou litigieux.

Non. La créance sur le client n'est pas divisée en deux parties, même si l'entreprise doit normalement pouvoir récupérer la TVA.

10. Une créance de 5 980 € a donné lieu à la constatation, fin N–1, d'une dépréciation de 3 000 €. Fin N, on considère que l'on ne pourra récupérer que 20 % de la créance. La dotation complémentaire à la dépréciation est de :

☑ 1 000 € ☐ 1 784 € ☐ 2 000 €.

Créance HT : 5 980 / 1,196 = 5 000 €.

Dépréciation nécessaire : 5 000 × 80 % = 4 000 €.

Dotation complémentaire : 4 000 – 3 000 = 1 000 €.

11. Les titres de participation sont évalués en fin d'exercice au cours moyen du dernier mois, lorsqu'ils sont cotés en Bourse.

Non. Pour les titres de participation, la valeur d'inventaire est basée sur la valeur d'utilité des titres de participation. Celle-ci tient compte de la valeur boursière, mais ce n'est pas le seul critère à retenir.

12. Les titres immobilisés de l'activité de portefeuille sont évalués en fin d'exercice selon leur valeur de marché.

Oui. La valeur de marché peut caractériser la valeur des TIAP puisqu'ils sont acquis dans le cadre d'une activité de portefeuille.

13. Les dotations et reprises sur dépréciations des titres sont des éléments du résultat financier.

Oui. Ces dotations et reprises sont des charges et produits calculés qui entrent dans le résultat financier.

14. Des titres A ont été acquis pour 10 000 € et des titres B pour 20 000 €. À la fin de l'exercice, leur valeur, calculée selon le cours moyen du dernier mois, est de 11 200 € pour les titres A et de 18 000 € pour les titres B. La dépréciation est à constater pour un montant de :

☐ 800 € ☑ 2 000 € ☐ 3 800 €.

La moins-value latente sur les titres B (20 000 – 18 000 = 2 000 €) ne peut pas être compensée par la plus-value latente sur les titres A.

CHAPITRE

17

Les provisions

APPLICATION 1 p. 344 Définition des passifs

Indiquez, pour chaque cas, si l'opération entraîne la constatation d'un passif au titre de l'exercice N en donnant toutes les justifications.

N°	Capitaux propres	Dette	Provision	Commentaires
1		X		L'emprunt constitue une dette financière.
2				Passif éventuel, ne figure pas au bilan.
3				Ne concerne pas l'exercice clos au 31/12/N.
4			X	Provision pour impôt à payer ultérieurement.
5			X	Provision pour risques.
6		X		La dette envers les clients concerne bien l'exercice N.
7			X	Provision pour remise en état, à constituer à compter de l'exercice N.
8				Ce n'est pas un passif, mais un actif : créance sur les fournisseurs.
9		X		Dette car le montant et l'échéance sont connus avec précision.
10				Ce n'est pas un passif car la provision ne serait fondée que sur des éléments qui manquent totalement de précision.

APPLICATION 2 p. 344] Constitution de provisions

Précisez le traitement comptable à appliquer à chaque cas et passez éventuellement les écritures correspondantes.

1. Litige avec le client : il s'agit d'une provision pour litiges qui doit être dotée de 3 000 + 2 500 = 5 500 € :

	31-déc		
6815	Dotations aux provisions d'exploitation	5 500,00	
1511	Provisions pour litiges		5 500,00
	Litige en cours avec un client		

2. Travaux de renforcement de la sécurité : les dépenses liées à la sécurité et à l'environnement doivent obligatoirement être constatées en immobilisations ; les dépenses que l'entreprise engagera en N+2 seront inscrites à l'actif du bilan. Il n'est pas possible de constituer une provision pour des immobilisations à acquérir ou à produire ultérieurement.

3. Accident dans une usine : aucune provision ne peut être constituée car son évaluation ne reposerait pas sur des bases stables. Mais, en raison de l'importance probable des dépenses, une mention doit être portée dans l'annexe des problèmes survenus et des risques encourus.

4. Plan social : la décision n'étant pas définitive, il n'est pas possible de créer une provision. La charge concernera l'exercice N+1.

5. Coût de service après-vente : un calcul statistique du taux annuel et du taux moyen peut être effectué :

Années	Coût des réparations	Chiffre d'affaires	%
N-3	1 758 645	236 478 000	0,74 %
N-2	1 812 574	241 843 000	0,75 %
N-1	2 441 585	274 593 000	0,89 %
Moyenne	2 004 268	250 971 333	0,80 %

Malgré une forte augmentation en N–1, on peut estimer que la moyenne des trois dernières années est représentative du coût des retours.

La dotation de la fin N sera donc de 260 000 000 × 0,80 % = 2 080 000 €.

Il faudra également reprendre la provision dotée fin N–1.

	31-déc		
6815	Dotations aux provisions d'exploitation	2 080 000	
1512	Provisions pour garanties données aux clients		2 080 000
	Coût estimé des réparations sur ventes N		
	id		
1512	Provisions pour garanties données aux clients	2 025 000	
7815	Reprises sur provisions d'exploitation		2 025 000
	Reprise de la dotation N-1		

APPLICATION 3 p. 345 Suivi de provisions

Présentez toutes les écritures jugées nécessaires au titre des exercices N–1 à N+2.

A la clôture de l'exercice N–1, aucun élément précis ne permet de constituer une provision pour litiges.

Fin N, les éléments sont réunis pour la constitution d'une provision : action en justice et évaluation assez précise des charges probables :

12 000 + 2 000 + 3 600 = 17 600 €.

On peut considérer que ce genre de problème est rare et que la charge est exceptionnelle et non liée à l'exploitation.

	31/12/N		
6875	Dotations aux provisions exceptionnelles	17 600,00	
1511	Provisions pour litiges		17 600,00
	Litige en cours avec un client		

Fin N+1, les éléments prévisionnels sont plus précis ; la provision doit être portée à 15 000 + 3 000 + 4 000 = 22 000 €.

	31/12/N+1		
6875	Dotations aux provisions exceptionnelles	4 400,00	
1511	Provisions pour litiges		4 400,00
	Ajustement de la provision : 22 000 – 17 600 = 4 400 €		

Le 15 juin N+1, les charges réelles et leur paiement sont constatés.

	15/06/N+1		
622	Rémunérations d'intermédiaires et honoraires	4 400,00	
44566	TVA sur autres biens et services	862,40	
671	Charges exceptionnelles sur opérations de gestion	16 100,00	
512	Banque		21 362,40
	Paiements suite à décision de justice et frais d'avocat		

À la fin de l'exercice N+1, la provision n'a plus lieu d'être et est reprise.

	31/12/N+2		
1511	Provisions pour litiges	22 000,00	
7875	Reprises sur provisions exceptionnelles		22 000,00
	Clôture de l'action		

APPLICATION 4 p. 345 Provision pour gros entretien ou grande révision

1. Comptabilisez les écritures de l'exercice N dans chacune des méthodes.

• *Provision pour gros entretien et grandes révisions :*

Dotation aux amortissements du matériel : 60 000 × 1/6 × 6/12 = 5 000 €.

Dotation aux provisions : 7 500 × 1/3 × 6/12 = 1 250 € (la provision est calculée sur la base du prix prévu lors des dépenses à réaliser ; sa constitution est étalée sur la durée séparant l'acquisition du bien et la date prévue pour réaliser les travaux).

	01/07/N		
2154	Matériels industriels	60 000,00	
44562	TVA sur immobilisations	11 760,00	
404	Fournisseurs d'immobilisations		71 760,00
	Acquisition d'un matériel		
	31/12/N		
6811	Dotations aux amortissements des immobilisations	5 000,00	
28154	Amortissements des matériels industriels		5 000,00
	Dotation N		
	id		
6815	Dotations aux provisions d'exploitation	1 250,00	
1572	Provisions pour gros entretien et grandes réparat.		1 250,00
	Dotation N		

• ***Composant de 2e catégorie :***

Coût attribué au composant : 6 000 € (montant de la dépense d'entretien si elle était réalisée le jour de l'acquisition du bien).

Coût de la structure : 60 000 – 6 000 = 54 000 €.

	01/07/N		
21541	Matériels industriels – Structure	54 000,00	
21542	Matériels industriels – Entretien	6 000,00	
44562	TVA sur immobilisations	11 760,00	
404	Fournisseurs d'immobilisations		71 760,00
	Acquisition d'un matériel		

Dotation aux amortissements du matériel – structure :

54 000 × 1/6 × 6/12 = 4 500 €.

Dotation aux amortissements du matériel – entretien :

6 000 × 1/3 × 6/12 = 1 000 €.

	31/12/N		
6811	Dotations aux amortissements des immobilisations	5 500,00	
281541	Amortissements des matériels indus – Structure		4 500,00
281542	Amortissements des matériels indus – Entretien		1 000,00
	Dotations N		

2. Présentez les écritures de l'exercice N+3 dans chacune des méthodes.

• ***Provision pour gros entretien et grandes révisions :***

Début juillet N+3, seules les dépenses externes font l'objet d'un enregistrement comptable car les autres dépenses ont déjà été comptabilisées (achats de matières premières) ou le seront (charges de personnel).

Une dotation complémentaire à la provision est effectuée pour le premier semestre ; la provision est ensuite reprise.

Comme le matériel sera utilisé pendant encore 3 ans après les travaux d'entretien, il ne sera plus nécessaire de réaliser d'autres travaux au terme de ces trois ans ; aucune dotation ne sera donc effectuée à compter de juillet N+3.

	01/07/N+3		
615	Travaux d'entretien	4 200,00	
44566	TVA sur autres biens et services	823,20	
401	Fournisseurs		5 023,20
	Gros entretien sur matériel		
	31/12/N+3		
6811	Dotations aux amortissements des immobilisations	10 000,00	
28154	Amortissements des matériels industriels		10 000,00
	Dotation N+3 : 60 000 × 1/6		
	id		
6815	Dotations aux provisions d'exploitation	1 250,00	
1572	Provisions pour gros entretien et grandes réparat.		1 250,00
	Complément de dotation N+3 : 7 500 × 1/3 × 6/12		
	id		
1572	Provisions pour gros entretien et grandes réparations	7 500,00	
7815	Reprises sur provisions d'exploitation		7 500,00
	Annulation de la provision totale		

• ***Composant de 2e catégorie :***

Les travaux d'entretien de début juillet sont considérés comme une acquisition d'un nouveau composant, pour leur coût total, y compris les charges internes, qui constituent de la production immobilisée.

	01/07/N+3		
21542	Matériels industriels - Entretien	7 000,00	
44562	TVA sur immobilisations	1 372,00	
722	Production immobilisée - Immobilisations corpor.		2 800,00
404	Fournisseurs d'immobilisations		5 023,20
44571	TVA collectée		548,80
	Acquisition d'un matériel		

À la fin de l'exercice, l'ancien composant doit encore être amorti durant 6 mois ; il est ensuite sorti du patrimoine par une écriture d'annulation des comptes de montant brut et d'amortissements. La structure et le nouveau composant entretien sont ensuite amortis.

Amortissement N+3 du nouveau composant entretien :

$$7\,000 \times 1/3 \times 6/12 = 1\,666{,}67\ €.$$

	31/12/N+3		
6811	Dotations aux amortissements des immobilisations	1 000,00	
281542	Amortissements des matériels indus - Entretien		1 000,00
	Dotation N+3 pour le 1er semestre : 6 000 × 1/3 × 6/12		
	id		
281542	Amortissements des matériels industriels - Entretien	6 000,00	
21542	Matériels industriels - Entretien		6 000,00
	Annulation de l'ancien composant entretien		
	id		
6811	Dotations aux amortissements des immobilisations	10 166,67	
281541	Amortissements des matériels indus - Structure		9 000,00
281542	Amortissements des matériels indus - Entretien		1 166,67
	Dotation N+3 (second semestre pour l'entretien, année pour la structure)		

3. Présentez, en deux tableaux, les comparaisons des charges annuelles et totales pour les années N à N+6, en mentionnant l'incidence annuelle et totale sur le résultat.

• ***Provision pour gros entretien et grandes révisions***

Années	Dotations aux amortissements	Dotations aux provisions	Reprises sur provisions	Charges d'entretien (1)	Incidence sur le résultat
N	5 000	1 250			−6 250
N+1	10 000	2 500			−12 500
N+2	10 000	2 500			−12 500
N+3	10 000	1 250	7 500	7 000	−10 750
N+4	10 000				−10 000
N+5	10 000				−10 000
N+6	5 000				−5 000
Totaux	60 000	7 500	7 500	7 000	−67 000

(1) La charge effective est de 7 000, total des charges externes et internes

• ***Composant de 2e catégorie***

Années	Dotations structure	Dotations composant	Incidence sur le résultat
N	4 500	1 000	−5 500
N+1	9 000	2 000	−11 000
N+2	9 000	2 000	−11 000
N+3	9 000	2 167	−11 167
N+4	9 000	2 333	−11 333
N+5	9 000	2 333	−11 333
N+6	4 500	1 167	−5 667
Totaux	54 000	13 000	−67 000

Dotation N+3 pour le composant : (6 000 × 1/3 × 6/12) + (7 000 × 1/3 × 6/12).

4. Concluez sur la comparaison des deux méthodes au niveau de l'incidence sur le résultat.

Le résultat global est affecté de la même manière quelle que soit la méthode ; il correspond au coût total d'acquisition du matériel (60 000 €) augmenté du coût des dépenses de gros entretien (7 000 €).

Avec la méthode de la provision, le maximum de charges est reporté sur le résultat en début du cycle d'utilisation du matériel, ce qui ne respecte pas forcément la réalité : les dépenses relatives à un matériel augmentent souvent avec son vieillissement.

La méthode des composants semble donc mieux respecter la réalité en répartissant les charges d'entretien sur toute la durée d'utilisation du matériel ; de plus, elle permet d'obtenir un résultat plus lisse qu'avec la méthode de la provision.

APPLICATION 5 p. 346 Cas de synthèse

1. Après avoir mis en évidence la base amortissable du matériel A, établissez le tableau d'amortissement correspondant aux indications données (par simplification, il ne sera pas tenu compte de l'incidence des amortissements dérogatoires).

Prix d'acquisition .... 125 000 €
Frais de transport .... 1 000 €
Frais de mise en service .... 2 000 €
Coût d'acquisition .... 128 000 €
Valeur résiduelle .... – 10 000 €
Base amortissable .... 118 000 €

Le plan d'amortissement est établi en fonction du nombre d'articles produits, soit 53 000 unités.

Années	Calculs	Dotations	VNC
N	118 000 x 9 000 / 53 000	20 037,74	107 962,26
N+1	118 000 x 12 000 / 53 000	26 716,98	81 245,28
N+2	118 000 x 16 000 / 53 000	35 622,64	45 622,64
N+3	118 000 x 16 000 / 53 000	35 622,64	10 000,00
Total		118 000,00	

2. Que représente la valeur actuelle d'une immobilisation pour le plan comptable général ?

La valeur actuelle est la plus élevée de la valeur vénale et de la valeur d'usage.

3. Présentez le tableau de suivi du moteur du matériel B (mise en évidence des amortissements et dépréciations).

Années	Plan initial		Plan rectifié		Valeur actuelle	Dépréciations		VNC
	Dotations	VNC	Dotations	Cumul		Dot/Repr	Cumul	
N	15 000	45 000	15 000	15 000	55 000			45 000
N+1	15 000	30 000	15 000	30 000	26 000	4 000	4 000	26 000
N+2	15 000	15 000	13 000	43 000	17 000	–2 000	2 000	15 000
N+3	15 000	0	15 000	58 000	0		2 000	0
Total	60 000		58 000			2 000		

Dotation aux amortissements N+2 : 26 000 × 1/2 = 13 000 €

En N+2, il faut effectuer une reprise de dépréciation de 2000 €. En effet, la valeur nette comptable est à cette date de :

60 000 – cumul des amortissements pratiqués (15 000 + 15 000 + 13 000) – dépréciations (4 000), soit 13 000 €. Cette valeur nette comptable est à comparer avec la valeur actuelle de 17 000 €. Il convient donc d'effectuer une reprise. Elle ne sera que de 2 000 € et non du différentiel de 4 000 € car la VNC ne peut pas être supérieure à ce qu'elle aurait été en appliquant le plan d'amortissement initial, soit 15 000 €.

4. Procédez à la comptabilisation des écritures relatives au matériel B le 31/12/N+1.

Dotations aux amortissements des autres éléments : 40 000 × 1/5 = 8 000 €.

	31/12/N+1		
6811	Dotations aux amortissements des immobilisations	23 000	
2815421	Amortissements des matériels – Moteur		15 000
2815422	Amortissements des matériels – Autres éléments		8 000
	Dotations N+1		
	id		
6816	Dotations aux dépréciations des immobilisations	4 000	
2915421	Dépréciations des matériels – Moteur		4 000
	Dépréciation N+1		

5. Au sein d'un tableau, mettez en évidence les ajustements de dépréciations au 31/12/N.

Titres	Nombre	Valeur d'achat	Valeur d'inventaire	Dépréc. N	Dépréc. N-1	Dotations	Reprises
AGF	120	9 000	5 400	3 600	4 620		1 020
BNP Paribas	260	16 120	13 000	3 120	3 600		480
DANONE	350	25 000	24 500	500		500	
TOTAL	80	9 760	15 200				
Total VMP		59 880	58 100	7 220	8 220	500	1 500
VINCI	300	21 000	27 000				
Total TIAP		21 000	27 000	0		0	0

6. Reconstituez les écritures de cession de titres de l'exercice.

	août N		
512	Banque	10 380,40	
627	Services bancaires	100,00	
44566	TVA sur autres biens et services	19,60	
767	Produits nets sur cessions de VMP		10 500,00
	Prix de cession des actions BNP Paribas		
	id		
767	Produits nets sur cessions de VMP	8 680,00	
503	VMP - Actions		8 680,00
	Prix d'acquisition des actions BNP Paribas cédées		

	id		
512	Banque	8 404,32	
627	Services bancaires	80,00	
44566	TVA sur autres biens et services	15,68	
767	Produits nets sur cessions de VMP		8 500,00
	Prix de cession des actions AGF		
	id		
767	Produits nets sur cessions de VMP	7 500,00	
503	VMP – Actions		7 500,00
	Prix d'acquisition des actions AGF cédées		

7. Procédez aux régularisations d'inventaire fin N au journal.

	31/12/N		
6866	Dotations aux dépréciations des éléments financiers	500,00	
5903	Dépréciation des VMP – Actions		500,00
	Dotations N sur titres DANONE		
	id		
5903	Dépréciations des VMP – Actions	1 500,00	
7866	Reprises sur dépréciations des éléments financ.		1 500,00
	Reprise N sur titres AGF et BNP Paribas		

8. Procédez aux enregistrements comptables qui s'imposent au 31/12/N.

– Créance douteuse

	31/12/N		
416	Clients douteux	4 186,00	
411	Clients		4 186,00
	Client Catherine		
	id		
6817	Dotations aux dépréciations des actifs circulants	2 100,00	
491	Dépréciations des comptes de clients		2 100,00
	Client Catherine : 4 186 / 1,196 × 60 %		

– Créance irrécouvrable

	31/12/N		
654	Pertes sur créances irrécouvrables	5 000,00	
44551	TVA à décaisser	980,00	
416	Clients douteux		5 980,00
	Client Lainé		
	id		
491	Dépréciations des comptes de clients	2 000,00	
7817	Reprises sur dépréciations des actifs circulants		2 000,00
	Client Lainé		

– Provisions pour litiges

	31/12/N		
1511	Provisions pour litiges	2 500,00	
7815	Reprises sur provisions d'exploitation		2 500,00
	Fin d'un litige avec un fournisseur		
	id		
6815	Dotations aux provisions d'exploitation	4 220,00	
1511	Provisions pour litiges		4 220,00
	Provisions pour litiges		

– Variations et dépréciations des stocks

	31/12/N		
6031	Variations des stocks de matières premières	232 000,00	
31	Matières premières		232 000,00
	Élimination du stock initial		
	id		
31	Matières premières	278 000,00	
6031	Variations des stocks de matières premières		278 000,00
	Création du stock final		
	id		
391	Dépréciation des matières premières	12 000,00	
7817	Reprises sur dépréciations des actifs circulants		12 000,00
	Élimination de la dépréciation sur stock initial		
	id		
6817	Dotations aux dépréciations des actifs circulants	19 000,00	
391	Dépréciation des matières premières		19 000,00
	Dépréciation sur stock final		
	id		
7135	Variations des stocks de produits	854 000,00	
355	Produits finis		854 000,00
	Élimination du stock initial		
	id		
355	Produits finis	972 000,00	
7135	Variations des stocks de produits		972 000,00
	Création du stock final		

APPLICATION 6 p. 348 QCM

Répondez par « oui » ou par « non » aux affirmations ci-dessous en donnant toutes explications utiles.

1. Pour qu'une provision puisse être comptabilisée, il faut que le risque ou la charge à constater soient définis avec une probabilité importante.

Oui. Il ne serait pas possible de constater cette provision si la probabilité de survenance du risque ou de la charge n'était pas conséquente.

2. Un passif est toujours une sortie de ressource future pour l'entité.

Non. Les capitaux propres sont des passifs mais ne correspondent pas à des sorties futures de ressources. De plus, certaines provisions peuvent concerner des problèmes qui n'amèneront pas de sorties de ressources lorsque de nouveaux éléments les remettent en cause (une probabilité importante n'est pas une certitude).

3. En raison de leur caractère, les dotations aux provisions sont toujours des charges exceptionnelles.

Non. La nature de la charge dépend de son caractère : exploitation, financière ou exceptionnelle.

4. La constatation d'un composant de deuxième catégorie est une méthode préférentielle et doit être privilégiée par rapport à la provision pour gros entretien ou grandes révisions.

Non. Le plan comptable n'indique pas de méthode préférentielle pour la comptabilisation des travaux de gros entretien ou grandes révisions.

5. Les dotations aux provisions pour remise en état sont obligatoires lorsque l'entreprise y est confrontée.

Oui. L'entreprise ne peut pas se soustraire à cette obligation, sous peine de surévaluer sa valeur.

6. Une dotation aux provisions doit être maintenue au bilan pour le même montant tant que la charge effective n'a pas été engagée.

Oui. Oui, sauf si la probabilité de réalisation ultérieure de la charge n'est plus effective.

7. Les passifs éventuels sont exclus des informations fournies par la comptabilité.

Non. Ils figurent dans l'annexe, à condition qu'ils soient significatifs.

CHAPITRE

18

Les régularisations d'inventaire

APPLICATION 1 p. 372 Charges à payer

1. Présentez l'écriture de régularisation au 31/12/N.

Montant hors taxes prévu de la facture : 1 200 × 6,80 € × 0,96 = 7 833,60 €.

	31/12/N		
601	Achats de matières premières	7 833,60	
44586	TVA sur factures non parvenues	1 535,39	
4081	Fournisseurs – Factures non parvenues		9 368,99
	Facture Maxernst à recevoir		

2. Indiquez les écritures constatées en N+1 au titre de ces opérations.

L'écriture de régularisation est contrepassée au 1er janvier N+1.

	01/01/N+1		
4081	Fournisseurs – Factures non parvenues	9 368,99	
601	Achats de matières premières		7 833,60
44586	TVA sur factures non parvenues		1 535,39
	Extourne facture Maxernst à recevoir		

Montant des achats sur la facture reçue : (1 200 × 6,80 € × 0,95) + 80 = 7 832 €.

	12/01/N+1		
601	Achats de matières premières	7 832,00	
44586	TVA sur factures non parvenues	1 535,07	
4081	Fournisseurs – Factures non parvenues		9 367,07
	Facture Maxernst		

3. Calculez l'incidence de cette opération d'achat sur le résultat N et le résultat N+1.

L'incidence sur le résultat doit tenir compte des variations de stocks : le stock de fin d'exercice N a donné lieu au crédit du compte 603 pour 7 833,60 € et l'annulation de ce stock à la clôture N+1 a entraîné le débit du compte 603 pour 7 833,60 €.

Le compte de résultat N est donc affecté de la manière suivante par l'achat :

CHARGES	MONTANTS
Achats de matières premières	7 833,60
Variations des stocks de matières premières	–7 833,60
Résultat de l'exercice	0,00

Le compte de résultat N+1 inclut la charge consommée. Le compte 601 a été crédité de 7 833,60 € et débité de 7 832,00 €. Il enregistre donc, au titre de l'exercice N+1, une charge nette de –1,60 € :

CHARGES	MONTANTS
Achats de matières premières	–1,60
Variations des stocks de matières premières	7 833,60
Résultat de l'exercice	7 832,00

Par le jeu à la fois des variations de stocks et de la régularisation, la charge exacte est donc reportée sur N+1, qui est l'année effective de consommation des matières premières.

APPLICATION 2 p. 372 Charges à payer

1. Calculez le montant des ristournes à accorder aux trois clients.

– Client Eugeny :

(20 000 – 10 000) × 1 % .... 100,00 €

(50 000 – 20 000) × 2 % .... 600,00 €

(54 546 – 50 000) × 3 % .... 136,38 €

Ristourne .... 836,38 €

– Client Jaclin :

(20 000 – 10 000) × 1 % .... 100,00 €

(42 500 – 20 000) × 2 % .... 450,00 €

Ristourne .... 550,00 €

– Client Apolin :

(20 000 – 10 000) × 1 % .... 100,00 €

(50 000 – 20 000) × 2 % .... 600,00 €

(100 000 – 50 000) × 3 % .... 1 500,00 €

(118 945 – 100 000) × 5 % .... 947,25 €

Ristourne .... 3 147,25 €

2. Indiquez l'incidence de la vente sur le résultat de N et de N+1.

Total des ristournes à accorder : 4 533,63 €

	31/12/N		
709	Rabais, remises et ristournes accordées par l'entreprise	4 533,63	
44587	TVA sur factures à établir	888,59	
4198	Rabais, remises, ristournes à accorder		5 422,22
	Ristournes à accorder à Eugeny, Jaclin et Apolin		

APPLICATION 3 p. 372 Produits à recevoir

1. Présentez les écritures N et N+1 relatives à cette opération.

– Écriture de régularisation au 31 décembre N

	31/12/N		
4181	Clients – Factures à établir	2 009,28	
701	Ventes de produits finis		1 680,00
44587	TVA sur factures à établir		329,28
	Vente à Arno, non encore facturée		

– Écriture de contrepassation au 1er janvier N+1

	1/01/N+1		
701	Ventes de produits finis	1 680,00	
44587	TVA sur factures à établir	329,28	
4181	Clients – Factures à établir		2 009,28
	Extourne régularisation Arno		

– Enregistrement de la facture de vente

	6/01/N		
411	Clients	2 009,28	
701	Ventes de produits finis		1 680,00
44571	TVA collectée		329,28
	Facture à Arno		

2. Indiquez l'incidence de la vente sur le résultat de N et de N+1.

Le résultat N a bien été augmenté de la vente réalisée, soit de 1 680 €.

Le résultat N+1 relatif à cette opération est nul, le compte 701 ayant été débité et crédité du même montant.

APPLICATION 4 p. 373 Produits à recevoir

1. Calculez le montant de l'avoir auquel aura droit l'entreprise Munch.

Retour de marchandises	840,00 €
Rabais : (2 860 – 840) × 5 %	101,00 €
Avoir hors taxes	941,00 €
TVA : 941 × 19,6 %	184,44 €
Avoir TTC	1 125,44 €

2. Présentez l'écriture du 31/12/N et l'écriture de contrepassation au 1/01/N+1.

– Écriture de régularisation

	31/12/N		
4098	Rabais, remises, ristournes à obtenir et autres avoirs non encore reçus	1 125,44	
607	Achats de marchandises		840,00
609	Rabais, remises, ristournes obtenus sur achats		101,00
44586	TVA sur factures non parvenues		184,44
	Avoir à recevoir		

– Contrepassation à l'ouverture

	1/01/N+1		
607	Achats de marchandises	840,00	
609	Rabais, remises, ristournes obtenus sur achats	101,00	
44586	TVA sur factures non parvenues	184,44	
4098	Rabais, remises, ristournes à obtenir et autres avoirs non encore reçus		1 125,44
	Extourne avoir à recevoir		

3. La facture d'avoir du fournisseur est reçue le 18/01/N+1 ; elle est conforme aux promesses faites. Comptabilisez cette facture.

	18/01/N+1		
401	Fournisseurs	1 125,44	
607	Achats de marchandises		840,00
609	Rabais, remises, ristournes obtenus sur achats		101,00
44566	TVA sur autres biens et services		184,44
	Facture d'avoir pour retour de marchandises et rabais		

APPLICATION 5 p. 373 Rattachement des charges et des produits au résultat de l'exercice

Procédez aux enregistrements comptables qui s'imposent au 31/12/N.

a) Facture d'achat à recevoir

	31/12/N		
601	Achats de matières premières	8 200,00	
44586	TVA sur factures non parvenues	1 607,20	
4081	Fournisseurs – Factures non parvenues		9 807,20
	Facture à recevoir		

b) Réductions à accorder

	31/12/N		
709	Rabais, remises, ristournes accordés	2 500,00	
44587	TVA sur factures à établir	490,00	
4198	Rabais, remises, ristournes à accorder		2 990,00
	Réductions sur opérations de décembre		

c) Produits finis non livrés

Il s'agit d'un produit constaté d'avance, les produits finis étant encore en stock.

La vente hors taxes est de 3 588 / 1,196 = 3 000 €. La TVA a été définitivement collectée.

	31/12/N		
701	Ventes de produits finis	3 000,00	
487	Produits constatés d'avance		3 000,00
	Produits finis facturés et non livrés		

d) Prime d'assurance

La prime concerne l'exercice N+1 pour 14 400 × 10 / 12 = 12 000 € ; il s'agit d'une charge constatée d'avance.

	31/12/N		
486	Charges constatées d'avance	12 000,00	
616	Primes d'assurances		12 000,00
	Part de prime concernant N+1		

APPLICATION 6 p. 373 Rattachement des charges et des produits au résultat de l'exercice

Enregistrez les écritures d'inventaire liées à ces opérations, au 31/12/N, en donnant toutes explications utiles.

a) Étalement de frais sur emprunt

Les frais sont transférés au compte de charges à répartir, puis amortis.

Amortissement N : 8 620 × 1/10 = 862 €.

	31/12/N		
4816	Frais d'émission des emprunts	8 620,00	
791	Transferts de charges d'exploitation		8 620,00
	Frais sur émission d'un emprunt obligataire		
	id		
6812	Dotations aux amortissements des charges à répartir	862,00	
4816	Frais d'émission des emprunts		862,00
	Étalement des frais sur 10 ans		

b) Intérêts courus sur emprunt

Les intérêts relatifs à l'exercice N sont de 100 000 × 4,8 % × 75 / 360 = 1 000 €.

	31/12/N		
661	Charges d'intérêts	1 000,00	
16884	Intérêts courus sur emprunts		1 000,00
	Part d'intérêts à imputer à N		

c) Facture de téléphone

L'abonnement de janvier N+1 est une charge constatée d'avance à hauteur de 120 × 1/2 = 60 €.

La consommation de décembre peut être estimée à 896 × 1/2= 448 € HT ; il faut la constater en charge à payer.

	31/12/N		
486	Charges constatées d'avance	60,00	
626	Frais postaux et frais de télécommunications		60,00
	Abonnement de téléphone pour janvier N+1		
	id		
626	Frais postaux et frais de télécommunications	448,00	
44586	TVA sur factures non parvenues	87,81	
4081	Fournisseurs – Factures non parvenues		535,81
	Consommation de téléphone de décembre N		

d) Coupons à recevoir sur obligations

Les coupons déjà courus sur N sont de 2 000 × 20 € × 5 % × 9/12 = 1 500 €.

	31/12/N		
5088	Intérêts courus sur obligations, bons et valeurs assimilées	1 500,00	
764	Revenus des valeurs mobilières de placement		1 500,00
	Coupons courus sur obligations		

e) Loyers encaissés d'avance

Il s'agit de produits constatés d'avance, à hauteur de 1 100 €.

	31/12/N		
752	Revenus des immeubles non affectés aux activités profession.	1 100,00	
487	Produits constatés d'avance		1 100,00
	Loyer encaissé d'avance		

APPLICATION 7 p. 374 Subventions d'investissement

1. Présentez toutes les écritures concernant les opérations décrites.

	17/04/N		
441	Etat, subventions à recevoir	120 000,00	
131	Subventions d'équipement		120 000,00
	Notification de subvention du Conseil régional		
	25/04/N		
2154	Matériels industriels	300 000,00	
44562	TVA sur immobilisations	58 800,00	
404	Fournisseurs d'immobilisations		200 000,00
512	Banque		100 000,00
4452	TVA due intracommunautaire		58 800,00
	Acquisition d'un matériel		
	30/06/N		
404	Fournisseurs d'immobilisations	80 000,00	
512	Banque		80 000,00
	Virement au fournisseur italien		
	12/07/N		
512	Banque	120 000,00	
441	Etat, subventions à recevoir		120 000,00
	Versement de la subvention par le Conseil régional		
	15/07/N		
404	Fournisseurs d'immobilisations	120 000,00	
512	Banque		120 000,00
	Virement au fournisseur italien, pour solde		

2. Présentez le tableau d'amortissement du matériel en faisant apparaître les amortissements économiques, les amortissements fiscaux et les amortissements dérogatoires.

Années	Amortissements économiques		Amortissements fiscaux		Amort. dérogatoires	
					Dotations	Reprises
N	300 000 × 20 % × 8/12	40 000	300 000 × 35 % × 9/12	78 750	38 750	
N+1	300 000 × 20 %	60 000	221 250 × 35 %	77 438	17 438	
N+2	300 000 × 20 %	60 000	143 813 × 35 %	50 335		9 665
N+3	300 000 × 20 %	60 000	93 478 × 50 %	46 739		13 261
N+4	300 000 × 20 %	60 000	93 478 × 50 %	46 738		13 262
N+5	300 000 × 20 % × 4/12	20 000				20 000
Total		300 000		300 000	56 188	56 188

3. La subvention sera rapportée au résultat en proportion des amortissements fiscaux pratiqués. Indiquez, dans un tableau, les montants de subvention à inscrire au résultat chaque année.

Années	Dotations fiscales	Calculs	Subvention à virer
N	78 750	120 000 × 78 750 / 300 000	31 500
N+1	77 438	120 000 × 77 438 / 300 000	30 975
N+2	50 335	120 000 × 50 335 / 300 000	20 134
N+3	46 739	120 000 × 46 739 / 300 000	18 696
N+4	46 738	120 000 × 46 738 / 300 000	18 695
Total			120 000

4. Présentez les enregistrements comptables nécessaires à l'inventaire N et à l'inventaire N+3.

À l'inventaire N, on constate les dotations aux amortissements économiques et dérogatoires ainsi que le virement de la quote-part de subvention au résultat.

	31/12/N		
6811	Dotations aux amortissements des immobilisations	40 000,00	
28154	Amortissements des matériels industriels		40 000,00
	Dotations aux amortissements du matériel		
	id		
68725	Dotations aux amortissements dérogatoires	38 750,00	
145	Amortissements dérogatoires		38 750,00
	Dotation fiscale complémentaire		
	id		
139	Subventions d'investissement inscrites au compte de résultat	31 500,00	
777	Quote-part des subventions d'investissement virée au résultat de l'exercice		31 500,00
	Quote-part de subvention sur matériel		

À l'inventaire N+3, les mêmes écritures sont constatées ; mais, pour les amortissements dérogatoires, il s'agit d'une reprise.

	31/12/N+3		
6811	Dotations aux amortissements des immobilisations	60 000,00	
28154	Amortissements des matériels industriels		60 000,00
	dotations aux amortissements du matériel		
	id		
145	Amortissements dérogatoires	13 261,00	
78725	Reprises sur amortissements dérogatoires		13 261,00
	dotation fiscale complémentaire		
	id		
139	Subventions d'investissement inscrites au compte de résultat	18 696,00	
777	Quote-part des subventions d'investissement virée au résultat de l'exercice		18 696,00
	Quote-part de subvention sur matériel		

APPLICATION 8 p. 375 Créances et dettes en devises

1. Présentez toutes les écritures concernant l'achat de matières premières, en N et N+1.

– Coût d'acquisition en euros : 6 426 / 1,6825 = 3 819,32 €.

	25/11/N		
601	Achats de matières premières	3 819,32	
401	Fournisseurs		3 819,32
	Facture du fournisseur suisse		

– Dette en euros à l'inventaire : 6 426 / 1,6069 = 3 999,00 €.

Perte latente : 3 999,00 – 3 819,32 = 179,68 €.

	31/12/N		
476	Différences de conversion – Actif	179,68	
401	Fournisseurs		179,68
	Perte latente de change		
	id		
6865	Dotations aux provisions financières	179,68	
1515	Provisions pour pertes de change		179,68
	Perte latente de change		

– La différence de conversion est contrepassée à l'ouverture de l'exercice N+1.

	01/01/N+1		
401	Fournisseurs	179,68	
476	Différences de conversion – Actif		179,68
	Extourne perte latente de change		

– Montant payé lors du règlement : 6 426 / 1,5836 = 4 057,84 €.

Perte de change : 4 057,84 – 3 819,32 = 238,52 €.

	25/01/N+1		
401	Fournisseurs	3 819,32	
666	Pertes de change	238,52	
512	Banque		4 057,84
	Paiement du fournisseur suisse		

– Reprise de la provision à la clôture de l'exercice du paiement de la dette.

	31/12/N+1		
1515	Provisions pour pertes de change	179,68	
7865	Reprises sur provisions financières		179,68
	Régularisation provision N		

2. Présentez toutes les écritures concernant la vente de produits finis, en N et N+1.

– Prix de vente en euros : 12 444 / 1,6634 = 7 481,06 €.

	2/12/N		
411	Clients	7 481,06	
701	Ventes de produits finis		7 481,06
	Vente en Suisse		

– Créance à l'inventaire N : 12 444 / 1,6069 = 7 744,10 €.
Gain latent de change : 7 744,10 – 7 481,06 = 263,04 €.

	31/12/N		
411	Clients	263,04	
477	Différences de conversion – Passif		263,04
	Gain latent sur créance en Suisse		

– Contrepassation à l'ouverture de l'exercice N+1.

	01/01/N+1		
477	Différences de conversion – Passif	263,04	
411	Clients		263,04
	Extourne gain latent de change		

– Montant encaissé lors du paiement par le client : 12 444 / 1,5798 = 7 876,95 €.
Gain de change : 7 876,95 – 7 481,06 = 395,89 €.

	2/02/N+1		
512	Banque	7 876,95	
411	Clients		7 481,06
766	Gains de change		395,89
	Règlement client suisse		

APPLICATION 9 p. 375 Créances et dettes en devises

1. Calculez et présentez dans un tableau les écarts de conversion au 31/12/N et indiquez à chaque fois l'éventuelle provision à doter.

Créances et dettes	Montants en devises	Montants en comptes en €	Cours au 31/12/N	Montants au 31/12/N	Pertes latentes	Gains latents
Prêt	2 000	3 071,25	0,6715	2 978,41	92,84	
Client A	6 250	4 622,78	1,3170	4 745,63		122,85
Client B	258 600	1 042,74	239,6400	1 079,12		36,38
Emprunt	5 000 000	33 783,78	156,9300	31 861,34		1 922,44
Fournisseur C	96 650	2 478,20	34,6800	2 786,91	308,71	
					401,55	2 081,67

2. Présentez les écritures d'inventaire relatives aux créances et dettes en devises au 31/12/N.

	31/12/N		
476	Différences de conversion – Actif	401,55	
274	Prêts		92,84
401	Fournisseurs		308,71
	Pertes latentes de change		
	id		
411	Clients	159,23	
164	Emprunts auprès des établissements de crédit	1 922,44	
477	Différences de conversion – Passif		2 081,67
	Gains latents de change		
	id		
6865	Dotations aux provisions financières	401,55	
1515	Provision pour pertes de change		401,55
	Provision sur pertes latentes		

APPLICATION 10 p. 375 Cession d'une immobilisation corporelle

1. Calculez le montant des amortissements pratiqués ou à pratiquer jusqu'à la date de cession.

Amortissements dotés au 31/12/N–1 : 88 000 × 2,25/8 = ... 24 750 €

Amortissements à doter en N : 88 000 × 0,25/8 = ... 2 750 €

Total des amortissements à la cession : .... 27 500 €

2. Présentez toutes les écritures relatives à l'opération de cession, y compris la dotation complémentaire aux amortissements.

– Cession du bien

	1/04/N		
462	Créances sur cessions d'immobilisations	43 056,00	
775	Produits des cessions d'éléments d'actif		36 000,00
44571	TVA collectée		7 056,00
	Cession d'un matériel		

– Écritures d'inventaire

	31/12/N		
6811	Dotations aux amortissements des immobilisations	2 750,00	
28154	Amortissements des matériels industriels		2 750,00
	Dotation complémentaire jusqu'à la cession		
	id		
28154	Amortissements des matériels industriels	27 500,00	
675	Valeur comptable des éléments d'actif cédés	60 500,00	
2154	Matériels industriels		88 000,00
	Sortie de l'actif		

3. Indiquez le résultat de cession.

Prix de cession (compte 775) : 36 000

Valeur comptable nette (compte 675) : 60 500

Perte de cession : .... – 24 500

APPLICATION 11 p. 376 Cessions d'immobilisations corporelles

1. Après avoir indiqué les calculs nécessaires, présentez les écritures relatives à la cession des différents biens, en supposant que les dotations complémentaires aux amortissements ont déjà été enregistrées.

Prix de cession total hors taxes : 68 000 + 362 000 + 11 200 = 441 200 €.

TVA sur cession du mobilier : 11 200 × 19,6 % = 2 195,20 €.

	30/06/N		
462	Créances sur cessions d'immobilisations	443 395,20	
775	Produits des cessions d'éléments d'actif		441 200,00
44571	TVA collectée		2 195,20
	Cession d'un ensemble immobilier et de mobilier		

Amortissements à la cession :

– Construction : (68 000 – 36 000) × 17,25 / 25 = 22 080 €.

– Mobilier : 32 600 × 77 / 120 = 20 918 €.

Valeurs nettes comptables :

– Terrain : 19 000 €.

– Construction : 68 000 – 22 080 = 45 920 €.

– Mobilier : 32 600 – 20 918 = 11 682 €.

	31/12/N		
2813	Amortissements des constructions	22 080,00	
28184	Amortissements du mobilier	20 918,00	
675	Valeur comptable des éléments d'actif cédés	76 602,00	
211	Terrains		19 000,00
213	Constructions		68 000,00
2184	Mobilier		32 600,00
	VNC de l'ensemble immobilier et du mobilier cédés		

2. Calculez les résultats relatifs aux cessions.

Terrain : 68 000 – 19 000 = 49 000 €.

Construction : 362 000 – 45 920 = 316 080 €.

Mobilier : 11 200 – 11 682 = – 482 €.

APPLICATION 12 p. 376 Cession d'une immobilisation comptabilisée en composants

1. Retrouvez le montant brut de l'immobilisation et celui des amortissements, au 1/07/N, à l'ouverture de l'exercice, en distinguant la structure et les composants.

– Structure :

Montant brut : 124 600 – 22 000 – 35 000 = 67 600 €.

Amortissements : (67 600 – 10 000) × 55 / 96 = 33 000 €.

– Composant A :

Montant brut : 28 000 € (coût d'entrée du composant renouvelé)

Amortissements : 28 000 × 10 / 51 = 5 490 € (amortissement à compter du renouvellement le 1er mars N–1 jusqu'à la date de fin d'utilisation de la structure, le 31/05/N+3, soit 51 mois).

– Composant B :

Montant brut : 35 000 €.

Amortissements : 35 000 × 55 / 60 = 32 083 €.

2. Présentez l'écriture de cession du matériel.

	1/03/N		
462	Créances sur cessions d'immobilisations	57 195,20	
775	Produits des cessions d'éléments d'actif		55 000,00
44571	TVA collectée		2 195,20
	Cession d'un matériel industriel		

3. Comptabilisez les dotations complémentaires aux amortissements pour l'exercice N.

Structure : (67 600 – 10 000) × 2 / 96 = 1 200 €.

Composant A : 28 000 × 2 / 51 = 1 098 €.

Composant B : 35 000 × 2 / 60 = 1 167 €.

	31/12/N		
6811	Dotations aux amortissements des immobilisations	3 465,00	
281541	Amortissements des matériels – Structure		1 200,00
281542	Amortissements des matériels – Composant A		1 098,00
281543	Amortissements des matériels – Composant B		1 167,00
	Dotations complémentaires aux amortissements		

4. Comptabilisez la sortie du bien du patrimoine de l'entreprise, à la date d'inventaire N.

Amortissements à la sortie :

Structure : 33 000 + 1 200 = 34 200 €.

Composant A : 5 490 + 1 098 = 6 588 €.

Composant B : 32 083 + 1 167 = 33 250 €.

	31/12/N		
281541	Amortissements des matériels – Structure	34 200,00	
281542	Amortissements des matériels – Composant A	6 588,00	
281543	Amortissements des matériels – Composant B	33 250,00	
675	Valeur comptable des éléments d'actif cédés	56 562,00	
21541	Matériels – Structure		67 600,00
21542	Matériels – Composant A		28 000,00
21543	Matériels – Composant B		35 000,00
	VNC du matériel cédé		

APPLICATION 13 p. 377 Production, amortissement et cession d'immobilisations

1. Déterminez le taux d'amortissement des constructions.

Les amortissements figurant dans la balance avant inventaire sont les amortissements cumulés au 31 décembre N–1. L'entreprise ayant été créée le 1er juillet N–2, les amortissements ont été constatés pour 1 an 1/2.

520 000 × x × 1,5 = 31 200 ⇒ x = 31 200 / (520 000 × 1,5) = 0,04.

Taux d'amortissement : 4 %.

2. Enregistrez l'écriture relative au nouvel entrepôt ainsi que les dotations aux amortissements des constructions.

Coût de production de l'entrepôt : 10 550 + 24 000 + 5 200 = 39 750 €.

Coût de production en N : 39 750 – 15 000 = 24 750 €.

La TVA est exigible sur la totalité du coût à la date de mise en service.

	25/11/N		
213	Constructions	39 750,00	
44562	TVA sur immobilisations	7 791,00	
2313	Constructions en cours		15 000,00
722	Production immobilisée – Immobilisations corporelles		24 750,00
44571	TVA collectée		7 791,00
	Mise en service d'un nouvel entrepôt		

Dotations aux amortissements N :

(520 000 × 4 %) + (39 750 × 5 % × 35 / 360) = 20 993,23 €.

	31/12/N		
6811	Dotations aux amortissements des immobilisations	20 993,23	
2813	Amortissements des constructions		20 993,23
	Dotations N		

3. Déterminez la valeur d'entrée dans le patrimoine du matériel industriel B.

Compte 2154 avant l'écriture erronée de cession : 32 432 + 9 568 = 42 000 €.

Compte 2154 avant l'acquisition du matériel C : 42 000 – 2 500 = 39 500 €.

Valeur d'entrée du matériel B : 39 500 – 22 000 = 17 500 €.

4. Comptabilisez les écritures d'inventaire relatives aux matériels industriels le 31/12/N.

– Tableaux d'amortissement

Matériel A

Années	Amortissements économiques		Valeur nette comptable
N–2	22 000 × 35 % × 6/12	3 850,00	18 150,00
N–1	18 150 × 35 %	6 352,50	11 797,50
N	11 797,50 × 35 %	4 129,13	7 668,38
Total		14 331,63	

Matériel B (jusqu'à la cession)

Années	Amortissements économiques		Amortissements fiscaux		Amort. dérogatoires	
					Dotations	Reprises
N–2	17 500 × 20 % × 6/12	1 750,00	17 500 × 35 % × 6/12	3 062,50	1 312,50	
N-1	17 500 × 20 %	3 500,00	14 437,50 × 35 %	5 053,13	1 553,13	
N	17500 × 20% × 290/360	2 819,44	9 384,37 × 35 % × 9/12	2 463,40		356,05
Total		8 069,44		10 579,52	2 865,63	356,05

Matériel C : dotation N : 2 500 × 35 % × 8/12 = 583,33 €.

– Écriture de dotation aux amortissements N

	31/12/N		
6811	Dotations aux amortissements des immobilisations	7 531,60	
2813	Amortissements des matériels industriels		7 531,60
	dotations N : 4 129,13 + 2 819,14 + 583,33		
	id		
145	Amortissements dérogatoires	356,05	
78725	Reprises sur amortissements dérogatoires		356,05
	reprise N		

– Correction de l'écriture de cession

	31/12/N		
2154	Matériels industriels	9 568,00	
775	Produits des cessions d'éléments d'actif		8 000,00
44571	TVA collectée		1 568,00
	correction cession du 21 octobre		

– Sortie du matériel du patrimoine

	31/12/N		
28154	Amortissements des matériels industriels	8 069,44	
675	Valeur comptable des éléments d'actif cédés	9 430,56	
2154	Matériels industriels		17 500,00
	sortie du matériel B		
	id		
145	Amortissements dérogatoires	2 509,58	
78725	Reprises sur amortissements dérogatoires		2 509,58
	pour solde à la cession : 2 865,63 – 356,05		

APPLICATION 14 p. 377 Cession d'immobilisation et subvention d'investissements

1. Présentez le plan d'amortissement complet du matériel en y intégrant le traitement de la subvention d'équipement.

Le plan est construit pour la durée prévue d'amortissement du bien, soit une durée de 4 ans.

Années	Amortissement économique	Amortissements fiscaux		Amortissements dérogatoires		Quote-part de subvention
		Dotations	VNC	Dotations	Reprises	
N–4	11 303,65	41 611,00	101 039,00	30 307,35		14 563,85
N–3	24 662,50	29 473,08	71 565,92	4 810,58		10 315,58
N–2	24 662,50	20 875,78	50 690,14		3 786,72	7 306,52
N–1	24 662,50	16 896,71	33 793,43		7 765,79	5 913,85
N	13 358,85	8 448,36	25 345,07		4 910,50	2 956,93
Total	98 650,00	117 304,93		35 117,93	16 463,00	41 056,72

– Amortissements économiques

N–4 : (142 650 – 44 000) × 1/4 × 165 / 360

N–3 à N–1 : (142 650 – 44 000) × 1/4

N : (142 650 – 44 000) × 1/4 × 195 / 360

– Amortissements fiscaux : ils sont calculés sur la base d'une durée de 6 ans, au taux de (100 / 6) × 1,75 = 29,17 % :

N–4 : 142 650 × 29,17 % × 6/12

N–3 à N–2 : VNC × 29,17 %

N–1 : VNC × 1/3

N : VNC × 1/2 × 6/12

Montant de la subvention obtenue : 142 650 × 35 % = 49 927,50 €.

Quote-part de subvention à virer au résultat = montant de la subvention × dotation aux amortissements fiscaux / coût d'achat du bien.

2. Retrouvez la valeur nette comptable du bien, le solde des amortissements dérogatoires et le solde de la subvention à la date de cession.

– Valeur nette comptable du bien :

Dotation N aux amortissements : (142 650 – 44 000) × 1/2 × 135 / 360 = 9 248,44 €.

Cumul des amortissements à la cession : 94 539,59 €.

Valeur nette comptable : 142 650 – 94 539,59 = 48 110,41 €.

– Solde des amortissements dérogatoires

Dotation fiscale N : 33 793,43 × 1/2 × 4/12 = 5 632,24 €.

Reprise N sur amortissements dérogatoires : 9 248,44 – 5 632,24 = 3 616,20 €.

Solde : 35 117,93 – 3 786,72 – 7 765,79 – 3 616,20 = 19 949,22 €.

– Solde de la subvention :

Quote-part virée au titre de N . 49 927,50 × 5 632,24 / 142 650 = 1 971,28 €.

Cumul de subvention virée au résultat : 40 071,07 €.

– Solde de la subvention : 49 927,50 – 40 071,07 = 9 856,43 €.

3. Présentez toutes les écritures relatives à la cession ; aucune écriture d'inventaire n'a encore été passée.

– Cession du 15 mai

	15/05/N		
462	Créances sur cessions d'immobilisations	47 195,20	
775	Produits des cessions d'éléments d'actif		45 000,00
44571	TVA collectée		2 195,20
	Cession d'un matériel		

– Dotation complémentaire et régularisations attachées

	31/12/N		
6811	Dotations aux amortissements des immobilisations	9 248,44	
28154	Amortissements des matériels industriels		9 248,44
	Dotation économique complémentaire sur matériel cédé		
	id		
145	Amortissements dérogatoires	3 616,20	
78725	Reprises sur amortissements dérogatoires		3 616,20
	Reprise complémentaire		
	id		
139	Subventions d'investissement inscrites au compte de résultat	1 971,28	
777	Quote-part des subventions d'investissement virée au résultat de l'exercice		1 971,28
	Quote-part complémentaire virée		

– Sortie du bien du patrimoine

	31/12/N		
28154	Dotations aux amortissements des immobilisations	94 539,59	
675	Valeur comptable des éléments d'actif cédés	48 110,41	
2154	Amortissements des matériels industriels		142 650,00
	Sortie du bien		

	id		
145	Amortissements dérogatoires	19 949,22	
78725	Reprises sur amortissements dérogatoires		19 949,22
	Reprise pour solde		
	id		
139	Subventions d'investissement inscrites au compte de résultat	9 856,43	
777	Quote-part des subventions d'investissement virée au résultat de l'exercice		9 856,43
	Quote-part non encore virée		
131	Subventions d'équipement	49 927,50	
139	Subventions d'investissement inscrites au compte de résultat		49 927,50
	Pour solde des comptes		

APPLICATION 15 p. 378 Cessions d'immobilisations financières

1. Enregistrez toutes les écritures relatives à la cession des titres au cours de l'exercice N.

– Cession du 11 février

	11/02/N		
512	Banque	1 500 000	
775	Produits des cessions d'éléments d'actif		1 500 000
	Cession de 12 actions SART		

– Cession du 6 mars

Prix de cession au pied du coupon : 2 000 × 20 € × 101 % = 40 400 €.

Coupon couru à la cession : 2 000 × 0,725 € = 1 450 €.

L'énoncé précise qu'il s'agit de cessions d'immobilisations financières ; les obligations étaient donc inscrites en compte 272. Titres immobilisés (droit de créance).

	6/03/N		
512	Banque	41 850,00	
775	Produits des cessions d'éléments d'actif		40 400,00
762	Produits des autres immobilisations financières		1 450,00
	Cession de 2 000 obligations EGF		

– Cession du 23 mars

Prix de cession : 260 × 82,35 € = 21 411 €.

Prix d'acquisition : 260 86,25 € = 22 425 €.

On réalise une perte de cession : c'est donc le compte 675 qui est crédité.

11/02/N

512	Banque	21 320,10	
627	Services bancaires	76,00	
44566	TVA sur autres biens et services	14,90	
675	Valeur comptable des éléments d'actif cédés		21 411,00
	Cession de 260 actions STUB		

2. Présentez les écritures d'inventaire concernant les titres cédés.

– Cession du 11 février

31/12/N

675	Valeur comptable des éléments d'actif cédés	1 118 600	
261	Titres de participation		1 118 600
	Sortie des 12 000 actions SART		

– Cession du 6 mars

Prix moyen pondéré des titres :

[(800 × 20 × 93 %) + (1 600 × 20 × 97 %)] / 2 400 = 19,13 €

Prix d'acquisition des titres cédés : 2 000 × 19,13 = 38 260 €.

31/12/N

675	Valeur comptable des éléments d'actif cédés	38 260,00	
261	Titres immobilisés (droit de créance)		38 260,00
	Sortie des 2 000 obligations EGF		

– Cession du 23 mars

31/12/N

675	Valeur comptable des éléments d'actif cédés	22 425,00	
273	Titres immobilisés de l'activité de portefeuille		22 425,00
	Sortie de 260 actions STUB		

3. Ajustez la dépréciation relative aux titres STUB.

Dépréciation au 31 décembre N : 40 × (86,25 – 81) = 210 €.

Reprise sur dépréciation : 675 – 210 = 465 €.

31/12/N

2973	Dépréciations des titres immobilisés de l'activité de portefeuille	465,00	
7866	Reprises sur dépréciations des éléments financiers		465,00
	Ajustement de la dépréciation		

APPLICATION 16 p. 378 Cessions d'immobilisations financières

Présentez les calculs et écritures relatifs aux cessions de titres.

– Cession du 15 juin

Prix de cession : 12 000 × 26,70 = 320 400 €

Commission HT sur cession : 320 400 × 0,15 % = 480,60 €.

Prix d'acquisition total des titres :

[(7 000 × 15,80) + (4 000 × 17,40) + (3 000 × 22,45) = 247 550 €

Prix moyen pondéré : 247 550/14 000 = 17,68 €

Prix d'acquisition des titres cédés : 12 000 × 17,68 = 212 160 €

Prix d'acquisition des titres transférés : 247 550 – 212 160 = 35 390 € (on procède par soustraction pour tenir compte des problèmes liés aux arrondis de prix unitaire).

	15-juin		
512	Banque	319 825,20	
627	Services bancaires	480,60	
44566	TVA sur autres biens et services	94,20	
775	Produits des cessions d'éléments d'actif		320 400,00
	Cession des titres Arthur		
	31-déc		
675	Valeur comptable des éléments d'actif cédés	212 160,00	
261	Titres de participation		212 160,00
	Prix d'acquisition des titres Arthur cédés		
	id		
503	Valeurs mobilières de placement – Actions	35 390,00	
261	Titres de participation		35 390,00
	Transfert de compte		

– Cession du 16 septembre

Prix d'acquisition des titres cédés : 150 × 1 500 = 225 000 €.

	16-sept		
462	Créances sur cessions d'immobilisations	270 000,00	
775	Produits des cessions d'éléments d'actif		270 000,00
	Cession des parts SCI Baticap		
	31-déc		
675	Valeur comptable des éléments d'actif cédés	225 000,00	
261	Titres de participation		225 000,00
	Prix d'acquisition des titres Arthur cédés		

– Cession du 25 novembre

Prix de cession : 4 000 × 44,55 = 178 200 €

Prix d'acquisition des titres cédés :

(2 500 × 32,46) + (1 000 × 38,67) + (500 × 45,25) = 142 445 €.

	25-nov		
512	Banque	178 200,00	
775	Produits des cessions d'éléments d'actif		178 200,00
	Cession des actions Aymeric		
	31-déc		
775	Produits des cessions d'éléments d'actif	142 445,00	
261	Titres de participation		142 445,00
	Prix d'acquisition des titres Aymeric cédés		

APPLICATION 17 p. 379 Cas de synthèse

À l'aide des annexes 1 à 5 :

1. Présentez le tableau d'amortissement du logiciel acquis le 15/06/N, en faisant ressortir les amortissements exceptionnels, les amortissements économiquement justifiés et les amortissements dérogatoires.

Années	Amortissements économiques		Amortissements fiscaux		Amort. dérogatoires	
					Dotations	Reprises
N	9 000 × 20 % × 195 / 360	975,00	9 000 × 7 / 12	5 250,00	4 275,00	
N+1	9 000 × 20 %	1 800,00	9 000 × 5 / 12	3 750,00	1 950,00	
N+2	9 000 × 20 %	1 800,00				1 800,00
N+3	9 000 × 20 %	1 800,00				1 800,00
N+4	9 000 × 20 %	1 800,00				1 800,00
N+5	9 000 × 20 % × 165 / 360	825,00				825,00
Total		9 000,00		9 000,50	6 225,00	6 225,00

2. Enregistrez au journal les écritures de régularisation relatives à la cession du 1/12/N.

Correction de l'écriture de cession :

	31/12/N		
2154	Matériels industriels	30 000,00	
775	Produits des cessions d'éléments d'actif		30 000,00
	Correction écriture du 1er décembre		

Amortissements N–2 : 40 000 × 22,5 % = 9 000 € VNC = 31 000 €

Amortissements N–1 : 31 000 × 22,5 % = 6 975 € VNC = 24 025 €

Amortissements N : 24 025 × 22,5 % × 11 / 12 = 4 955,16 €

Total des amortissements à la cession : 20 930,16 €.

	31/12/N		
28154	Amortissements des matériels industriels	20 930,16	
675	Valeur comptable des éléments d'actif cédés	19 069,84	
2154	Matériels industriels		40 000,00
	Sortie du matériel industriel		

3. Enregistrez au journal les dotations aux amortissements de l'exercice N en justifiant les calculs.

Frais d'établissement : 8 000 × 1/5 = 1 600 €

Logiciels :

– amortissement économique : 975 €

– amortissements dérogatoires : 4 275 €

Constructions : 180 000 × 1/20 = 9 000 €

Matériel industriel :

– matériel autre que celui cédé : 120 000 + 30 000 – 40 000 = 130 000 €

amortissements N–2 : 130 000 × 22,5 % = 29 250 € .... VNC = 100 750 €

amortissements N–1 : 100 750 × 22,5 % = 22 668,75 € .... VNC = 78 081,25 €

amortissements N : 78 081,25 × 22,5 % = 17 568,28 €

Total : 17 568,28 + 4 955,16 = 22 523,44 €.

Matériel de transport :

– camion :

amortissements N-2 : 120 000 × 35 % × 6/12 = 21 000 € .... VNC = 99 000 €

amortissements N-1 : 99 000 × 35 % = 34 650 € .... VNC = 64 350 €

amortissements N : 64 350 × 35 % = 22 522,50 €

– véhicule de tourisme : 17 500 × 1,196 × 1/5 × 255/360 = 2 965,08 €

Total : 22 522,50 + 2 965,08 = 25 487,58 €.

Matériel de bureau et informatique : 24 000 × 1/5 = 4 800 €.

Mobilier : 16 000 × 1/10 = 1 600 €.

	31/12/N		
6811	Dotations aux amortissements des immobilisations inc. et corp.	65 011,02	
2801	Amortissements des frais d'établissement		1 600,00
2813	Amortissements des constructions		9 000,00
28154	Amortissements des matériels industriels		22 523,44
28182	Amortissements des matériels de transport		25 487,58
28183	Amortissements des matériels de bureau et info.		4 800,00
28184	Amortissements du mobilier		1 600,00
	Dotations de l'exercice		

4. Enregistrez au journal la régularisation de la cession de valeurs mobilières de placement réalisée le 15/12/N, sachant que l'entreprise utilise, quelle que soit la nature des titres vendus, la méthode du « premier entré – premier sorti ».

Prix de cession des titres Fidex : 50 × 104 = 5 200 €.

Prix d'acquisition des titres Fidex cédés : (40 × 112) + (10 × 105) = 5 530 €.

Perte sur cession : 5 530 – 5 200 = 330 €.

	31/12/N		
471	Compte d'attente	5 200,00	
667	Charges nettes sur cessions de VMP		5 200,00
	Régularisation cession actions Fidex		
	id		
667	Charges nettes sur cessions de VMP	5 530,00	
503	VMP – Actions		5 530,00
	Prix d'acquisition des actions Fidex cédées		

5. Présentez, dans un tableau, les calculs relatifs aux différents titres (titres de participation et valeurs mobilières de placement) afin de faire apparaître les éventuelles dépréciations ou reprises sur ces actifs pour l'exercice N.

Titres	Au 31 décembre N				Au 31 décembre N-1			Régularisations		
	Nombre	PA	VI	Dépréc.	Nombre	PA	VI	Dépréc.	Dotations	Reprises
Veriten	2 500	282 000	282 500		2 500	282 000	325 000			
Fidex	150	15 840	15 300	540	200	21 370	21 000	370	170	
Lomax	110	11 990	12 650		110	11 990	12 320			
Totaux				540				370	170	

6. Enregistrez au journal les éventuelles écritures de régularisation provenant du tableau précédent.

	31/12/N		
6866	Dotations aux dépréciations des éléments financiers	170,00	
5903	Dépréciations des VMP – Actions		170,00
	Suivant tableau précédent		

7. Enregistrez au journal les écritures de régularisation relatives aux créances douteuses en justifiant les calculs.

Clients	Créance restant dûe		Dépréciation		Dotation	Reprise	Créance irrécouvr.
	TTC	HT	31/12/N	31/12/N-1			
Leduc	8 491,60	7 100	4 260	3 240	1 020		
Lebaron	14 950,00	12 500		10 000		10 000	12 500
Lemarquis	5 382,00	4 500	2 025	2 400		375	
Lecompte	14 352,00	12 000	4 800		4 800		
Totaux					5 820	10 375	12 500

	31/12/N		
416	Clients douteux	14 352,00	
411	Clients		14 352,00
	Client Lecompte		
	id		
654	Pertes sur créances irrécouvrables	12 500,00	
44551	TVA à décaisser	2 450,00	
416	Clients douteux		14 950,00
	Client Lebaron		
	id		
6817	Dotations aux dépréciations des actifs circulants	5 820,00	
491	Dépréciations des comptes de clients		5 820,00
	Ajustements selon tableau		
	id		
491	Dépréciations de comptes de clients	10 375,00	
7817	Reprises sur dépréciations des actifs circulants		10 375,00
	Ajustements selon tableau		

8. Enregistrez au journal toutes les écritures de régularisation relatives aux stocks.

	31/12/N		
603	Variations des stocks	39 900,00	
326	Emballages		1 800,00
37	Stocks de marchandises		38 100,00
	Élimination des stocks de début d'exercice		
	id		
326	Emballages	1 700,00	
37	Stocks de marchandises	42 700,00	
603	Variations des stocks		44 400,00
	Création des stocks de fin d'exercice		
	id		
397	Dépréciations des stocks de marchandises	1 040,00	
7817	Reprises sur dépréciations des actifs circulants		1 040,00
	Élimination de la dépréciation		

9. Enregistrez au journal l'écriture de régularisation relative à l'emprunt souscrit auprès de la Société Générale.

Intérêts courus au 31/12 : 200 000 × 6 % × 345 / 360 = 11 500 €.

	31/12/N		
661	Charges d'intérêts	11 500,00	
16884	Intérêts courus sur emprunts		11 500,00
	Intérêts à payer le 15 janvier N+1		

APPLICATION 18 p. 382] QCM

Répondez par « oui » ou par « non » aux affirmations ci-dessous ou choisissez la réponse exacte en donnant toutes explications utiles.

1. Les charges et les produits doivent toujours être rattachés à l'exercice comptable qui leur a donné naissance.

Oui. Il s'agit de l'application du principe d'indépendance des exercices.

2. Tous les comptes de l'entreprise sont soldés à la fin de l'exercice.

Non. Seuls les comptes de gestion sont soldés, par virement au compte de résultat.

3. La constatation d'une facture à recevoir pour des marchandises existant en stock à la fin de l'année conduit à un résultat nul pour cette opération au titre de l'exercice.

Oui. La charge d'achat est balancée par le crédit du compte 603. Variations des stocks pour le même montant, puisque les stocks sont évalués au coût d'acquisition.

4. La TVA n'est pas constatée dans les écritures de régularisation.

Non. La TVA doit être régularisée sur les charges à payer et les produits à recevoir, lorsque les charges et produits sont soumis à TVA.

5. Des fournitures non stockées qui ne sont pas encore consommées à la clôture de l'exercice constituent un produit constaté d'avance.

Non. Il s'agit de charges constatées d'avance puisqu'elles ne seront consommées que l'exercice suivant.

6. Une prime d'assurance de 12 000 € a été payée le 1/06/N et couvre les 12 mois à venir. On comptabilise à la clôture, en charges constatées d'avance :

☑ 5 000 € ☐ 7 000 € ☐ 12 000 €.

La charge constatée d'avance concerne les 5 premiers mois de l'exercice N+1, donc 12 000 × 5/12.

7. Les rabais, remises et ristournes à accorder figurent en fin d'exercice au passif du bilan.

Oui. Il s'agit d'un sous-compte du compte de clients créditeurs.

8. Les congés à payer comptabilisés en fin d'exercice reposent sur les droits à congés payés acquis depuis le 1/01 de l'année.

Non. Les droits à congés courent à compter du 1er juin de chaque année.

9. Un emprunt de 100 000 € a été souscrit le 15/06 de l'année, au taux annuel de 5 %. Il est remboursable *in fine*, mais les intérêts sont payables à la fin de chaque période de 3 mois. Les intérêts courus à comptabiliser en fin d'exercice sont de :

☑ 208,33 € ☐ 1 041,67 € ☐ 1 250,00 € ☐ 2 500,00 € ☐ 2 708,33 €.

Le dernier paiement a eu lieu le 15 décembre N. Il y a donc 15 jours d'intérêts courus, soit 100 000 × 5 % × 15 / 360.

10. L'étalement des frais d'établissement sur 5 ans maximum constitue la méthode préférentielle du plan comptable général.

Non. Cet étalement est une méthode autorisée. La méthode préférentielle conduit à inscrire ces frais en comptes de charges.

11. Les frais d'émission des emprunts sont transférés au compte 4816 par un compte 791. Transferts de charges d'exploitation à la fin de l'exercice de leur engagement.

Oui. Il s'agit bien d'un transfert de charges d'exploitation vers un compte de charge à répartir.

12. Une subvention de 30 000 € a été obtenue le 1/07/N pour l'acquisition le 1/10/N d'un bien d'un coût de 100 000 €, amortissable en linéaire sur 5 ans sans valeur résiduelle. La subvention virée au résultat en N est de :

☐ 5 000 € ☐ 3 000 € ☑ 1 500 € ☐ 750 €.

La dotation aux amortissements est de 100 000 × 1/5 × 3/12 = 5 000 € ; la quote-part virée est alors de 30 000 × 5 000 / 100 000 = 1 500 €.

13. Une perte latente de change est inscrite en fin d'exercice à l'actif du bilan, en compte de régularisation.

Oui. La perte latente fait l'objet d'une constatation à l'actif du bilan en différence de conversion-actif.

14. La constatation d'un écart de conversion passif, en fin d'exercice, n'a aucune incidence sur le résultat comptable de l'exercice.

Oui. Le gain latent n'affecte pas le compte de résultat.

15. Le gain ou la perte sur cessions d'immobilisations incorporelles ou corporelles résulte de la comparaison entre le prix de cession et le prix d'acquisition de cette immobilisation.

Non. Cela ne vaut que pour les immobilisations non amortissables. Pour les immobilisations amortissables, le gain ou la perte résultent de la comparaison du prix de cession à la valeur nette comptable du bien cédé.

16. Lors de la cession de titres immobilisés de l'activité de portefeuille, la perte ou le gain nets apparaissent comme solde du compte 675 ou du compte 775.

Oui. Contrairement aux cessions des autres immobilisations, qu'elles soient incorporelles, corporelles ou financières, seul le solde des gains ou pertes apparaît dans le compte de produits de cessions ou de valeur comptable des éléments cédés.

17. Le plan comptable général privilégie la méthode du « premier entré – premier sorti » pour calculer le prix d'acquisition des titres cédés.

Non. Il n'existe pas de méthode préférentielle pour évaluer le coût d'entrée des titres cédés, mais le plan comptable général privilégie le calcul au moyen du coût moyen pondéré par rapport au « premier entré – premier sorti ».

CHAPITRE

19

Le passage d'un exercice à l'autre

APPLICATION **1** p. 399

Calcul et comptabilisation de l'impôt sur les bénéfices

1. Calculez le bénéfice fiscal et le montant de l'impôt sur les bénéfices. Indiquez le montant du résultat net comptable.

– Calcul du bénéfice fiscal :

Résultat comptable avant impôt .... 128 974,26 €
Réintégrations extracomptables .... + 19 475,00 €
Déductions extracomptables .... – 11 693,00 €
Bénéfice fiscal .... 136 756,26 € arrondis à 136 756 €.

– Calcul de l'impôt sur les bénéfices :

Impôt au taux des PME (38 120 × 15 %) : .... 5 718 €
Impôt au taux normal (136 756 – 38 120) × 1/3 : .... 32 879 €
Impôt sur les bénéfices : .... 38 597 €

– Détermination du résultat net comptable :

Résultat comptable avant impôt : .... 128 974,26 €
Impôt sur les bénéfices : .... – 38 597,00 €
Résultat net comptable : .... 90 377,26 €

2. Comptabilisez l'impôt à la date du 31/12/N.

		31/12/N		
695		Impôt sur les bénéfices	38 597,00	
	444	Etat - Impôt sur les bénéfices		38 597,00
		Impôt sur les bénéfices de l'exercice N		

APPLICATION 2 p. 399 Paiement des acomptes et du solde d'impôt sur les bénéfices

1. Retrouvez le montant du bénéfice fiscal de l'exercice N–1.

Le total des acomptes payés en N représente un tiers du bénéfice fiscal de N–1, qui est la base de calcul. Le bénéfice fiscal N–1 est donc égal aux acomptes de N × 3.
Bénéfice fiscal N–1 : 36 221 × 3 = 108 663 €.

2. Calculez le montant de chacun des acomptes payés durant l'exercice N.

1er acompte : 121 369 × 1/12 :	10 114 €
2e acompte (108 663 × 1/6) – 10 114 :	7 997 €
3e acompte : 108 663 × 1/12 :	9 055 €
4e acompte : 108 663 × 1/12 :	9 055 €
Total des acomptes payés :	36 221 €

3. Présentez les écritures de paiement des acomptes, sachant qu'ils ont toujours été payés aux dates limites (par virements bancaires).

		15/03/N		
444		Etat – Impôt sur les bénéfices	10 114,00	
	512	Banque		10 114,00
		1er acompte		
		15/06/N		
444		Etat – Impôt sur les bénéfices	7 997,00	
	512	Banque		7 997,00
		2e acompte		
		15/09/N		
444		Etat – Impôt sur les bénéfices	9 055,00	
	512	Banque		9 055,00
		3e acompte		
		15/12/N		
444		Etat – Impôt sur les bénéfices	9 055,00	
	512	Banque		9 055,00
		4e acompte		

4. Calculez et comptabilisez l'impôt de l'année N.

Montant de l'impôt : 154 882 × 1/3 = 51 627 €.

		31/12/N		
695		Impôt sur les bénéfices	51 627,00	
	444	Etat – Impôt sur les bénéfices		51 627,00
		Impôt sur les bénéfices de l'exercice N		

5. Comptabilisez le paiement du solde d'impôt, par virement bancaire, à la date du 10/04/N+1.

Impôt de l'exercice N :	51 627 €
Total des acomptes payés en N :	– 36 221 €
Solde d'impôt à payer :	15 406 €

		10/04/N+1		
444		Etat – Impôt sur les bénéfices	15 406,00	
	512	Banque		15 406,00
		Solde de l'impôt sur les bénéfices de l'exercice N		

APPLICATION 3 p. 399 Écritures de fin d'exercice dans une entreprise individuelle

1. Présentez les dernières écritures d'inventaire et celle menant à la détermination du résultat de l'exercice.

	31/12/N		
6091	Rabais, remises, ristournes obtenus sur achats	2 600	
601	Achats de matières premières		2 600
	Détermination des achats nets		
	id		
701	Ventes de produits finis	20 520	
7091	Rabais, remises, ristournes accordés sur ventes		20 520
	Détermination du chiffre d'affaires net		
775	Produits des cessions d'éléments d'actif	23 500	
777	Quote-parts de subventions virées au résultat	2 000	
120	Résultat de l'exercice (bénéfice)		186 000
601	Achats de matières premières		262 000
61	Services extérieurs		59 330
62	Autres services extérieurs		29 670
641	Rémunérations du personnel		135 500
645	Charges de Sécurité sociale et de prévoyance		50 500
681	Dotations aux amortissements des immobilisations		97 000
66	Charges financières		45 200
675	Valeur comptable des éléments d'actif cédés		12 800
	Détermination du résultat de l'exercice		

2. Procédez à la clôture de l'exercice (l'entreprise utilise les comptes 89. Bilan).

	31/12/N		
101	Capital individuel	22 500,00	
108	Compte de l'exploitant		22 500,00
	Virement du compte de l'exploitant au capital		
	31/12/N		
891	Bilan de clôture	635 390	
139	Subventions d'investissement inscrites au compte de résultat		4 000
205	Logiciels		3 000
207	Fonds commercial		20 000
215	Installations techniques		382 090
218	Autres immobilisations corporelles		40 800
31	Matières premières		17 321
355	Stocks de produits		31 179
411	Clients		82 000
462	Créances sur cessions d'immobilisations		20 000
486	Charges constatées d'avance		5 000
50	Valeurs mobilières de placement		5 000
512	Banques		24 600
53	Caisse		400
	Clôture des comptes de bilan débiteurs		

31/12/N

101	Capital individuel	33 970	
120	Résultat de l'exercice	186 000	
131	Subventions d'équipement	10 000	
151	Provisions pour risques	27 000	
164	Emprunts auprès des établissements de crédit	64 500	
2805	Amortissements des logiciels	1 000	
2815	Amortissements des installations techniques	177 120	
2818	Amortissements des autres immobilisations corporelles	23 800	
401	Fournisseurs	55 200	
404	Fournisseurs d'immobilisations	35 000	
43	Sécurité sociale et autres organismes sociaux	11 200	
445	Etat, TVA	5 600	
487	Produits constatés d'avance	5 000	
891	Bilan de clôture		635 390
	Clôture des comptes de bilan créditeurs		

3. Présentez les écritures à constater le 1/01/N+1, y compris le virement du résultat.

1/01/N+1

139	Subventions d'investissement inscrites au compte de résultat	4 000	
205	Logiciels	3 000	
207	Fonds commercial	20 000	
215	Installations techniques	382 090	
218	Autres immobilisations corporelles	40 800	
31	Matières premières	17 321	
355	Stocks de produits	31 179	
411	Clients	82 000	
462	Créances sur cessions d'immobilisations	20 000	
486	Charges constatées d'avance	5 000	
50	Valeurs mobilières de placement	5 000	
512	Banque	24 600	
53	Caisse	400	
890	Bilan d'ouverture		635 390
	Ouverture des comptes de bilan débiteurs		

1/01/N+1

890	Bilan d'ouverture	635 390	
101	Capital individuel		33 970
120	Résultat de l'exercice		186 000
131	Subventions d'équipement		10 000
151	Provisions pour risques		27 000
164	Emprunts auprès des établissements de crédit		64 500
2805	Amortissements des logiciels		1 000
2815	Amortissements des installations techniques		177 120
2818	Amortissements des autres immob. corporelles		23 800
401	Fournisseurs		55 200
404	Fournisseurs d'immobilisations		35 000
43	Sécurité sociale et autres organismes sociaux		11 200
445	Etat, TVA		5 600
487	Produits constatés d'avance		5 000
	Ouverture des comptes de bilan créditeurs		

	1/01/N+1		
120	Résultat de l'exercice	186 000,00	
101	Capital individuel		186 000,00
	Virement du résultat au capital		

APPLICATION 4 p. 400 Affectation du résultat d'une société

1. Présentez, dans un tableau, les calculs relatifs à l'affectation du résultat.

Eléments	Calculs	Montants
Résultat net comptable		136 458,85
Report à nouveau N-1		11 456,26
Dividendes	50 000 × 1,60 €	– 80 000,00
Affectation aux réserves	80 000 × 1/2	– 40 000,00
		27 915,11

2. Comptabilisez l'affectation du résultat.

	14/06/N+1		
120	Résultat de l'exercice	136 458,85	
110	Report à nouveau (27 915,11 - 11 456,26)		16 458,85
106	Réserves		40 000,00
457	Associés - Dividendes à payer		80 000,00
	Affectation du résultat N selon décision de l'AGO		

3. Comptabilisez la mise en distribution des dividendes le 31/08/N+1.

	31/08/N+1		
457	Associés - Dividendes à payer	80 000,00	
512	Banque		80 000,00
	Mise en paiement des dividendes		

APPLICATION 5 p. 401 Cas de synthèse

1. Enregistrez au journal de la société toutes les écritures d'inventaire.

Immobilisations incorporelles et corporelles :

– Taux d'amortissement des frais d'établissement :

$$8\,840 \times x \times 3{,}5 = 7\,735 \Rightarrow x = 7\,735 / (8\,840 \times 3{,}5) = 0{,}25,$$

soit 25 % soit une durée de 4 ans.

Dotations aux amortissements des frais d'établissement :

$$8\,840 \times 1/4 \times 6/12 = 1\,105\ €.$$

Les frais d'amortissement étant totalement amortis, ils sont contrepassés afin de les éliminer du bilan.

	31/12/N		
6811	Dotations aux amortissements des immobilisations	1 105	
2801	Amortissements des frais d'établissement		1 105
	Dotation N		
	id		
2801	Amortissements des frais d'établissement	8 840	
201	Frais d'établissement		8 840
	Pour solde des deux comptes		

– Taux d'amortissement des constructions : 53 360 × x × 3,5 = 9 338

⇒ x = 9 338/(53 360 × 3,5) = 0,05, soit 5 % soit une durée de 20 ans.

Dotations aux amortissements des constructions : 53 360 × 1/20 = 2 668 €.

	31/12/N		
6811	Dotations aux amortissements des immobilisations	2 668	
2801	Amortissements des constructions		2 668
	Dotations aux amortissements des immobilisations		

– Tableau d'amortissement du matériel M1 (jusqu'en N) :

Années	Amortissements économiques		Amortissements fiscaux		Amort. dérogatoires	
					Dotations	Reprises
N-4	18 294 × 20 % × 6/12	1 829	18 294 × 35 % × 6/12	3 201	1 372	
N-3	18 294 × 20 %	3 659	15 093 × 35 %	5 283	1 624	
N-2	18 294 × 20 %	3 659	9 810 × 35 %	3 434		225
N-1	18 294 × 20 %	3 659	6 376 × 50 %	3 188		471
N	18 294 × 20 %	3 659	6 376 × 50 %	3 188		471

Dotation aux amortissements du matériel M2 : 24 392 × 10 % = 2 439 €.

Dotation aux amortissements du matériel M3 : 12 440 × 12,5 % × 3/12 = 389 €.

Tableau d'amortissement du matériel M4 (exercice N) :

Années	Amortissements économiques		Amortissements fiscaux		Amort. dérogatoires	
					Dotations	Reprises
N	19 818 × 10 % × 9/12	1 486	19 818 × 22,5 % × 9/12	3 344	1 858	

Dotations totales aux amortissements des matériels industriels :

3 659 + 2 439 + 389 + 1 486 = 7 973 €.

Amortissement de matériel M3 à la cession : 12 440 × 12,5 % × 3,75 = 5 831 €.

	31/12/N		
6811	Dotations aux amortissements des immobilisations	7 973	
28154	Amortissements des matériels industriels		7 973
	Dotation N		
	id		
6872	Dotations aux provisions réglementées	1 858	
145	Amortissements dérogatoires		1 858
	Dotation sur M4		
	id		
145	Amortissements dérogatoires	471	
7872	Reprises sur provisions réglementées		471
	Reprise sur M1		

	id		
28154	Amortissements des matériels industriels	5 831	
675	Valeur comptable des éléments d'actif cédés	6 609	
2154	Matériels industriels		12 440
	Sortie de M3 du patrimoine		

– Titres de participation

Dépréciation des titres : 32 929 – 22 105 = 10 284 €.

Reprise N : 18 294 – 10 284 = 7 470 €.

	31/12/N		
2961	Dépréciations des titres de participation	7 470	
7866	Reprises sur dépréciations des éléments financiers		7 470
	Reprise N		

– Stocks

	31/12/N		
603	Variations des stocks	92 689	
713	Variations des stocks	80 798	
31	Stock de matières premières		53 052
355	Produits finis		80 798
371	Stock de marchandises		39 637
	Élimination des stocks de début d'exercice		
	id		
391	Dépréciation des matières premières	4 269	
7817	Reprises sur dépréciations des actifs circulants		4 269
	Reprise de la dépréciation du 31/12/N-1		

	31/12/N		
31	Stock de matières premières	46 954	
355	Produits finis	75 462	
371	Stock de marchandises	47 564	
603	Variation des stocks		94 518
713	Variation des stocks		75 462
	Création des stocks de fin d'exercice		
	id		
6817	Dotations aux dépréciations des actifs circulants	2 805	
391	Dépréciations des matières premières		2 805
	Dotation N : 7 013 × 40 %		

	31/12/N		
486	Charges constatées d'avance	1 098	
606	Achats non stockés de matières et fournitures		1 098
	Montant non consommé à la clôture		

– Créances douteuses

Clients	Créance restant due		Dépréciation		Dotation	Reprise
	TTC	HT	31/12/N	31/12/N-1		
Martin	2 406,00	2 012	1 408	2 195		787
Hervet	3 018,00	2 523	2 271	1 761	510	
Pascal	5 122,00	4 283	2 141		2 141	
Totaux					2 651	787

	31/12/N		
416	Clients douteux	5 122	
411	Clients		5 122
	Client Pascal		
	id		
6817	Dotations aux dépréciations des actifs circulants	2 651	
491	Dépréciations des comptes de clients		2 651
	Ajustements selon tableau		
	id		
491	Dépréciations de comptes de clients	787	
7817	Reprises sur dépréciations des actifs circulants		787
	Ajustements selon tableau		

– Valeurs mobilières de placement

Dépréciation sur titres Beta : [(80 × 107) + (20 × 95)] – [100 × 93] =........ 1 160 €
Dépréciation sur titres Gama : 32 × (60 – 55) =.. 160 €
Dépréciation nécessaire :.. 1 320 €
Dépréciation au 31 décembre N–1 :... – 624 €
Dotation N :... 696 €

	31/12/N		
6866	Dotations aux dépréciations des éléments financiers	696	
5903	Dépréciations des actions		696
	Ajustement de la dépréciation sur VMP		

– Compte bancaire

Les opérations ne figurant pas sur le relevé bancaire n'appellent aucune correction.

	31/12/N		
627	Services bancaires	151	
4456	Etat – TVA déductible	29	
512	Banque		180
	Services bancaires		

– Régularisations diverses

	31/12/N		
601	Achats de matières premières	762	
4458	Etat – TVA à régulariser	149	
4081	Fournisseurs – Factures non parvenues		911
	Facture du fournisseur Hardy non reçue		
	id		
4181	Clients – Produits non encore facturés	2 187	
707	Ventes de marchandises		1 829
4458	Etat – TVA à régulariser		358
	Marchandises expédiées au client Leroy		
	id		
486	Charges constatées d'avance	240	
616	Primes d'assurances		240
	Prime à reporter sur N+1 : 480 x 6/12		
	id		
708	Produits des activités annexes	1 200	
487	Produits constatés d'avance		1 200
	Loyer à reporter sur N+1 : 2 400 x 3 / 6		

	id		
4097	Fournisseurs – Autres avoirs	17 868	
6293	Rabais, remises, ristournes obtenus sur publicité		14 940
4456	Etat – TVA déductible		2 928
	Facture du jour		

– Impôts et taxes

TVA collectée de décembre : 39 942

TVA déductible de décembre : 38 784 + 29 – 2 928 = ... – 35 885

TVA à décaisser au titre de décembre : 4 057

	31/12/N		
4457	Etat – TVA collectée	39 942	
4456	Etat – TVA déductible		35 885
4455	Etat – TVA à décaisser		4 057
	TVA à décaisser de décembre		

2. Présentez la balance après inventaire (avant calcul de l'impôt sur les bénéfices).

N°	Noms des comptes	Soldes débiteurs	Soldes créditeurs
1010	Capital social		152 500
1060	Réserves		15 866
1450	Amortissements dérogatoires		4 363
1640	Emprunts auprès des établissements de crédit		97 567
2070	Fonds commercial	15 245	
2110	Terrains	35 367	
2130	Constructions	53 360	
2150	Installations techniques, matériels et outillages	62 504	
2610	Titres de participation	32 929	
2813	Amortissements des constructions		12 006
2815	Amortissements des installations techniques, matériels...		28 805
2961	Dépréciations des titres de participation		10 824
3100	Stock de matières premières	46 954	
3550	Produits finis	75 462	
3710	Stock de marchandises	47 564	
3910	Dépréciations des matières premières		2 805
4010	Fournisseurs		231 809
4030	Fournisseurs - Effets à payer		42 381
4081	Fournisseurs - Factures non parvenues		911
4097	Fournisseurs - Autres avoirs	17 868	
4110	Clients	279 206	
4160	Clients douteux	10 546	
4181	Clients - Produits non encore facturés	2 187	
4440	Etat - Impôt sur les bénéfices	14 483	
4455	Etat - TVA à décaisser		4 057
4458	Etat - TVA à régulariser		209
4860	Charges constatées d'avance	1 338	
4870	Produits constatés d'avance		1 200
4910	Dépréciations des comptes de clients		5 820
5030	VMP - Actions	13 964	
5120	Banque		34 559
5300	Caisse	10 549	
5903	Dépréciations des actions		1 320
6010	Achats de matières premières	447 087	
6030	Variations des stocks		1 829
6060	Achats non stockés de matières et fournitures	131 289	
6070	Achats de marchandises	363 591	
6097	Rabais, remises, ristournes obtenus sur marchandises		11 434
6160	Primes d'assurances	240	

•••

6230	Publicité, relations publiques	38 874	
6270	Services bancaires	2 551	
6293	Rabais, remises, ristournes obtenus publicité, relations...		14 940
6300	Impôts, taxes et versements assimilés	20 581	
6410	Rémunérations du personnel	109 640	
6450	Charges de Sécurité sociale et de prévoyance	53 052	
6610	Charges d'intérêts	6 891	
6750	Valeur comptable des éléments d'actif cédés	6 609	
6811	Dotations aux amortissements des immobilisations	11 746	
6817	Dotations aux dépréciations des actifs circulants	5 456	
6866	Dotations aux dépréciations des éléments financiers	696	
6872	Dotations aux provisions réglementées	1 858	
7010	Ventes de produits finis		741 055
7070	Ventes de marchandises		491 343
7080	Produits des activités annexes		1 200
7097	Rabais, remises, ristournes accordés sur vtes de march.	3 049	
7130	Variations des stocks	5 336	
7640	Revenus des valeurs mobilières de placement		479
7750	Produits des cessions d'éléments d'actif		5 793
7817	Reprises sur dépréciations des actifs circulants		5 056
7866	Reprises sur dépréciations des éléments financiers		7 470
7872	Reprises sur provisions réglementées		471
	Totaux	1 928 072	1 928 072

3. En supposant qu'il n'existe aucune divergence entre le résultat comptable et le résultat fiscal, calculez et enregistrez l'impôt sur les bénéfices.

Un compte de résultat simplifié permet de calculer le résultat avant impôt :

Comptes de charges	Montants	Comptes de produits	Montants
601	447 087	701	741 055
603	–1 829	707	491 343
606	131 289	708	1 200
607	363 591	7097	–3 049
6097	–11 434	713	–5 336
616	240	764	479
623	38 874	775	5 793
627	2 551	7817	5 056
6293	–14 940	7866	7 470
63	20 581	7872	471
641	109 640		
645	53 052		
661	6 891		
675	6 609		
6811	11 746		
6817	5 456		
6866	696		
6872	1 858		
Total	1 171 958	Total	1 244 482
Bénéfice	72 524		

Impôt sur les bénéfices : 72 524 × 1/3 = 24 175 €.

	31/12/N		
695	Impôt sur les bénéfices	24 175	
444	Etat - Impôt sur les bénéfices		24 175
	IS dû au titre de l'exercice N		

Le résultat net comptable est donc de 72 524 – 24 175 = 48 349 €.

4. Enregistrez les écritures relatives à la détermination du résultat de l'exercice N.

	31/12/N		
6097	Rabais, remises, ristournes obtenus sur achats de marchand.	11 434	
6293	Rabais, remises, ristournes obtenus publicité, relations publ.	14 940	
607	Achats de marchandises		11 434
623	Publicité, relations publiques		14 940
	Détermination des achats nets		
	id		
707	Ventes de marchandises	3 049	
7097	Rabais, remises, ristournes accordés sur ventes de marchandises		3 049
	Détermination du chiffre d'affaires net		

	31/12/N		
603	Variations des stocks	1 829	
701	Ventes de produits finis	741 055	
707	Ventes de marchandises	488 294	
708	Produits des activités annexes	1 200	
764	Revenus des valeurs mobilières de placement	479	
775	Produits des cessions d'éléments d'actif	5 793	
7817	Reprises sur dépréciations des actifs circulants	5 056	
7866	Reprises sur dépréciations des éléments financiers	7 470	
7872	Reprises sur provisions réglementées	471	
120	Résultat de l'exercice		48 349
601	Achats de matières premières		447 087
606	Achats non stockés de matières et fournitures		131 289
607	Achats de marchandises		352 157
616	Primes d'assurances		240
623	Publicité, relations publiques		23 934
627	Services bancaires		2 551
63	Impôts, taxes et versements assimilés		20 581
641	Rémunérations du personnel		109 640
645	Charges de Sécurité sociale et de prévoyance		53 052
661	Charges d'intérêts		6 891
675	Valeur comptable des éléments d'actif cédés		6 609
6811	Dotations aux amortissements des immobilisations		11 746
6817	Dotations aux dépréciations des actifs circulants		5 456
6866	Dotations aux dépréciations des éléments financ.		696
6872	Dotations aux provisions réglementées		1 858
695	Impôt sur les bénéfices		24 175
713	Variations des stocks		5 336
	Détermination du résultat net comptable		

5. Enregistrez au journal toutes les écritures de clôture.

	31/12/N		
891	Bilan de clôture	705 043	
207	Fonds commercial		15 245
211	Terrains		35 367
213	Constructions		53 360
215	Installations techniques, matériels et outillages		62 504
261	Titres de participation		32 929
31	Stock de matières premières		46 954
355	Produits finis		75 462
371	Stock de marchandises		47 564
4097	Fournisseurs - Autres avoirs		17 868
411	Clients		279 206
416	Clients douteux		10 546
4181	Clients - Produits non encore facturés		2 187
486	Charges constatées d'avance		1 338
503	VMP - Actions		13 964
53	Caisse		10 549
	Clôture des comptes à solde débiteur		

	31/12/N		
101	Capital social	152 500	
106	Réserves	15 866	
120	Résultat de l'exercice	48 349	
145	Amortissements dérogatoires	4 363	
164	Emprunts auprès des établissements de crédit	97 567	
2813	Amortissements des constructions	12 006	
2815	Amortissements des installations techniques, matériels et out.	28 805	
2961	Dépréciations des titres de participation	10 824	
391	Dépréciations des matières premières	2 805	
401	Fournisseurs	231 809	
403	Fournisseurs d'immobilisations	42 381	
4081	Fournisseurs - Factures non parvenues	911	
444	Etat - Impôt sur les bénéfices	9 692	
4455	TVA à décaisser	4 057	
4458	TVA à régulariser	209	
487	Produits constatés d'avance	1 200	
491	Dépréciations des comptes de clients	5 820	
512	Banque	34 559	
5903	Dépréciations des actions	1 320	
891	Bilan de clôture		705 043
	Clôture des comptes à solde créditeur		

6. Enregistrez au journal les écritures de réouverture ainsi que les écritures de contrepassation relatives à l'inventaire N. Le résultat est viré en compte 88. Résultat en instance d'affectation.

	01/01/N+1		
207	Fonds commercial	15 245	
211	Terrains	35 367	
213	Constructions	53 360	
215	Installations techniques, matériels et outillages	62 504	
261	Titres de participation	32 929	
31	Stock de matières premières	46 954	
355	Produits finis	75 462	
371	Stock de marchandises	47 564	
4097	Fournisseurs - Autres avoirs	17 868	
411	Clients	279 206	
416	Clients douteux	10 546	
4181	Clients - Produits non encore facturés	2 187	
486	Charges constatées d'avance	1 338	
503	VMP - Actions	13 964	
53	Caisse	10 549	
890	Bilan d'ouverture		705 043
	Ouverture des comptes à solde débiteur		

	01/01/N+1		
890	Bilan d'ouverture	705 043	
101	Capital social		152 500
106	Réserves		15 866
120	Résultat de l'exercice		48 349
145	Amortissements dérogatoires		4 363
164	Emprunts auprès des établissements de crédit		97 567
2813	Amortissements des constructions		12 006
2815	Amortissements des installations techniques, matériels et out.		28 805
2961	Dépréciations des titres de participation		10 824
391	Dépréciations des matières premières		2 805
401	Fournisseurs		231 809
403	Fournisseurs d'immobilisations		42 381
4081	Fournisseurs – Factures non parvenues		911
444	Etat – Impôt sur les bénéfices		9 692
4455	TVA à décaisser		4 057
4458	TVA à régulariser		209
487	Produits constatés d'avance		1 200
491	Dépréciations des comptes de clients		5 820
512	Banque		34 559
5903	Dépréciations des actions		1 320
	Ouverture des comptes à solde créditeur		

	01/01/N+1		
120	Résultat de l'exercice	48 349	
88	Résultat en instance d'affectation		48 349
	Résultat N à affecter		

	01/01/N+1		
606	Achats non stockés de matières et fournitures	1 098	
486	Charges constatées d'avance		1 098
	Extourne écriture d'inventaire		

	01/01/N+1		
4081	Fournisseurs – Factures non parvenues	911	
4458	Etat – TVA à régulariser		149
601	Achats de matières premières		762
	Extourne écriture d'inventaire		

	01/01/N+1		
707	Ventes de marchandises	1 829	
4458	Etat – TVA à régulariser	358	
4181	Clients – Produits non encore facturés		2 187
	Extourne écriture d'inventaire		

	01/01/N+1		
616	Primes d'assurances	240	
486	Charges constatées d'avance		240
	Extourne écriture d'inventaire		

	01/01/N+1		
487	Produits constatés d'avance	1 200	
708	Produits des activités annexes		1 200
	Extourne écriture d'inventaire		

7. Présentez, au 20/06/N+1, l'écriture d'affectation du résultat.

Résultat de l'exercice N : .... 48 349 €
Affectation aux réserves : 48 349 × 1/3 = ... – 16 116 €
Disponible pour distribution : .... 32 233 €
Dividende par action : 32 233 / 3 050 = ... 10,56 €, arrondis à 10,50 €.
Dividende à distribuer : 3 050 × 10,50 = ... – 32 025 €
Affectation au report à nouveau : .... 208 €

		20/06/N+1		
88		Résultat en instance d'affectation	48 349	
	106	Réserves		16 116
	110	Report à nouveau		208
	457	Associés - Dividendes à payer		32 025
		Extourne écriture d'inventaire		

APPLICATION 6 p. 404 QCM

Répondez par « oui » ou par « non » aux affirmations ci-dessous ou précisez le montant exact en donnant toutes explications utiles.

1. Toutes les entreprises doivent comptabiliser un impôt sur les bénéfices lorsque leur résultat est bénéficiaire.

Non. Seules les sociétés soumises à l'impôt sur les sociétés comptabilisent un impôt sur les sociétés.

2. Les réintégrations extracomptables sont des éléments compris dans la base d'imposition mais qui ne figurent pas dans le résultat comptable.

Non. L'affirmation est exacte en ce qui concerne des produits fiscaux non comptabilisés, mais il peut également s'agir de charges comptabilisées mais non admises en fiscalité.

3. Le résultat net comptable est le bénéfice fiscal diminué de l'impôt sur les bénéfices.

Non. Le résultat net comptable est le résultat comptable avant impôt diminué de l'impôt sur les bénéfices.

4. Le résultat net comptable est déterminé par l'écriture de solde de tous les comptes de gestion.

Oui. Les comptes de gestion sont les composantes du résultat.

5. Dans une entreprise répondant aux conditions des PME, le bénéfice fiscal s'élève à 50 000 €. L'impôt correspondant est égal à :

☐ 7 500 €.

☑ 9 678 €.

☐ 16 667 €.

L'impôt est égal à : (38 120 × 15 %) + 11 880 × 1/3.

6. Dans une entreprise ne répondant pas à la définition d'une PME, le résultat de N–2 a été de 100 000 €, celui de N–1 de 150 000 € et celui de N de 200 000 €. Le premier acompte N est égal à :

☑ 8 333 €.

☐ 12 500 €.

☐ 15 000 €.

☐ 16 667 €.

Le premier acompte est égal à 1/12 du bénéfice fiscal N–2, soit 100 000 × 1/12.

7. Dans une entreprise ne répondant pas à la définition d'une PME, le résultat de N–2 a été de 120 000 € et celui de N–1 de 150 000 €. Le deuxième acompte N est égal à :

☐ 10 000 €.

☐ 12 500 €.

☑ 15 000 €.

Le deuxième acompte est égal à 1/6 du bénéfice fiscal N–1 diminué du premier acompte, soit (150 000 × 1/6) – (120 000 × 1/12).

8. Le solde d'impôt doit être payé au plus tard pour le 15/04/N+1 lorsque l'exercice comptable est clos le 31/12/N.

Oui. Il s'agit de la date limite de régularisation.

9. L'utilisation du compte 89. Bilan est obligatoire à la clôture et à l'ouverture d'un exercice comptable.

Non. Il est également possible de débiter les comptes créditeurs et de créditer les comptes débiteurs en une seule écriture, sans transiter par le compte 89.

10. L'affectation du résultat de l'exercice est décidée par les dirigeants de l'entreprise.

Non. Elle est décidée par les associés sur proposition des dirigeants.

CHAPITRE

20

L'organisation pratique de la comptabilité

APPLICATION 1 p. 418 Comptabilisation aux journaux auxiliaires

1. Enregistrez de manière chronologique les opérations, en précisant les journaux utilisés, en marge des écritures.

Journal de Banque — 1er juin

512	Banque	1 132,06	
661	Charges d'intérêts	50,00	
627	Services bancaires	15,00	
44566	TVA sur autres biens et services	2,94	
519	Concours bancaires courants		1 200,00
	Escompte LCR 213		

Journal d'OD — 02-juin

709	Rabais, remises, ristournes accordés	400,00	
44571	TVA collectée	78,40	
411	Clients		478,40
	Avoir 78		

– Opération du 3 juin :

Montant hors taxes facturé : 2 500 × 90 % = 2 250 €.

Montant TTC facturé : 2 250 × 1,196 = 2 691 €.

Montant de l'escompte : 2 250 × 3 % = 67,50 €.

TVA sur escompte : 67,50 × 19,60 % = 13,23 €.

Journal de Banque 03-juin

512	Banque	2 610,27	
665	Escomptes accordés	67,50	
44571	TVA collectée	13,23	
411	Client		2 691,00
	Règlement client Gaillard		

Journal des ventes 10-juin

411	Clients	720,32	
4191	Avances et acomptes reçus sur commandes	200,00	
707	Ventes de marchandises		769,50
44571	TVA collectée		150,82
	Règlement client Gaillard		

Journal des achats 15-juin

607	Achats de marchandises	3 600,00	
44566	TVA sur autres biens et services	705,60	
4096	Fournisseurs, créances sur emballages à rendre	200,00	
401	Fournisseurs		4 505,60
	Facture 7458 Clairefontaine		

Journal de Banque 21-juin

58	Virements internes	500,00	
512	Banque		500,00
	Retrait banque		

Journal de caisse 21-juin

531	Caisse	500,00	
58	Virements internes		500,00
	Dépôt sur caisse		

Journal d'OD 22-juin

401	Fournisseurs	152,16	
6136	Malis sur emballages	40,00	
44566	TVA sur autres biens et services	7,84	
4096	Fournisseurs, créances sur emballages à rendre		200,00
	Avoir 214 Clairefontaine		

Le document daté du 27 juin est un bon de commande et ne s'enregistre pas en comptabilité.

Journal de Banque 28-juin

512	Banque	1 200,00	
411	Client		1 200,00
	Règlement Grall		

Journal de Banque 28-juin

519	Concours bancaires courants	1 200,00	
512	Banque		1 200,00
	Remboursement concours bancaires		

2. **Citez deux exemples de journaux susceptibles d'être utilisés en plus de ceux déjà créés par l'entreprise.**

L'entreprise peut utiliser un journal de paie et un journal d'inventaire.

3. **Dans l'hypothèse où l'entreprise utiliserait plusieurs banques, serait-il pertinent de conserver les journaux présentés ci-dessus ? Justifiez votre réponse.**

Dans ce cas, les entreprises utilisent autant de journaux de banque que de comptes détenus auprès des organismes de banque. Enregistrer au sein d'un même journal des écritures concernant tous les comptes bancaires rendrait moins aisé les rapprochements bancaires. Le compte 512 doit être subdivisé en autant de sous-comptes que de comptes bancaires. Le logiciel peut être utilement paramétré en instaurant un message d'alerte lorsque le sous-compte utilisé ne correspond pas au journal faisant l'objet de la saisie.

APPLICATION 2 p. 419 Comptabilisation aux journaux auxiliaires

Enregistrez les opérations dans les journaux divisionnaires concernés.

AC

	03-févr		
607	Achats de marchandises	4 500,00	
44566	TVA sur autres biens et services	882,00	
401	Fournisseurs		5 382,00
	Facture 258		

Montant du règlement au comptant : 5 382 × 0,99 = 5 328,18 € :

BQ

	08-févr		
401	Fournisseurs	5 328,18	
512	Banque		5 328,18
	Chèque 378		

Réception de l'avoir : montant de l'escompte HT : 4500 × 1 % = 45 €.
TVA sur escompte : 45 × 19,60 % = 8,82 € :

OD

	09-févr		
401	Fournisseurs	53,82	
607	Achats de marchandises		45,00
44566	TVA sur autres biens et services		8,82
	Avoir 12		

BQ

	10-févr		
512	Banque	41 945,10	
661	Charges d'intérêts	525,00	
627	Services bancaires	25,00	
44566	TVA sur autres biens et services	4,90	
519	Concours bancaires courants		42 500,00
	Escompte LCR		

	VE	11-févr		
411	Clients		57 604,00	
4191	Clients, acomptes et avances reçus		1 000,00	
701		Ventes de produits finis		49 000,00
44571		TVA collectée		9 604,00
	Facture 45 Tout Confort			

– 19 février : émission d'un avoir pour retour d'un produit fini :

Retour d'un meuble : .... 5 000,00 €

Remise 2 % : .... 100,00 €

Net commercial : .... 4 900,00 €

La remise supplémentaire se calcule sur la base de 49 000 – 4 900 = 44 100 €.

44 100 × 1 % : .... 441,00 €

Montant total : .... 5 341,00 €

TVA 19,60 % : .... 1 046,84 €

Net au crédit : .... 6 387,84 €

	OD	19-févr		
701	Ventes de produits finis		4 900,00	
709	Rabais, remises, ristournes accordés		441,00	
44571	TVA collectée		1 046,84	
411		Clients		6 387,84
	Avoir Tout Confort			

	OD	20-févr		
2184	Mobilier		1 000,00	
44562	TVA sur immobilisations		196,00	
231		Immobilisations en cours		400,00
722		Production immobilisée		600,00
44571		TVA collectée		196,00
	Production d'une immobilisation			

	AC	23-févr		
215	Installations techniques		26 000,00	
44562	TVA déductible sur immobilisations		5 096,00	
404		Fournisseurs d'immobilisations		26 000,00
4452		TVA due intracommunautaire		5 096,00
	Achat intracommunautaire			

	BQ	25-févr		
403	Fournisseurs effets à payer		1 592,25	
512		Banque		1 592,25
	Domiciliations			

– Les rémunérations du personnel comprennent :

Salaires de base : .... 18 000,00 €

Heures supplémentaires : .... 1 500,00 €

Primes : .... 500,00 €

Indemnités non imposables : .... 1 000,00 €

.... 21 000,00 €

OD	27-févr		
641	Rémunérations du personnel	21 000,00	
421	Personnel – Rémunérations dues		21 000,00
	Montant brut		
	d°		
421	Personnel – Rémunérations dues	7 300,00	
425	Personnel – Avances et acomptes		2 000,00
427	Personnel – Oppositions		300,00
431	Sécurité sociale		3 100,00
4371	Assedic		900,00
4372	Caisse de retraite non-cadre		600,00
4373	Caisse de retraite cadre		400,00
	Salaires de février		
BQ	28-févr		
421	Personnel – Rémunérations dues	13 700,00	
512	Banque		13 700,00
	Règlement des salaires		

APPLICATION 3 p. 420 QCM

Répondez par « oui » ou par « non » aux affirmations ci-dessous en donnant toutes explications utiles.

1. Les documents comptables obligatoires sont le livre journal, le grand-livre et la balance des comptes.

Non. Les documents comptables obligatoires sont le livre journal, le grand-livre et le livre d'inventaire. La balance n'est pas un document obligatoire.

2. Aucune forme particulière n'est prescrite pour le livre d'inventaire.

Oui. Le code de commerce ne précise que les éléments qui doivent y figurer.

3. Le livre d'inventaire est la composante du livre journal qui traite des écritures de fin d'exercice.

Non. Le livre d'inventaire n'est pas qu'un simple journal ; les écritures de fin d'exercice y figurent également.

4. Les documents comptables doivent être conservés pendant une durée de 6 ans.

Non. La durée de conservation en matière comptable est de 10 ans.

5. Le code de commerce exige que les pièces justificatives soient conservées durant 10 ans sous leur forme originale.

Non. Les pièces justificatives doivent bien être conservées durant 10 ans, mais sous n'importe quelle forme fidèle et durable.

6. La lettre de change-relevé magnétique est un document dématérialisé.

Oui. Elle n'existe que sous forme informatique.

7. Un document dématérialisé doit être conservé sous cette forme.

Oui. La durée de conservation est de 3 ans. Ces documents doivent être conservés de informatiquement.

8. Dans le système centralisateur, le terme « centralisation » signifie que toutes les écritures figurent sur un seul journal général.

Non. Au contraire, le terme « centralisation » signifie que les écritures effectuées sur les journaux auxiliaires sont reportées mensuellement sur un journal général (au niveau des totaux uniquement).

9. Le journal auxiliaire des achats enregistre les achats de biens et services inscrits en comptes de charges.

Non. Il concerne tous les achats, y compris les achats d'immobilisations.

10. Les écritures passées dans les journaux auxiliaires sont recopiées dans le journal général à la fin de chaque période.

Oui. La centralisation au journal général est mensuelle.

11. L'utilisation du compte 58. Virements internes évite les doubles enregistrements d'une même opération.

Oui. Le compte 58. Virements internes est utilisé lorsqu'une opération concerne simultanément deux journaux.

12. Le livre des procédures fait partie des documents comptables obligatoires.

Non. Le livre des procédures n'est obligatoire que lorsque sa rédaction est justifiée par une meilleure compréhension du système d'information comptable.

13. La validation des écritures est leur acceptation par les contrôleurs des comptes, après vérification.

Non. La validation des écritures est une opération informatique qui protège les écritures saisies et empêche qu'elles soient modifiées ou supprimées.

14. Une écriture saisie au brouillard peut être modifiée.

Oui. Tant qu'une écriture n'est saisie qu'au brouillard, et donc non validée, elle peut être modifiée, voire supprimée.

15. La génération automatique des écritures comptables par un logiciel de gestion commerciale évite la saisie comptable des factures.

Oui. Dans ce cas, la saisie de la facture permet de mouvementer automatiquement les comptes concernés par le biais du paramétrage du logiciel de gestion commerciale.

16. Le périmètre de contrôle est l'ensemble des domaines qui peuvent être contrôlés par l'administration fiscale.

Oui. Il ne s'agit pas seulement des documents comptables proprement dits, mais également de tous les éléments qui permettent à l'administration fiscale d'exercer ses contrôles, y compris le système informatique.

17. Le lettrage des comptes de tiers consiste à les classer par ordre alphabétique en fonction du nom des tiers.

Non. Le lettrage des comptes de tiers consiste à rapprocher les montants facturés des règlements correspondants afin d'expliquer le solde des comptes de tiers.

18. Il existe autant de grands-livres auxiliaires qu'il a été créé de journaux auxiliaires.

Non. Certains journaux auxiliaires, comme le journal des opérations diverses ne donnent pas lieu à la tenue d'un grand-livre auxiliaire.

CHAPITRE

21

Les documents de synthèse

APPLICATION 1 p. 454] Obligations comptables

1. Indiquez les modèles de présentation des documents annuels à présenter par ces quatre entreprises.

Entreprises	Bilan et compte de résultat	Annexe
A	Présentation de base (chiffre d'affaires > 534 000 €)	Non obligatoire (régime fiscal simplifié)
B	Présentation de base (les seuils relatifs au chiffre d'affaires et au nombre de salariés sont dépassés)	Présentation simplifiée (régime fiscal du réel normal)
C	Présentation de base (les seuils sont dépassés)	Présentation simplifiée (seuils non dépassés)
D	Présentation de base (les seuils sont dépassés)	Présentation de base (seuils dépassés)

2. Pour les sociétés, indiquez la date limite d'établissement des documents annuels.

Entreprises	Dates limites	Commentaires
A et B	3 mois 1/2	Délai fiscal pour les personnes physiques
C	3 mois	Délai réduit pour les SA à directoire
D	4 mois	SA de type classique dont le CA excède 18 millions d'€

APPLICATION 2 p. 454] Documents annuels en système de base

1. Présentez les écritures d'inventaire nécessaires, puis les écritures de détermination du résultat comptable de l'exercice.

– Amortissements

Bâtiments : 420 000 × 1/20 = ... 21 000 €
Agencements : 150 000 × 1/10 = ... 15 000 €
Matériels et outillages : 50 000 × 1/10 = ... 5 000 €
Camionnette A : 20 000 × 1/4 × 9/12 = ... 3 750 €
Camion B : 30 000 × 1/5 = ... 6 000 €
Véhicule C : totalement amorti.

Matériel de bureau et informatique : 20 000 × 1/10 = 2 000 €.

	31/12/N		
6811	Dotations aux amortissements des immobilisations	52 750	
28131	Amortissements des bâtiments		21 000
28135	Amortissements des aménagements des constr.		15 000
28154	Amortissements des matériels industriels		5 000
28182	Amortissement des matériels de transport		9 750
28183	Amortissements des matériels de bureau et info.		2 000
	Dotations N		

– Stocks

	31/12/N		
603	Variations des stocks	390 000	
37	Stock de marchandises		390 000
	Élimination du stock de début d'exercice		
	id		
397	Dépréciation des stocks de marchandises	22 000	
7817	Reprises sur dépréciations des actifs circulants		22 000
	Reprise de la dépréciation du 31/12/N-1		

	31/12/N		
37	Stock de marchandises	315 000	
603	Variation des stocks		315 000
	Création du stock de fin d'exercice		
	id		
6817	Dotations aux dépréciations des actifs circulants	18 000	
397	Dépréciations des stocks de marchandises		18 000
	Dotation N		

– Clients douteux

	31/12/N		
416	Clients douteux	16 744	
411	Clients		16 744
	Client Y		
	id		
6817	Dotations aux dépréciations des actifs circulants	2 800	
491	Dépréciations des comptes de clients		2 800
	Dotation sur créance Y : 16 744 / 1,196 × 20 %		

	id		
654	Pertes sur créances irrécouvrables	19 000	
44551	TVA à décaisser	3 724	
416	Clients douteux		22 724
	Client X : montant HT : 22 724 / 1,196		
	id		
491	Dépréciations de comptes de clients	7 200	
7817	Reprises sur dépréciations des actifs circulants		7 200
	Client X		

– Provision

	31/12/N		
151	Provision pour risques	10 000	
7875	Reprises sur provisions exceptionnelles		10 000
	Charge définitive constatée durant l'exercice		

– Régularisations

	31/12/N		
4181	Clients - Produits non encore facturés	23 920	
707	Ventes de marchandises		20 000
4458	TVA à régulariser		3 920
	Factures non établies		
	id		
486	Charges constatées d'avance	2 000	
616	Primes d'assurances		2 000
	2 400 × 5/6		

– Cession du véhicule de tourisme

	31/12/N		
108	Compte de l'exploitant	3 500	
775	Produits des cessions d'éléments d'actif		3 500
	Cession du véhicule à l'exploitant		
	id		
28182	Amortissements des matériels de transport	12 000	
2182	Matériels de transport		12 000
	Sortie du patrimoine ; véhicule totalement amorti		

– TVA à décaisser

	31/12/N		
44571	TVA collectée	22 300	
44566	TVA déductible		18 300
44567	Crédit de TVA à reporter		276
44551	TVA à décaisser		3 724
	Charge définitive constatée durant l'exercice		

Il reste 1 400 – 276 = 1 124 € de crédit de TVA à reporter.

– Détermination du résultat comptable

	31/12/N		
6097	Rabais, remises, ristournes obtenus sur achats de marchand.	54 200	
607	Achats de marchandises		54 200
	Détermination des achats nets		
	id		
707	Ventes de marchandises	41 000	
7097	Rabais, remises, ristournes accordés sur ventes de marchandises		41 000
	Détermination du chiffre d'affaires net		

	31/12/N		
129	Résultat de l'exercice	53 950	
707	Ventes de marchandises	938 000	
775	Produits des cessions d'éléments d'actif	3 500	
7817	Reprises sur dépréciations des actifs circulants	29 200	
7875	Reprises sur provisions exceptionnelles	10 000	
603	Variations des stocks		75 000
606	Achats non stockés de matières et fournitures		14 500
607	Achats de marchandises		647 800
615	Travaux d'entretien		28 000
616	Primes d'assurances		3 000
622	Rémunérations d'intermédiaires et honoraires		3 700
626	Frais postaux		3 000
641	Rémunérations du personnel		85 000
644	Rémunération de l'exploitant		22 000
645	Charges de Sécurité sociale et de prévoyance		31 400
646	Cotisations personnelles de l'exploitant		3 500
654	Pertes sur créances irrécouvrables		19 000
661	Charges d'intérêts		9 000
665	Escomptes accordés		12 000
671	Charges exceptionnelles sur opérations de gestion		4 200
6811	Dotations aux amortissements des immobilisations		52 750
6817	Dotations aux dépréciations des actifs circulants		20 800
	Détermination du résultat comptable		

2. Construisez de manière schématique, en système de base, le compte de résultat de l'exercice.

	Exercice N
Produits d'exploitation	
Ventes de marchandises	938 000
Production vendue (biens et services)	
Montant net du chiffre d'affaires	938 000
Production stockée	
Production immobilisée	
Subventions d'exploitation	
Reprises sur dépréciations, provisions (et amortissements), transferts de charges	29 200
Autres produits	
Total I	967 200
Charges d'exploitation	
Achats de marchandises	647 800
Variation de stock	75 000
Achats de matières premières et autres approvisionnements	
Variation de stock	
Autres achats et charges externes	52 200
Impôts, taxes et versements assimilés	
Salaires et traitements	107 000
Charges sociales	34 900
Dotations aux amortissements et dépréciations :	
Sur immobilisations : dotations aux amortissements	52 750
Sur immobilisations : dotations aux dépréciations	
Sur actif circulant : dotations aux dépréciations	20 800
Dotations aux provisions	
Autres charges	19 000
Total II	1 009 450

	Exercice N
1. RESULTAT D'EXPLOITATION (I - II)	–42 250
Produits financiers :	
De participation	
D'autres valeurs mobilières et créances de l'actif immobilisé	
Autres intérêts et produits assimilés	
Reprises sur dépréciations et provisions, transferts de charges	
Différences positives de change	
Produits nets sur cessions de valeurs mobilières de placement	
Total V	0
Charges financières :	
Doations aux amortissements, dépréciations et provisions	
Intérêts et charges assimilées	21 000
Différences négatives de change	
Charges nettes sur cessions de valeurs mobilières de placement	
Total VI	21 000
2. RESULTAT FINANCIER (V - VI)	–21 000
3. RESULTAT COURANT avant impôt (I - II + V - VI)	–63 250
Produits exceptionnels :	
Sur opérations de gestion	
Sur opérations en capital	3 500
Reprises sur dépréciations et provisions, transferts de charges	10 000
Total VII	13 500
Charges exceptionnelles :	
Sur opérations de gestion	4 200
Sur opérations en capital	
Doations aux amortissements, dépréciations et provisions	
Total VIII	4 200
4. RESULTAT EXCEPTIONNEL (VII - VIII)	9 300
Impôt sur les bénéfices (X)	
Total des produits (I + V + VII)	980 700
Total des charges (II + VI + VIII + X)	1 034 650
Bénéfice ou perte	–53 950

3. Présentez les écritures de clôture du journal au 31/12/N.

	31/12/N		
101	Capital individuel	13 300	
108	Compte de l'exploitant		13 300
	Virement du compte 108 pour solde		

31/12/N

891	Bilan de clôture	1 287 780	
129	Résultat de l'exercice		53 950
211	Terrains		120 000
2131	Bâtiments		420 000
2135	Aménagements des constructions		150 000
215	150 000		50 000
2182	Matériels industriels		50 000
2183	Matériels de transport		20 000
37	Matériels de bureau et informatique		315 000
411	Stock de marchandises		32 256
416	Clients		16 744
4181	Clients douteux		23 920
425	Clients - Produits non encore facturés		800
431	Personnel - Avances et acomptes		3 700
44567	Sécurité sociale		1 124
486	Charges constatées d'avance		2 000
512	Banque		25 986
53	Caisse		2 300
	Clôture des comptes à solde débiteur		

31/12/N

101	Capital individuel	792 957	
164	Emprunts auprès des établissements de crédit	20 000	
28131	Amortissements des bâtiments	168 000	
28135	Amortissements des aménagements des constructions	120 000	
28154	Amortissements des matériels industriels	40 000	
28182	Amortissements des matériels de transport	40 833	
28183	Amortissements des matériels de bureau et informatique	16 000	
397	Dépréciations des stocks de marchandises	18 000	
401	Fournisseurs	65 270	
4458	TVA à régulariser	3 920	
491	Dépréciations des comptes de clients	2 800	
891	Bilan de clôture		1 287 780
	Clôture des comptes à solde créditeur		

4. Construisez de manière schématique, en système de base, le bilan au 31/12/N.

ACTIF	Brut	Amort /dépr	Net
ACTIF IMMOBILISE			
Immobilisations incorporelles			
Frais d'établissement			
Frais de recherche et dév			
Concessions, brevets…			
Fonds commercial			
Autres			
Avances et acomptes			
Immobilisations corporelles			
Terrains	120 000		120 000
Constructions	570 000	288 000	282 000
Installations techniques, matériels et outillages	50 000	40 000	10 000
Autres	70 000	56 833	13 167
Avances et acomptes			
Immobilisations financières			
Participations et créances rattachées à des participations			
Titres immobilisés de l'activité de portefeuille			
Autres titres immobilisés			
Prêts			
Autres			
Total I	810 000	384 833	425 167
ACTIF CIRCULANT			
Stocks et en-cours			
Matières premières et autres approvisionnements			
En-cours de production (biens et services)			
Produits intermédiaires et finis			
Marchandises	315 000	18 000	297 000
Avances et acomptes versés sur commandes			
Créances clients et comptes rattachés	72 920	2 800	70 120
Autres créances	5 624		5 624
Valeurs mobilières de placement			
Disponibilités	28 286		28 286
Charges constatées d'avance	2 000		2 000
Total II	423 830	20 800	403 030
Charges à répartir sur plusieurs exercices (III)			
Ecarts de conversion (V)			
TOTAL GENERAL	1 233 830	405 633	828 197

PASSIF	Montant
CAPITAUX PROPRES	
Capital	792 957
Primes d'émission, de fusion, d'apport	
Réserves	
Report à nouveau	
Résultat de l'exercice (bénéfice ou perte)	–53 950
Subventions d'investissement	
Provisions réglementées	
Total I	739 007
PROVISIONS	
Provisions pour risques	
Provisions pour charges	
Total II	0
DETTES	
Emprunts obligataires convertibles	
Autres emprunts obligataires	
Emprunts et dettes auprès des établissements de crédit	20 000
Emprunts et dettes financières diverses	
Avances et acomptes reçus sur commandes en cours	
Dettes fournisseurs et comptes rattachés	65 270
Dettes fiscales et sociales	3 920
Dettes sur immobilisations et comptes rattachés	
Autres dettes	
Produits constatés d'avance	
Total III	89 190
Ecarts de conversion Passif (IV)	
TOTAL GENERAL	828 197

5. Présentez les tableaux des immobilisations, des amortissements, des dépréciations et des provisions devant figurer dans l'annexe N.

• *Tableau des immobilisations*

Rubriques	Valeur brute à l'ouverture de l'exercice	Augmentat.	Diminutions	Valeur brute à la clôture de l'exercice
IMMOBILISATIONS INCORPORELLES				
IMMOBILISATIONS CORPORELLES				
Terrains	120 000			120 000
Constructions	570 000			570 000
Installations techniques, matériels et out.	50 000			50 000
Autres immobilisations corporelles	82 000		12 000	70 000
	822 000		12 000	810 000
IMMOBILISATIONS FINANCIÈRES				
TOTAUX	822 000		12 000	810 000

• *Tableau des amortissements*

Rubriques	Amort. cumulés au début de l'exercice	Augmentat. : dotations de l'exercice	Diminutions d'amort. de l'exercice	Amort. cumulés à la clôture de l'exercice
IMMOBILISATIONS INCORPORELLES				
IMMOBILISATIONS CORPORELLES				
Constructions	252 000	36 000		288 000
Installations techniques	35 000	5 000		40 000
Autres immobilisations corporelles	57 083	11 750	12 000	56 833
	344 083	52 750	12 000	384 833
TOTAUX	344 083	52 750	12 000	384 833

• *Tableau des dépréciations*

Rubriques	Dépréciat. au début de l'exercice	Augmentat. : dotations de l'exercice	Diminutions reprises de l'exercice	Dépréciat. à la clôture de l'exercice
Stocks				
Marchandises	22 000	18 000	22 000	18 000
Créances				
Créances clients	7 200	2 800	7 200	2 800
TOTAUX	29 200	20 800	29 200	20 800

• *Tableau des provisions*

Rubriques	Provisions au début de l'exercice	Augmentat. : dotations de l'exercice	Diminutions reprises de l'exercice	Provisions à la clôture de l'exercice
Provisions pour risques				
Provision pour litige	10 000		10 000	0
Totaux	10 000		10 000	

APPLICATION 3 p. 457 État des échéances des créances et des dettes

Présentez le tableau des échéances des créances et des dettes au 31 décembre N.

Créances	Montant brut	Liquidité de l'actif		Dettes	Montant brut	Degré d'exigibilité du passif		
		Échéances à moins 1 an	Échéances à plus 1 ans			Échéances à moins 1 an	Échéances à plus 1 an et moins 5 ans	Échéances à plus 5 ans
<u>Créances de l'actif immobilisé</u>				Emprunts obligataires (2)	37 800	37 800		
Créances rattachées à des				Emprunts auprès ets. de crédit (2)				
participations	18 530		18 530	– à 2 ans au max à l'origine				
Prêts (1)	48 466	6 176	42 290	– à plus de 2 ans à l'origine	1 804 134	972 800	351 334	480 000
Autres	464		464	Emprunts et dettes divers (2)	18 600	5 534	13 066	
<u>Créances de l'actif circulant</u>				Dettes fournisseurs et rattachées	1 333 708	1 333 708		
Créances clients et rattachées	2 636 000	2 581 400	54 600	Dettes fiscales et sociales	453 666	453 666		
Autres	281 000	281 000		Dettes sur immobilisations	182 070	182 070		
Charges constatées d'avance	15 200	15 200		Autres dettes (3)	71 316	71 316		
				Produits constatés d'avance				
TOTAL	2 999 660	2 883 776	115 884	TOTAL	3 901 294	3 056 894	364 400	480 000
(1) Prêts accordés en cours				(2) Emprunts souscrits en cours				
d'exercice	600			d'exercice	440 000			
Prêts récupérés en cours d'ex.	1 340			Emprunts remboursés en cours				
				d'exercice	245 600			
				(3) dont envers les associés	13 066			

APPLICATION 4 p. 458 Analyse d'un tableau de financement

1. Présentez, de manière schématique, le bilan au 31/12/N, avec rappel de la colonne « N–1 ».

ACTIF	Exercice N			Exercice N-1
	Montant brut	Amort. et dépr.	Montant net	
ACTIF IMMOBILISE				
Immobilisations incorporelles	145 000		145 000	120 000
Immobilisations corporelles	1 207 000	118 600	1 088 400	964 500
Immobilisations financières	147 210	4 580	142 630	164 940
	1 499 210	123 180	1 376 030	1 249 440
ACTIF CIRCULANT				
Stocks de matières premières	41 150	780	40 370	22 670
Stocks de produits finis	249 780	4 630	245 150	67 800
Clients et comptes rattachés	776 245	21 110	755 135	528 975
Valeurs mobilières de placement	135 780	23 480	112 300	105 560
Disponibilités	570		570	8 650
	1 203 525	50 000	1 153 525	733 655
TOTAL	2 702 735	173 180	2 529 555	1 983 095

PASSIF	Exercice N	Exercice N-1
CAPITAUX PROPRES		
Capital	500 000	500 000
Réserves	525 245	420 245
Résultat de l'exercice	265 480	241 750
	1 290 725	1 161 995
PROVISIONS	8 430	4 500
DETTES		
Emprunts auprès des établissements de crédit (a) (b)	1 034 500	672 500
Fournisseurs et comptes rattachés	82 700	78 500
Dettes fiscales et sociales	64 900	52 800
Autres dettes	48 300	12 800
	1 230 400	816 600
TOTAL	2 529 555	1 983 095
(a) dont concours bancaires courants	47 960	
(b) dont intérêts courus non échus	12 900	8 200

2. Expliquez l'intérêt du tableau de financement et ressortez des parties 1 et 2 les mouvements les plus importants pour l'exercice N.

Le tableau de financement est un tableau « Emplois – Ressources » qui explique les variations du patrimoine de l'entreprise au cours de l'exercice.

Tableau – 1re partie : les acquisitions d'immobilisations ont été importantes mais elles pourraient être largement couvertes par la capacité d'autofinancement de l'entreprise. Les distributions représentent la moitié du résultat. L'autofinancement (capacité d'autofinancement diminuée des distributions) ne suffit pas à couvrir les investissements et les remboursements d'emprunts, d'où la nécessiter d'emprunter, ce qui augmentera les charges financières et les remboursements des exercices ultérieurs. Il se dégage tout de même globalement une ressource nette de financement importante de 302 590 €.

Tableau – 2e partie : ls stocks de produits finis et les créances clients augmentent fortement alors que les dettes d'exploitation varient peu. L'importance de cet accroissement est telle que la ressource de financement ne suffit pas à la couvrir, ce qui provoque forcément une insuffisance de trésorerie.

3. Pour quelles raisons l'entreprise ne pouvait-elle éviter des difficultés de trésorerie ?

L'accroissement du chiffre d'affaires a provoqué « mécaniquement » celui du besoin en fonds de roulement et donc une diminution de la trésorerie.

L'augmentation des stocks de produits finis et des créances clients n'a pas été maîtrisée, mettant l'entreprise en difficulté de trésorerie, malgré ses bons résultats et sa croissance.

4. Quelles solutions pouvez-vous préconiser ?

On pourrait envisager d'agir sur le fonds de roulement net global par une augmentation de capital mais également par une réduction des distributions de bénéfices, au moins pendant la période de forte croissance.

On pourrait également agir sur le besoin en fonds de roulement en repensant le système de production (réduction des stocks), en agissant sur les délais de paiement des clients et, à court terme, en cédant les valeurs mobilières de placement non nécessaires à l'exploitation.

APPLICATION 5 p. 460 QCM

Répondez par « oui » ou par « non » aux affirmations ci-dessous en donnant toutes explications utiles.

1. Le délai d'établissement des comptes annuels est fonction du moment auquel l'entreprise doit déposer ses déclarations fiscales.

Non. Le délai fiscal de remise des déclarations conditionne uniquement le délai d'établissement des documents comptables des personnes physiques car il n'y a pas de délai de tenue d'assemblée générale.

2. Dans les SARL qui ne sont pas obligées de faire certifier leurs comptes par un commissaire aux comptes, le délai d'établissement des comptes annuels peut être de 5 mois et demi.

Oui. Le délai est plus long que pour les autres sociétés car l'étape de certification des comptes par un commissaire aux comptes n'existe pas.

3. Une entreprise individuelle soumise au régime simplifié d'imposition a réalisé un chiffre d'affaires de 245 000 €. Elle présentera les documents suivants :

☑ présentation simplifiée du bilan et compte de résultat.

☐ présentation simplifiée du bilan, du compte de résultat et de l'annexe.

☐ présentation de base du bilan et du compte de résultat et simplifiée de l'annexe.

La présentation de l'annexe n'est pas obligatoire et le seuil qui oblige à une présentation de base du bilan et du compte de résultat n'est pas atteint.

4. Une entreprise individuelle soumise au régime réel normal d'imposition a un total de bilan de 280 000 € et un chiffre d'affaires de 500 000 € ; elle emploie 12 salariés. Elle présentera les documents suivants :

☐ présentation simplifiée du bilan et du compte de résultat.

☐ présentation simplifiée du bilan, du compte de résultat et de l'annexe.

☑ présentation de base du bilan et du compte de résultat et simplifiée de l'annexe.

☐ présentation de base du bilan, du compte de résultat et de l'annexe.

Deux seuils (total du bilan et nombre de salariés) sont dépassés. L'annexe pour les entreprises individuelles tenues de la présenter est toujours simplifiée.

5. Une société anonyme emploie 45 salariés. Son chiffre d'affaires est de 8 millions d'euros pour un total du bilan de 3 800 000 €. Elle présentera les documents suivants :

☑ présentation simplifiée du bilan, du compte de résultat et de l'annexe.

☐ présentation de base du bilan et du compte de résultat et simplifiée de l'annexe.

☐ présentation de base du bilan, du compte de résultat et de l'annexe.

Deux seuils (nombre de salariés et total du bilan) ne sont pas atteints, permettant donc une présentation simplifiée de l'annexe.

6. La mention des montants bruts, des amortissements et des dépréciations dans le bilan est optionnelle dans la présentation simplifiée des comptes annuels.

Non. Quelle que soit la présentation, les trois colonnes sont toujours indispensables.

7. Quelle que soit la présentation des comptes annuels, le rappel des montants de l'exercice précédent est toujours obligatoire.

Oui. La colonne « N–1 » doit toujours figurer dans le bilan et le compte de résultat pour permettre de comparer les montants de l'exercice avec ceux de l'exercice précédent.

8. La présentation en liste du compte de résultat permet de dégager des résultats en fonction de la nature des charges et produits.

Oui. Cette présentation permet de calculer immédiatement le résultat d'exploitation, le résultat courant et le résultat exceptionnel, qui illustrent la nature des charges et produits de l'exercice.

9. La présentation des comptes annuels suit le principe d'importance relative qui signifie que seuls les éléments significatifs sont retenus.

Non. Ce principe concerne seulement les éléments à mentionner dans l'annexe.

10. Pour la détermination des seuils de présentation des documents liés à la prévention des difficultés des entreprises, on retient les données de la société augmentées de celles des filiales détenues à plus de 50 %.

Oui. Ces entreprises font partie du groupe et sont alors retenues pour les calculs des seuils.

11. La présentation du tableau de financement figurant dans le plan comptable général est obligatoire dans les documents liés à la prévention des difficultés des entreprises.

Non. Aucun modèle n'est obligatoire ; il peut s'agir du tableau de financement du plan comptable général ou d'autres modèles.

12. Un plan de financement prévisionnel doit être établi pour les cinq exercices à venir, de manière à renseigner sur la stratégie financière de l'entreprise.

Non. Les documents liés à la prévention des difficultés des entreprises n'ont pas pour objectif de renseigner sur leur stratégie financière. Seules les données à un horizon d'un an sont exigées.

N° d'éditeur : 10128895 – A.E. Juillet 2007
Imprimé en FRANCE par HÉRISSEY